西南交通大学“立德树人”精品项目案例分析

——七大模块育人实效及评价

主编　张军琪　李振宇

西南交通大学出版社
·成　都·

图书在版编目（CIP）数据

西南交通大学“立德树人”精品项目案例分析 ：七大模块育人实效及评价 / 张军琪，李振宇主编. — 成都：西南交通大学出版社，2022.3
ISBN 978-7-5643-8537-8

Ⅰ. ①西… Ⅱ. ①张… ②李… Ⅲ. ①高等学校 - 德育工作 - 案例 - 中国 Ⅳ. ①G641

中国版本图书馆 CIP 数据核字（2022）第 004710 号

Xinan Jiaotong Daxue “Lideshuren” Jingpin Xiangmu Anli Fenxi
—— Qidamokuai Yuren Shixiao ji Pingjia

西南交通大学“立德树人”精品项目案例分析
—— 七大模块育人实效及评价

张军琪　李振宇　主编

责任编辑　孟秀芝
封面设计　黄贵军　曹天擎

出版发行　西南交通大学出版社
（四川省成都市金牛区二环路北一段 111 号
西南交通大学创新大厦 21 楼）
邮政编码　610031
发行部电话　028-87600564　028-87600533
网址　http://www.xnjdcbs.com
印刷　四川森林印务有限责任公司

成品尺寸　185 mm × 260 mm
印张　14.75
字数　365 千
版次　2022 年 3 月第 1 版
印次　2022 年 3 月第 1 次
定价　98.00 元
书号　ISBN 978-7-5643-8537-8

《西南交通大学“立德树人”精品项目案例分析——七大模块育人实效及评价》编委会

主　编

张军琪　李振宇

副主编

樊治辰　朱　炜　李　娜　金玉婷　郑　源　张敬文　潘　黎

编　委

刘　萍　张　异　廖　凡　王炎冰　陆宇佳　黄德明　杨都强

贾　佳　张　茜　孔翔榆　门满洲　刘　爽　薛　婧　高　鹏

杨　婧　邓思然　赵　晨　樊　菊　毛　盾　任凯利　陈曦铁

易洺瑶　黄　原　张庆伟　吴　蓉　刘芯宏　何芙馨

前 言 PREFACE

2018 年 7 月，共青团中央、教育部联合印发《关于在高校实施共青团“第二课堂成绩单”制度的意见》，明确了实施共青团“第二课堂成绩单”制度的指导思想，确立了“坚持融入人才培养大局、坚持服务学生发展需求、坚持发挥第二课堂优势、坚持突出基层主体地位”的基本原则，当年秋季学期“第二课堂成绩单”制度面向全国高校推广实施，让第二课堂在围绕高校中心工作服务育人大局中发挥重要作用。纵深推进第二课堂与第一课堂深度融合，是共同促进新时代大学生德智体美劳全面发展的重要举措。

西南交通大学作为高校共青团“第二课堂成绩单”制度首批试点高校，坚持“五育并举”，紧密围绕高校立德树人根本任务、服务培养国家轨道交通人才的目标、切实遵循人才培养规律和大学生成长成才特点，创新构建“761”综合素质提升工程，即以提升“七个核心素质”为目标导向，以“六大育人体系”为支撑，以“一个信息平台”为统筹，整体设计工作内容、项目供给、评价机制和运行模式。围绕“德、智、体、美、劳”5 个育人维度，构建以 7 个核心素质为导向的模块化第二课堂课程体系，分模块打造符合学生成长发展规律的“精品项目库”，实现目标精准化，推进大学生全面发展。

思想政治与道德素养：加强理想信念教育、培育和践行社会主义核心价值观以及思想道德建设等，主要记载大学生参加党校、团校培训和思想引领、价值塑造类活动等经历以及获得的相关荣誉。

学术科技与创新创业：提升专业学术能力、提升创新精神和创造能力、加强科学研究教育和创新创业教育等，主要记载大学生参加学术、科技竞赛和创新创业类活动等经历以及获得的相关荣誉。

艺术体验与审美修养：加强美育教育、通识教育、艺术素养教育和精品文学鉴赏等，主要记载大学生参与文学艺术和人文情怀类活动等经历以及获得的相关荣誉。

文化沟通与交往能力：培养语言表达能力、人际交往能力、团队合作能力和跨文化交流和提升全球视野等，主要记载大学生参与团队训练、演讲辩论和跨文化交流活动等经历以及获得的相关荣誉。

心理素质与身体素质：加强心理健康教育、情感情绪管理和身体素质训练、塑造健全人格等，主要记载大学生参与心理、身体素质类活动等经历以及获得的相关荣誉。

社会工作与领导能力：加强各级各类骨干培训、自我管理与提升和领导力培养等，主要记载大学生在校内各级党组织、团组织和学生组织的工作任职履历，在校外的社会工作履历和各级各类大学生骨干培训等经历以及获得的相关荣誉。

社会实践与志愿服务：加强劳动教育，提升大学生实践能力、社会担当和培养感恩奉献意识等，主要记载大学生参与“三下乡”社会实践、志愿服务和课外的实习实训类活动等经历以及获得的相关荣誉。

全书分为七章，结合西南交通大学工作实际，将第二课堂七大模块对应项目案例的育人目标、育人措施、育人实效和育人评价等充分总结凝练。本书是第二批新工科研究与实践项目（项目编号：E-GCJYZL2020814），高校思想政治工作队伍培训研修中心（西南交通大学）2021 年度重点课题（项目编号：SZSWJTU21-05）“新时代大学生成长成才规律研究”，四川省心理健康教育研究中心（四川省哲学社会科学重点研究基地）2021 年度项目“心理育人在新时代高校思想政治工作中的价值及实践路径”（XLJKJY202137B）等的阶段性研究成果，同时也是共青团西南交通大学委员会为献礼中国共产主义青年团成立 100 周年编写的图书。

限于时间原因和经验不足，本书难免存在不妥之处，敬请各位专家和读者批评指正。

目 录 CONTENTS

第一章

思想政治与道德素养

【1】“树典型学榜样，优秀校友进讲堂”——西南交通大学电气工程学院“校友进讲堂”系列活动

一、基本信息

项目名称	“树典型学榜样，优秀校友进讲堂”——西南交通大学电气工程学院“校友进讲堂”系列活动		
项目类别	思想政治与道德素养	项目内容	思政+
项目容量	500 人/期	开课单位	电气工程学院
面向对象	全校学生	授课方式	讲座

二、育人目标

将立德树人作为中心环节，将思想政治教育工作贯穿于人才培养全过程，深入贯彻落实党的十九大精神，实施全员育人、全程育人、全方位育人，系统领会习近平新时代中国特色社会主义思想精髓，与祖国同行，以科教济世，依托“校友讲堂”，促进校友与学生建立联结和互动交流，以杰出校友的榜样作用，提升学生专业认知与兴趣，引领学生树立坚定的理想信念。

邀请轨道交通建设一线校友开展“校友讲堂”，以分享和交流的方式，帮助在校学生，特别是应届毕业生了解学科和行业发展，致力于成为合格的“交通人”。加强各类思想文化阵地的建设和管理，将大学生思想政治教育工作向讲堂延伸，多方位、多层面实施大学生思想政治教育。

三、育人措施

1. 加强理想信念教育，引领大学生建立正确的价值体系

邀请道德模范人物和优秀校友进入“电气人”大讲堂，用自身经历引导大学生践行社会主义核心价值观，引导学生树立正确的世界观、人生观、价值观，加强社会责任意识、公民道德意识等方面的教育，强化民族团结进步教育、国家安全教育和科学精神教育等。

2. 持续深入专业教育，培养积极创新的科研精神

邀请轨道交通领域的行业翘楚、勘察设计等专家，为大学生介绍行业的前沿资讯、关键技术和发展前景。邀请优秀年轻校友回校开展中小型访谈，介绍成长经历，引导大学生学习和传承优秀的思想观念、人文精神和道德规范。

四、育人实效

1. 活动开展情况

电气工程学院已开展“校友讲堂”四期，分别邀请清华大学、中铁电气化局、南京南瑞继保研究院自动化通信部、成都地铁运营有限公司等的杰出校友回校分享经验。参与学生超过 1 000 人，属于覆盖面较广的学生活动，切实地为学生了解行业发展和个人职业规划提供了帮助。

2. 活动亮点

亮点 1：构建多层次的思想政治教育体系，引导学生树立与时代同心同向同行的理想信念，勇于担当时代赋予的历史责任，学习优秀校友先进事迹，从而搭建在校学生和优秀校友

交流的优质平台，帮助学生进一步了解行业职业前沿信息，明晰未来发展和奋斗的目标。

亮点 2：将大学生思想政治教育与就业指导相结合，引导学生抓住建设交通强国的机遇，把个人的理想追求融入党和国家事业之中，进一步增强“四个意识”、坚定“四个自信”、做到“两个维护”，着力发挥优秀校友的模范引领作用。

亮点 3：以大学生喜闻乐见的方式开展思想政治教育工作，注意方式、注重实效，坚持解决思想问题与解决学业、就业等实际问题相结合，让学生既受到熏陶、受到感染、受到感动，又得到指导、得到帮助、得到提升。

五、育人评价

平均评分：4.9 分

1．学生评价

何同学：学长为我们分享的都是“干货”，学长思维逻辑缜密，能透过现象看到问题的本质。听完了今天的分享，我心中有了更加明确的目标和方向，也对研究生生活充满了期待。

曹同学：听完讲座后，我从胡教授的发言中领悟到，大学生应该对事物有独到的认识，而对事物有独到认识的基础在于拥有渊博的知识，除了专业知识，教授还强调我们要培养自己广泛的兴趣爱好，闲暇之时多学习各方面的知识，这让我感触很深。

肖同学：参加完本次讲座，让我有了一个清晰的职业生涯规划方向，感受到轨道交通电气化事业 60 年来的快速发展，坚定了毕业后从事轨道交通行业的决心，希望自己今后能为轨道交通电气化事业添砖加瓦。

2．教师评价

许老师：专业知识只是基础，只有结合现场工作需求、专业发展需要，完成从大学生到工程师的角色转变，将知识转变为现场，解决实际问题才是重中之重，大多数职业选择都与性格相关，只有以此决定未来规划，选择最适合自己的工作，才能更好地实现自己的价值。

3．第三方评价

学生家长王先生：从孩子处了解到，这次讲座立足实际，大部分学生在校期间和刚毕业求职阶段都很迷茫困惑，这次讲座为学生指明了未来的方向，鼓舞大家珍惜当下时间，踏踏实实走好人生每一步。家长们很认可举办这样的讲座，这不仅让学生在大学生活中学到了专业知识，也培养了他们正确的世界观、人生观和价值观。

【2】西南交通大学“弘扬法治精神，践行法治理念”宪法宣传周系列活动

一、基本信息

项目名称	西南交通大学“弘扬法治精神，践行法治理念”宪法宣传周系列活动		
项目类别	思想政治与道德素养	项目内容	思政+
项目容量	400 人/期	开课单位	公共管理学院
面向对象	全校学生	授课方式	活动

二、育人目标

以习近平新时代中国特色社会主义思想和党的十九大精神为指引，以宪法、民法典的宣传教育为核心，将法治教育贯穿始终，进一步弘扬宪法精神，传播民法典知识，促使广大师生真切感受到法律的崇高和庄严，领会宪法、民法典在国家政治经济和社会生活中的重要地位，强化对国家法律的认同和尊重，同时增强全体师生的法治理念，加强中国特色社会主义法治理论的学习与传承，为推进学校依法治校、依法执教工作，为社会主义法治建设贡献力量。

三、育人措施

1. 知法守法，营造校园法治教育氛围

为提前营造“宪法宣传周”学习氛围，2020 年 11 月至 12 月，公共管理学院推出“我为法律做宣传、法律为我保平安”“倾听民法典的声音”两个网络宣传栏目，针对生活中常见的法律问题和大学生可能遇到的法律纠纷，以实际案例分析解说法律知识，陆续在协会网络平台上推出法律宣传小知识 12 期，营造了良好的法治教育氛围。组织学生开展“宪法晨读”活动，学院向全院本、研学生发放宪法读本，12 月 4 日“国家宪法日”清晨，150 余名学生在校园内聚集共读宪法，增强了校内知法学法氛围，提高了宪法学习的感染力和吸引力。

开展“法律知识进校园”活动，邀请国家知识产权局杨绿茵到校内开展以“知识产权概述”为主题的讲座，向现场师生普及专利运用、创新成果保护、民法典中知识产权新规定等内容，将有关知识产权的法律制度送到师生身边，使“尊重知识、崇尚创新、诚信守法”理念深入人心。

2. 学法用法，活动提升法律运用能力

2020 年 12 月，开展西南交通大学第二届宪法知识竞赛，比赛内容紧扣时代脉搏，涵盖了宪法、民法典等相关法律知识，通过个人笔试、小组团队赛等竞赛形式，吸引了来自 15 个院系 200 余名学生参赛，在考验参赛选手的法律知识储备的同时，激发参赛者和现场观众主动学习宪法基本条款与内在深刻思想，在活动氛围中带动全校青年学子学习宪法、尊崇宪法、遵守宪法、维护宪法，弘扬宪法精神。

同时，举办“社会法律纠纷情景剧演绎大赛”，聚焦社会热点，从法律的角度分析社会事件，让学生用情景表演演绎民法典法律条文，传播法律知识，提升法律运用能力，赛后选拔优秀情景剧团队，拍摄录制并在全校推出“婚姻自由我来护”“赡养无协议”“保险，小心”“无良养老机构”四段法治安全宣传视频，在校内掀起学生学法、懂法、守法、用法的热潮。

3. 普法护法，推进法律宣传志愿活动

2020 年 11 月 30 日，公共管理学院青年志愿者协会志愿者走进成都市金牛区府河新居社区，开展“普法做实事，助老献真情”主题志愿服务，以社区中老年人为重点普法对象，通过发放法律宣传册、法律情景剧演出、互动问答等活动，向社区居民普及权益保障相关法律知识，分享交流生活中遇到的法律问题，增强社区老人法治意识，让老人学会正确运用法律手段维护和保障自身合法权益，参与活动的志愿者有 28 人，服务社区居民 80 余人，取得了较好的社会效果。

2020 年 12 月 4 日，学院法律援助队受邀参加成都市公共法律服务志愿者成立大会，青

年志愿者们响应成都市司法局号召，率先加入成都市公共服务志愿者总队，致力于在未来更多参与社会公共法律服务，用实际行动响应青春担当。

四、育人实效

专业性：以“规范化、项目化、体系化、常态化”为发展方向，本项目由公共管理学院法律援助队牵头，以青年志愿者协会为主体，动员学院学生发挥专业知识技能和特长。学院法律援助队学生参与过各大类型普法志愿活动，有丰富的经验。高年级学生法学素养良好，低年级学生热情饱满。同时，学院聘请专业教授、律师作为嘉宾进行法条讲解，提供专业化指导。

实时性：在“依法治国、依宪治国”的大背景下，结合5月28日“民法典颁布日”、12月4日“国家宪法日”两个重要时间节点，围绕共青团四川省委、共青团西南交通大学委员会专项活动，开展法律宣传大型系列活动。

多样性：活动内容形式多样，通过发放维权手册、举办法律知识讲座、情景剧演出、举办法律知识竞赛、视频案例学习等生动活泼的形式宣传法律知识。将专业的法律知识和趣味的展现形式完美结合，将崇尚宪法、遵守宪法、维护法律权威的种子播撒在每个参与者的心中。

五、育人评价

平均评分：4.8分

1. 学生评价

通过本次第二课堂，我了解了法律援助队一直坚持“深入基层，服务民生”的精神，认为以志愿公益方式为需要法律援助的人提供帮助，积极开展线上线下相结合的普法活动很有意义。

2. 教师评价

项目邀请法学专业的教师和校外律师共同为学校师生提供现场咨询服务，并充分利用微博、微信等网络媒体开辟更多更便捷的普法平台，为学生们全面讲解法律援助志愿服务精神，对学生们来说是一次非常有用的法律知识学习。

3. 第三方评价

2018年12月，作为社区的居民，我参加了成都市金牛区“宪法宣传周活动”，公共管理学院与金牛区共建“社区法律之家”大学生志愿服务基地，很好地为我们讲解了常态化开展普法宣传、法律咨询等便民便利服务工作内容。

【3】西南交通大学“学党史悟思想·跟党走强使命”党团知识竞赛

一、基本信息

项目名称	西南交通大学“学党史悟思想·跟党走强使命”党团知识竞赛		
项目类别	思想政治与道德素养	项目内容	思政+
项目容量	300人/期	开课单位	公共管理学院
面向对象	全校学生	授课方式	竞赛

二、育人目标

为深入贯彻落实习近平新时代中国特色社会主义思想，贯彻落实党的十九大和十九届历次会议精神，学习贯彻习近平总书记关于教育的重要论述，通过知识竞答的赛制，将思想理论、党史国史、党章党规、形势政策等以比赛竞答形式传播给广大青年，引导广大青年始终同以习近平同志为核心的党中央保持高度一致，增强“四个意识”、坚定“四个自信”、做到“两个维护”，为夺取新时代中国特色社会主义伟大胜利、实现中华民族伟大复兴中国梦汇聚起磅礴的青春力量。

三、育人措施

要确保党史学习教育在思政教学中接地气、扬正气、聚人气，就要善于用活动促行动，引导学生全面领悟“从哪里来，到哪里去”的思想课题。该项目一般在秋季学期举办，面向大一、大二、研一学生以及入党积极分子、发展对象等重点群体，以党章党规、党史国史、团学知识、形势政策等为主要内容，以组队参赛的形式，通过初赛笔试、复赛轮流竞答和决赛抢答的形式，最终评选出冠军、亚军和季军。

主要做法：

（1）组织学院公共管理学、政治学、法学相关老师围绕党的思想理论、党史国史、党章党规、形势政策等，以选择题、填充题、是非题等形成比赛题库。

（2）组织参赛学生广读和精读党的相关思想理论、党史国史、党章党规、形势政策等思想政治知识。

（3）通过比赛竞答的形式让参赛学生和观众学生在趣味、紧张、竞争的比赛中对党的历史、党的思想理论、党的路线方针政策等有更深入的认知和体会，引导广大学生增强“四个意识”、坚定“四个自信”、做到“两个维护”。

四、育人实效

1. 学党史，提素质，悟初心

每年定期举办新的党团知识专题竞赛，每年覆盖学生人数600余人，有效引导学生通过有主题、有目标的学习加强对党的思想理论、党章党规、形势与政策等的认知和了解，有效提升学生的思想政治素养。让学生读懂基层、读懂社会、读懂时代，真正领会“江山就是人民，人民就是江山”的思想内涵，实实在在把人生抱负落实到脚踏实地的实际行动中来，实现理实结合、学做统一。

2. 用活动促行动，在身体力行中实现培根铸魂

拓展思想政治教育和党史学习教育方式，通过党团知识专题比赛竞答的形式吸引更多学生参与，通过喜闻乐见的形式让学生了解和传播党的知识，促进广大青年学生更加坚定对中国共产党领导与中国特色社会主义的政治认同、思想认同、理论认同和情感认同。

3. 精心筹办，初具成效

目前，党团知识专题竞赛已经成功举办三次，形成了若干党团知识题库，引导600余名

学生参与到比赛中，有效加强了党史、新中国史、改革开放史、社会主义发展史教育，把制度自信的种子播撒在青少年心中，引导学生不断坚定“四个自信”。

五、育人评价

平均评分：4.8 分

1．学生评价

本次第二课堂，让我对党的历史、思想理论、党章党规等相关知识有了更全面的认识和了解，引导广大师生认真学习习近平新时代中国特色社会主义思想，学习党的路线、方针、政策和决议，让我也深入地意识到自身的知识短板，下决心要加强自身对党团相关知识的系统学习。

2．教师评价

已有的知识竞赛聚焦常识、历史、诗词、文章、音乐、戏剧、成语、运动、数学、卡通等宽泛的知识，考验的是知识的广度，但本次针对党团知识的竞赛形式新颖，内容丰富，题目具有代表性，在比赛竞答中生动地向广大学生宣传了党的基本思想、基本路线、政治主张。

3．第三方评价

已有的高校思想政治教育以说教、授课、讲座分享为主，但党团知识竞赛结合第二课堂，引入竞答的比赛赛制和流程，形式新颖，内容丰富。相比单纯的说教和讲座，本次第二课堂，引导学生主动学习、探知和竞争，可以有效深化对学生的思想政治教育，引导学生德智体美劳全面发展。

【4】西南交通大学“双严”学风行动计划系列活动

一、基本信息

项目名称	西南交通大学“双严”学风行动计划系列活动		
项目类别	思想政治与道德素养	项目内容	其他——征文、评比
项目容量	500 人/期	开课单位	力学与航空航天学院
面向对象	全校学生	授课方式	竞赛

二、育人目标

“双严”传统是学校宝贵的精神财富，通过抓典型案例、人物的示范作用，加强宣传，在传承和实践中，全面丰富学校“双严”传统的文化内涵，细化“双严”精神的基本内容，深入挖掘学校“双严”办学底蕴积淀的丰富精神，传承学校“竢实扬华、自强不息”的交大精神。增强学校“双严”传统的引领力，不断提升交大人的文化获得感和认同感，培育交大精神、构筑精神高地，让“严谨治学、严格要求”的传统精神，全方位地融入师生的世界观、人生观、价值观，充分彰显精神文化的导向、凝聚和激励功效。

鼓励学生从做好每一节课的笔记开始，从写好每一次作业开始，养成良好学习习惯，不断践行“双严”传统。

鼓励学生关心身边事，从优秀教师身上学习和传承“双严”精神，将“双严”故事记录在心，用文字讲述，用行动实践。

鼓励学生每年进行个人年度总结与下一年的规划，强化学习的内生动力。发扬“君子博学而日参省乎己，则知明而行无过矣”(《荀子·劝学》)。中华传统文化，强调“慎独”和“自省”，注重慎独自律、省察克治的修身之道。培养当代大学生养成自省、反思和规划的良好习惯，学习基本写作技巧和语言规范，加强学生基本应用写作能力。

三、育人措施

1. 以“双严”传统为主线，坚持不懈抓学风建设

本行动计划以“严谨治学，严格要求”为主线，按照学生学习时间轴规划年度学风建设活动。学生利用寒假期间进行总结规划撰写，梳理个人本年度的学习、生活、工作等情况，通过复盘了解自身的优缺点，对自己未来规划更加清晰，不断修正自己的生活学习态度。在每学年末开展我身边的“双严”故事征文活动，鼓励学生发掘身边的优秀教师案例，从这些优秀的教师身上学习“严谨治学，严格要求”的精神，并将这些身边的人和事用文字记录下来，分享给更多的老师和同学们，将“双严”精神代代传承。在经过自省和学习优秀榜样后，鼓励学生付诸行动，从做好笔记、写好作业开始，踏踏实实做好学习的每一步。

2. 以学风建设为引，加强师生联动效应

通过总结规划大赛，学生进行了自我剖析审视，老师也可以从学生的文章中获取有效信息，比如学生的学习状态、未来规划、兴趣爱好等，这对于老师的日常管理和教育引导具有很大的帮助。笔记、作业的评选，有助于专业课教师了解学生真实学习状态和知识掌握情况，为师生的教与学建立了良好渠道。“双严”征文的开展，有利于将优秀教师的故事分享给更多的老师和同学们，有助于师生共同学习优秀榜样，在教师的言传身教中，不断将“双严”传统传承下去。

3. 建立完善工作机制，保障工作有序进行

建立宣传推广机制，依托各学校各类媒体平台对活动进行宣传，一对一与各学院进行对接联系，专人负责活动，以及在学校、学院相关平台进行优秀作品的展示和评选结果公布，正向引导学生积极参赛，养成良好的学习习惯。

建立良性评选机制，做好评选工作，建立规范评审小组，对作品进行评选，确保公平公正，真正遴选出优秀作品。

建立资料保存和归档机制，将收集的作品进行归档，同时组成编写小组，将优秀作品汇编成册。

四、育人实效

1. 多维度加强学生理想信念教育，奠定人才培养基石

从深挖“双严”传统、讲述身边故事入眼，引导学生向优秀榜样学习，将“双严”的种子埋在学生心中。从做好笔记、作业入手，引导学生做好身边小事。从写好总结规划开始，

引导学生养成良好习惯。结合学校、学院优良传统，帮助大学生树立规划意识、养成自省自查的良好习惯，端正学习态度。

2. 紧扣学生成长规律，塑造良好学风

在大学生成长关键期加以正向引导，帮助学生梳理关键时间节点的重要工作，在每个学期安排相关活动，以“双严”竞赛贯穿活动始终，引导学生抓住重点，将时间精力放在学习上，放在自我提升的事情上。从细节着手，从每一篇笔记作业、发掘身边的优秀榜样中汲取力量，不断践行“双严”传统，做好学习这件分内事。

3. 提供更多平台，展示更多优秀榜样

总结规划比赛获得参评作品500余份，笔记大赛收取作品200余份，“双严”征文收集作品100余篇，所有获奖作品均在学校、学院等媒体平台进行推送和展示，其中特别优秀的作品还被推荐到校外的一些更高的平台和赛事，从而扩大作品宣传范围，让更多的师生看到，对于作者本身也起到督促作用。

五、育人评价

评价均分：4.9分

1. 学生评价

赵同学：此次活动中我收获的不仅仅是奖项，更重要的是，在与老师们的沟通交流过程中我了解了力学在各项前沿领域的应用以及老师们的学习经历，激发了自己对力学的学习兴趣，训练了自己的力学思维，处理复杂问题也变得轻松起来了，感谢力学学院各位力学老师们毫无保留的悉心指导。

李同学：作为交大土木的一名本科生，能有这样一次与众多力学优秀教师们交流的机会，我感到十分荣幸。本学期正好在学习“材料力学”课程，看到力学笔记评选活动的通知我马上参加了，开始我认为自己记录的笔记是不错的，参加活动之后才发现人外有人，有些同学记录的笔记像是印刷体、有些同学的笔记思路别具一格……这激励我向更高更优秀的目标奋进。指导老师们也很负责，肯定了我的学习态度并给予了我很多学习上的建议，谢谢老师们，使我更有勇气迎接力学课程的学习。

王同学：本次我参加了“材料力学”课程组的笔记评选，这是第二次参加力学笔记活动了，上次参加的是“理论力学”课程，第一次参加评选时就让我对力学有了深刻的认识，感觉和力学师生们交流十分融洽，教师们平时都很诙谐幽默，讲起专业知识来又一丝不苟，本着认真负责的态度，指出了我笔记里的许多问题，经过修改与反思，我的学习能力有了很大提高。通过参加此类活动，上学期理论力学获得了不错的成绩，本学期材料力学笔记的记录也有很大提高，切实提高了自己记录笔记的规整性和条理性，谢谢各位老师的指导。

张同学：本次总结规划对自己的学习、生活、工作有很好的指导意义，也是在撰写的过程中对自己一年以来经历的一次复盘，感觉收获很多。也许在平常没有注意的一些细节或者失误，会在思考的过程中放大，同时也会对自己未来的安排进行合理调整。

吴同学：自己刚刚看到“双严”征文的时候，没有什么想法，但是看到第一届的优秀作品，发现其实身边有很多这样的优秀老师，上课要求特别严格，但只要是和学习相关，无论何时，老师对于学生都是有求必应，即使是在疫情期间，比如理论力学课老师，无论多晚，只要学生在群里问题目，老师都会及时回复。通过这样的活动，我更加了解更多的优秀教师，也更加理解老师。

2. 教师评价

王老师：从小事出发，从实在出发。评选活动从学生们的身边事着手，增加他们的参与感，让全体同学都能积极地参与其中。该活动使学生们关注自身的学习问题，努力转变学习态度，激励学习精神，努力提高专业素质和文化素养，对自身发展具有重要的影响。同时，该活动有利于传承“严谨治学、严格要求”的交大优良传统，使传统美德在全校学生中源远流长，扩大影响范围和影响深度。

李老师：看到学生写自己的故事，很开心也很意外，其实就是平常自己在做的事情。所以很多事情坚持是对的，尤其是在教书育人上不能偷懒，学生是能够感受到老师的付出和用心的。通过这种书写的方式来表达更加深刻和感人，也是对我自己的一个督促，鞭策自己以后做得更好。

3. 第三方评价

学生家长李女士：看到孩子在家里撰写总结规划，非常惊讶，以前让孩子写作文都困难，现在回来居然写规划了。后来孩子说同学们都在写，学院还会进行评比，自己觉得上学期过得不太如意，也就想自己梳理一下，没想到写下来感觉收获还挺大，自己的目标更清晰了。看到孩子有变化，家长心里也高兴，这可能就是成长，也很感激学校引导和教育孩子积极向上。

【5】西南交通大学“开展博士理论宣讲 创建思政工作品牌”系列讲座

一、基本信息

项目名称	西南交通大学“开展博士理论宣讲 创建思政工作品牌”系列讲座		
项目类别	思想政治与道德素养	项目内容	思政+
项目容量	300 人/期	开课单位	马克思主义学院
面向对象	全校本科生	授课方式	讲座

二、育人目标

习近平总书记指出，“青年的理想信念关乎国家未来”。《西南交通大学“第二课堂成绩单”制度实施办法》中规定，思想政治与道德素养类项目是以“开设加强理想信念教育、培育和践行社会主义核心价值观以及思想道德建设等内容”为主的项目。西南交通大学博士宣讲团成立于 2015 年底，宣讲员牢记学校党委王顺洪书记“弘扬主旋律、传播正能量”的勉励，截至目前，开展理论宣讲 400 余场，听众逾 3 万人。

西南交通大学博士宣讲团以习近平新时代中国特色社会主义思想为指导，立足马克思主义学院与时事政治紧密相关的学科优势，积极开展理论宣讲，坚定育人目标。

（1）引导马克思主义理论专业研究生学习宣传马克思主义理论、党的路线方针政策，将社会主义核心价值观内化于心、外化于行，切实争做理想信念坚定的新时代青年马克思主义者。

（2）持续加强全校学生思想引领和价值塑造。用青年话语讲深讲透党的路线方针政策。采取专题宣讲和系列讲座等方式，加深全校学生对时事政治的了解和认识。以理论宣讲为主要工作，以坚定政治信仰、扎实理论宣讲、总结工作模式为具体步骤，进一步凝聚交大青年共识、激发交大青年活力、助力青春建功。

（3）按照校团委工作要求，积极在“青马工程”、团校及大学生骨干培训中发挥作用。

博士理论宣讲工作将始终不忘初心、砥砺前行，弘扬主旋律、传播正能量，积极推进“四史”学习教育宣讲，用忠诚和实干朝着下一个百年目标迈进，奋力书写青春建功中国梦的新篇章！

三、育人措施

1. 育人模式

（1）全面覆盖与精准指导相结合。学校、学院对宣讲团成员指导全覆盖，不仅仅指导宣讲工作，更关心思想觉悟、学习科研、全面成长。结合成员科研方向，邀请相应学术领域专家精准指导。

（2）教师引导与朋辈互助相结合。邀请专讲专家指导备课，增强宣讲团成员自豪感、归属感和认同感。充分发挥党团活动、读书交流等作用，促进宣讲团成员交流所思所想、所感所悟。在本、硕新生入学环节，开展校史宣讲、铁路文化宣讲等，做好新生入学教育。

（3）高校宣讲与社会实践相结合。宣讲团成员及支持团队在校内外开展理论宣讲的同时，前往西南财经大学、西华大学、成都市青白江区等开展调研，切身感受国家发展建设成就、增强使命担当。

2. 育人载体

（1）现场宣讲。以“学习贯彻习近平新时代中国特色社会主义思想”“学习十九大、奋斗最青春”“中华传统优秀文化与大学生成长成才”等专题赴校内外开展宣讲400余场，听众逾3万人。

（2）线上宣讲。疫情防控期间，开展“青年习近平的成长经历对当代大学生励志成才的启示”“新时代家风建设与青年成长”“传承革命文化、建设社会主义文化强国”“坚定青年大学生的制度自信”等多场线上宣讲。

（3）新媒体宣讲。筹备运营微信公众号和抖音官方号，录制代表性宣讲视频在新媒体平台发布，适应当代青年网上学习、网上交流的需要，让更多的青年学生参与宣讲，提高宣讲工作的示范性和影响力。

3. 工作机制

（1）集聚多方资源、工作探索有效。充分发挥“中铁隆大讲堂”等专家讲座的作用，强化对博士生的培训。对接研究生学术素养提升计划、博士沙龙等活动，促进师生互动。

（2）立足宣讲实践、开展项目建设。宣讲团主要成员已发展到第四届梯队，宣讲地点从大中院校到基层乡镇、大型企业。现开展宣讲精品项目，不断提升宣讲质量、形成品牌。

（3）围绕宣讲主题、形成宣讲教案。宣讲团成员在专家指导下，围绕宣讲主题，结合研究领域、学术专长，实行集体备课、分工负责，按照“学生愿意听、听得懂、听得进”的要求，完成系列宣讲教案。坚持“先试讲后上课”原则，组织专家对教案严格把关，对成员深度辅导，切实保障理论宣讲的质量和水平。

（4）创新互动机制，做实宣讲工作。创新采用“菜单式”“订单式”模式。面向听众提前提供宣讲“菜单”，听众单位可选择宣讲主题、宣讲成员、宣讲形式，也可结合自身具体需求，提前订制特色化、个性化宣讲课程，宣讲团进行充分调研、备课后进行宣讲。

四、育人实效

博士宣讲团成立以来宣讲工作师生满意度高。马克思主义学院博士生参与度90%以上，硕士生、本科生积极支持宣讲工作，学生参与度高。邀请知名专家学者担任顾问，指导宣讲工作、提升整体能力、加强队伍建设。自宣讲团成立以来，开展了400余场专题宣讲，赴校内外乃至省内外区县基层、乡镇农村、大中学校、国有企业等开展宣讲，听众逾3万人，反馈效果良好。

（1）宣讲团成员自身受教育效果好。宣讲团成员结合宣讲方向，在《马克思主义研究》《马克思主义与现实》《思想理论教育导刊》等权威刊物上发表论文多篇。在全国马克思主义理论学科博士生学术论坛、“中国城市治理”博士生全国论坛、全国“苏区精神与老区振兴”学术研讨会等提交多篇高水平论文或作专题报告。

（2）宣讲听众受教育效果好。宣讲听众通过感谢信等方式向宣讲团表示感谢，对宣讲成员的高水平宣讲表示肯定。直接参与宣讲工作的学生中，多人获得国家励志奖学金等省级以上奖励，相关论文被“治国理政——中国共产党的理论与实践”全国大学生交流论坛收录。

宣讲团成立以来，宣讲工作被中青在线、人民网、中国社会科学网、中国高校之窗、四川新闻网、四川教育动态、四川省共青团等官网报道。

以博士理论宣讲为品牌的西南交通大学马克思主义学院博士党支部获全国高校首批“百个研究生样板党支部”、全国党建工作样板党支部、教育部“两学一做”风采展示先进党支部，以及西南交通大学“争先创优”先进学生党支部称号。

五、育人评价

平均评分：4.9分

1. 学生评价

黄同学：在“从入党誓词的变化看中国共产党的百年发展”专题宣讲上，邢斐博士带我们探究中国共产党的百年历史。入党誓词字数不多，记住并不难，难的是终身坚守。在新时代，作为新青年更应该向优秀的共产党员看齐，以他们为榜样，不断完善自己。同时，我们应当坚定自己的理想信念，不忘初心，继续砥砺前行！

罗同学：博士宣讲团的宣讲员都是师兄师姐，他们的专题宣讲，讲述方式都比较轻松活泼，很喜欢听他们的讲座。其中印象比较深的就是祝伶俐学姐的《大国追梦》读书分享会。学姐讲述了《大国追梦》这本书的目录设置、内容话语体系等以及读书的一些心得体会，如怎样读好一本书等，都让我受益匪浅。

龚同学：结合中国共产党百年奋斗的历史经验，我更加清晰地认识到“没有共产党就没有新中国”。作为新时代青年学子，我们更应该成为有理想、有担当、有本领的时代新人，学好“四史”，讲好中国故事，为实现中华民族伟大复兴的中国梦贡献自己的一份青春力量！

2．教师评价

杜老师：新时代青年要敢想敢做，既要善于独立思考、乐于思考，也要勇于探索真理。同时，新时代青年要敢当，做使命的践行者。博士宣讲团开展系列宣讲，紧跟时代步伐、结合时事政策，向青年学生传播新思想、弘扬主旋律，为迎接党的百年诞辰贡献青春力量！

3．第三方评价

学生家长李先生：这门课程立足实际，紧跟时代步伐，积极发挥博士宣讲团的主动性和创造性，培养了一批能够讲好中国故事的优秀青年。通过青年博士的宣讲，更好地发挥朋辈效应，引导更广大青年学子坚定理想信念、爱党爱国爱社会主义、践行社会主义核心价值观，取得了良好的思想政治教育实效。

【6】西南交通大学“卓越讲堂”系列讲座

一、基本信息

项目名称	西南交通大学“卓越讲堂”系列讲座		
项目类别	思想政治与道德素养	项目内容	思政+
项目容量	300 人/期	开课单位	茅以升学院
面向对象	全校学生	授课方式	讲座

二、育人目标

习近平总书记在全国教育工作大会上指出，坚持社会主义办学方向，立足基本国情，遵循教育规律，坚持改革创新，培养德智体美劳全面发展的社会主义建设者和接班人，这为新时代培养什么人、怎样培养人、为谁培养人指明了根本遵循。基础教育要肩负、完成的使命和任务就是落实立德树人和实施素质教育，使受教育者在德智体美劳诸方面全面和谐发展，全面提高教育教学质量，这是茅以升学院“卓越讲堂”要完成的使命和任务。习近平总书记的讲话引发了我院如何办学、书院如何育人的认真思考。想要落实立德树人，首先要明确基础教育的功能，其次要以人为本，在实践中摸索前瞻而可操作的育人模式，从而促进德智体美劳有机融合，为国家培养德智体美劳全面发展的社会主义建设者和接班人。

中国共产党第十九次全国代表大会，把习近平新时代中国特色社会主义思想确立为党必须长期坚持的指导思想并庄严地写入党章，实现了党的指导思想的与时俱进。这是一个历史性决策和历史性贡献，体现了党在政治上、理论上的高度成熟、高度自信。习近平新时代中国特色社会主义思想，是新时代中国共产党的思想旗帜，是国家政治生活和社会生活的根本指针。带领学生深刻理解认识习近平新时代中国特色社会主义思想，传递新时代价值观，帮助学生在新时代找准方向，开启新征程。茅以升学院深入贯彻学习全国高校思想政治工作会议精神和习近平总书记关于教育的重要论述等指导方针，决定开办具有茅以升学院特色教育思想的“卓越讲堂”系列讲座。通过多学科、个性化的讲座主题安排，邀请各领域各学科的领军人物与杰出人才，为广大师生开设系列讲座，培养人格健全、基础宽厚、知识丰富、能力突出、视野宽广、善于创造、通专结合的，具有学术大师、管理精英、产业翘楚潜质的创新型和跨学科交叉复合型人才。为此，茅以升学院特创办“卓越讲堂”。

中国的高校是党领导下的高校，是中国特色社会主义高校，建设过程中始终贯穿马克思主义的立场、观点和方法，具有很强的政治性、思想性和针对性，是中国特色社会主义教育理论的又一重大创新成果，对于推进党和国家事业发展以及培养党和国家的接班人，具有十分重要的意义。教育系统要统一思想、提高认识，把学习贯彻落实全国教育工作会议精神与学习贯彻党的十九大和十九届历次会议精神结合起来，与学习贯彻习近平总书记系列重要讲话精神和治国理政新理念新思想新战略结合起来，始终坚持社会主义办学方向，加强和改善党的领导，提高思想政治工作水平，努力开创中国特色社会主义高校建设新局面。因此，为响应国家号召与培养新时代爱国主义青年，党政教育和爱国主义精神一直是卓越讲堂的一大重要主题。

与此同时，“卓越讲堂”作为唐臣书院的重要创新公开课程，很大程度上表现了书院所涵盖的美育精神。除了爱国主义教育，“卓越讲堂”积极配合书院美育理念，开设诸多文化课程。其开设课程始终遵循茅以升先生“求实创新、卓尔乐群”的教育思想，贯彻“以学生的成长与发展为中心”的办学理念，以弘扬“爱国、科学、奋斗、奉献”的茅以升精神、培养当代茅以升为教育使命，实施通识教育与专业教育相融合的精英化培养。竭力培养人格健全、基础宽厚、知识丰富、能力突出、视野宽广、善于创造、通专结合的，工科类卓越拔尖和跨学科交叉复合型人才。为传承中华优秀传统文化，“卓越讲堂”立足于中华文化传承与中国精神引领，聚焦以文化人、以美育人，立德树人，让中华优秀传统文化以审美的方式在唐臣书院中滋长、发扬，引导书院学子将自己的思想深植于中华民族绵延数千年而生生不息的文化土壤中，从而为自己安放一颗功能强大的“中国芯”，免受外来有害思想的侵蚀，使书院学子成为中华优秀传统文化、社会主义先进文化的坚定而优秀的传人。

三、育人措施

1．面向全校师生，多方位考虑选题，持续开设特色讲座

茅以升学院坚持每学期至少举行 1 ~ 2 次“卓越讲堂”讲座，以满足全校师生全面发展的需求。讲座主题新颖多变，横跨生命、思政、文化、心理、学术等多个领域，并且紧跟时政要闻，特色鲜明；更多听取师生实际需求，针对性开设专题讲座，高效率为学生解决实际问题，提高学生相应能力素养。

2．重视讲座质量，全力邀请各领域杰出人才开设讲座

“卓越讲堂”着眼于我校乃至全国寻找适合为师生开设讲座的各领域领军型、创新型人才与学者。保证讲座内容的先进性与时效性，与主讲嘉宾充分沟通，探讨讲座方式，增强讲座中与交大师生的互动交流，提高讲座的趣味性和吸引力，不仅培养了学生的沟通与交流能力，更是使每一名学生都有充分的答疑与交流的机会，使学生拥有与名家、与专业学者近距离交流和学习的机会，最大限度地提高师生学习效率、给予每一个问题最为权威的回答。

3．拓宽讲堂内容，讲堂内外持续交流学习

在每期“卓越讲堂”前后，茅以升学生会将根据主题内容创设相应的线上讨论组或在其运营的自媒体平台提交相应的课程资料与讨论板块，以供想要提前了解或是讲堂之后仍存疑问的学生相互交流学习，力求每一位学生都能在每次活动中获得较多收获。这种学生经营学

生创办的交流区域，一方面锻炼了管理者的运营与管理能力，另一方面使广大师生得以在讨论区更好地交流，从而积累知识，培养学习能力。

四、育人实效

1. 多元化选题，持续开设特色系列讲座

“卓越讲堂”充分发挥其优越性，以爱国主义教育与中国传统文化的书院美育文化为主要选题来源，持续为交大师生带来高水平、高质量的讲座活动，并获得师生的一致好评。截至2020年10月，“卓越讲堂”已经在我校连续开展30期，讲座参与师生人次接近1万次，受众范围广，讲堂风评佳，正持续向优良方向茁壮成长。

2. 讲座质量出色，涵盖文史哲法理工心体等领域，保障学生全面提高

“卓越讲堂”主题应师生需求与国家教育号召而生，主讲嘉宾学识渊博、能力出众，同时多为有为教师，了解学生思想，善于激发学生的热情与发散思维，使学生更主动地参与到讲座中来。各个不同领域的知识融会贯通，能激发学生学习新知识新理论的欲望，使跨学科交流进一步增多，在全面提高学生素质的同时彰显茅以升学院特色。

3. 积极开展宣传与调控措施，讲座规模日益增长

茅以升学院团委积极开展“卓越讲堂”的宣传工作，联合茅以升学院“唐臣人·新传媒”网络新闻工作室，进行线上线下联合宣传，提高了讲座在交大学生中的知名度。茅以升学院学生会与青年志愿者协会，统筹推进每一期讲座的前期策划与后勤保障工作，保证活动的有序稳定开展，收到了一致好评。

五、育人评价

平均评分：4.9分

1. 学生评价

李同学：听完讲座后，我有深刻的体会，我发现那些看似与我的专业知识毫不相关的领域，其实如果我深入探索和研究，也可以从中得到启发，它对我的学习和发展起着关键作用。

王同学：我已经参加过很多期的“卓越讲堂”了，无论是什么主题的讲座我都会来听，因为我认为素质教育的关键是要全面培养，而“卓越讲堂”就是一个非常好的平台，让我可以接触到很多有用的知识。

2. 教师评价

曹老师：教学改革是当今教学研究的大势所趋。能否紧跟实际需要，培养出符合人才培养目标的新型人才，是教学改革的重要内容。“卓越讲堂”针对学生成长过程中教育形式的突出问题，进行了相关的教学方法的改进、教学经验的探索。对大学生更全面的能力培养进行有益的探索与实践，取得了较好的实际效果。

3. 第三方评价

学生家长周先生：这门课程是茅以升学院践行自身特色教育理念的一个缩影。我们非常开心可以看到自己的孩子愿意更多地接触和了解许多方面的新知识，得到许多的感悟与成长，这是在他以前的教育经历中所缺失的。

【7】西南交通大学“唐臣诗会”系列活动

一、基本信息

项目名称	西南交通大学“唐臣诗会”系列活动		
项目类别	思想政治与道德素养	项目内容	思政+
项目容量	300 人/期	开课单位	茅以升学院
面向对象	全校学生	授课方式	活动

二、育人目标

以习近平新时代中国特色社会主义思想和党的十九大精神为指引，将党的理论、党史国史、形势政策、成就故事等以文艺交流的形式传播给广大青年，以“艺术思政教育”为创新点，引导广大青年始终同以习近平同志为核心的党中央保持高度一致。对大学生开展系统的爱党爱国教育，立德树人，用中国共产党百年救国、兴国、富国、强国的奋斗历程和精神血脉，涵育新时代大学生爱国主义情怀，使其知史爱国、知史爱党，使其在学思践悟中自觉传承红色基因、革命薪火，成长为中国特色社会主义建设者和接班人。增强“四个意识”、坚定“四个自信”、做到“两个维护”，为夺取新时代中国特色社会主义伟大胜利、实现中华民族伟大复兴中国梦汇聚起磅礴的青春力量。

三、育人措施

1．将一堂爱国主义“艺术思政”教育课，融入诗歌作品的演绎中

在第一届“唐臣诗会”中，茅以升学院学子们诵读经典，振奋人心，传递自强不息、正气澎湃的精神。全体教工人员也用饱满有力的诗句充分彰显了祖国今日的繁荣与富强。学子们争相倾吐对祖国的一片赤诚之心，通过诗句中蕴含的意象，深深感受新时代下祖国的新面貌与新格局，激发了全院上下对祖国深切的热爱。

2．发布诗集《书院诗旅》与院歌《奋斗之歌》，激励广大师生爱国荣校的精神传承

第一届“唐臣诗会”上，甘霖书记根据自身从教经历与感悟，创作了一本诗集《书院诗旅》，字里行间无不展示了唐臣书院学子们的精神风貌与远大理想，抒发了深深的爱国情怀。而合唱团演绎下的院歌《奋斗之歌》，还原了茅以升先生为了祖国事业不懈奋斗的意象，把歌曲中的爱国主义情怀展现得淋漓尽致。茅以升学院学子们认真学习了这两部作品，体悟融入其中的爱国荣校精神。

3．文化熏陶与爱党爱国精神有机结合，入脑入心，采取具有思政亲和力的诗歌演绎，传承中华民族传统文化

第二届唐臣诗会上，通过将诗歌与党的百年奋斗历程融合，在进行经典诗歌演绎时，体会其文化基因中的爱国精神，把先贤的情感带入如今的同学们心中，使得每一位师生都为之动容，为之激昂。学子们认识到奋斗既是茅以升学院的鞭策，也是我们党百年路上的信条，

内心深处对于党的敬意愈发深刻，从而促进学生德智体美劳全面发展。

四、育人实效

1．“唐臣诗会”已经成为茅以升学院的传统活动，至今已成功举办两届，每届唐臣诗会覆盖500人次

自第一届“唐臣诗会”以来，唐臣诗会的美好氛围已经在学院学子们心中占有重要地位，他们对于诗会的好评与期待程度正在迅速增长，每一次都有近500名师生参与其中，受到广泛喜爱。

2．加强青年理想信念教育、提高文化素养的同时提高师生的艺术思政融合能力

学院学子们在欣赏诗歌文学带来的美的感受时，内心也因为党和国家的光辉历程与伟大成就而感到无比激动。加强了学院青年的理想信念教育，也提高了文化素养，营造浓厚的爱国主义熏陶下的书香氛围。

3．社会艺术名家、专业学术研究学者等纵深参与，多社团联合，反映书院特色教育，丰富学生课外活动

茅以升学院拥有桥之梦合唱团、承唐歌友会、蒹葭书画社、奋斗文学社、茅院大使团等一系列才华横溢且创新能力极强的兴趣社团与组织并参与到诗会中。全院上下由团委统一调度，三大学生组织——学生会、新传媒、青协通力合作相互配合，体现了书院的美育特色和办学优势。

五、育人评价

平均评分：4.9分

1．学生评价

张同学：我们在诗歌中见证了无数个先辈为祖国所做出的贡献。身为大学生的我们，新一代的有志青年，一定要继往开来，做到崇尚科学，追求科学，爱党爱国，为社会主义事业奋斗终身。

李同学：诗会气氛很热烈，在欣赏艺术的同时，我们也接受了一次入脑入心的深刻的爱国主义主题教育。

2．教师评价

刘老师：将文化教育与爱党爱国等思政教育相融合是一次非常新颖的举措，二者的有机融合可以做到取长补短，相辅相成，不失为具有茅以升学院特色的活动表演。

王老师：唐臣诗会思想性、时代性、艺术性高度融合，其坚韧之精神、热情之情感、青春之朝气彰显了茅以升学院师生的风采与精神！我们为台前幕后的工作人员鼓掌！我们为每一个朝气蓬勃的唐臣师生鼓掌！感谢这样美好且浪漫、正气且鼓舞人心的夜晚，与君共襄。

3．第三方评价

学生家长石先生：作为家长，希望自己的孩子在学习专业知识之外，最好能养成多读书、好读书、读好书的习惯，同时也希望孩子可以热爱祖国热爱党，了解我们党和国家的艰苦奋斗历史，在今后的学习和生活中传承和发扬这些精神。

【8】学深悟透新思想，知行合一新青年 ——西南交通大学习近平新时代中国特色社会主义思想系列学习讲座

一、基本信息

项目名称	学深悟透新思想，知行合一新青年 ——西南交通大学习近平新时代中国特色社会主义思想系列学习讲座		
项目类别	思想政治与道德素养	项目内容	思政+
项目容量	300人/期	开课单位	习近平新时代中国特色社会主义思想学习研究会
面向对象	全校学生	授课方式	讲座

二、育人目标

习近平总书记在全国高校思想政治工作会议上强调："坚持不懈传播马克思主义科学理论，抓好马克思主义理论教育，为学生一生成长奠定科学的思想基础。"以习近平新时代中国特色社会主义思想为指引，在新时代贯彻党的教育方针，用新思想铸魂育人，牢牢坚持和发展中国特色社会主义这一改革开放以来党的全部理论和实践的主题，把握当代中国发展进步的根本方向，开展高校思想政治教育理论讲座，深入开展党史学习教育，引导学生增强"四个意识"、坚定"四个自信"、做到"两个维护"，厚植爱国主义情怀，把爱国情、强国志、报国行自觉融入坚持和发展中国特色社会主义、建设社会主义现代化强国、实现中华民族伟大复兴的奋斗之中，在理论和实践的结合中，让学生感受到马克思主义中国化最新成果的强大真理力量，培养能够担当民族复兴大任、德智体美劳全面发展的社会主义建设者和接班人。

三、育人措施

1．举办系列知识讲座与竞赛，提升思想政治素养

习近平新时代中国特色社会主义思想是对马克思列宁主义、毛泽东思想、邓小平理论、"三个代表"重要思想、科学发展观的继承和发展，是马克思主义中国化最新成果，是党和人民实践经验和集体智慧的结晶，是中国特色社会主义理论体系的重要组成部分。西南交通大学习近平新时代中国特色社会主义思想学习研究会通过"线上+线下"模式举办党史学习系列教育讲座、民法典与党史知识竞赛、中美关系知识竞赛暨中美关系讲座等活动，让新思想"入眼入脑，入耳入心"，加强学生的理论学习，丰富学生的理论知识，健全学生的理论体系，增强学生的学习能力，提高学生的学习积极性，提高学生的思想政治素质。

2．制作"习语青声"系列短视频，创新学习内容与形式

"习语青声"系列短视频以西南交通大学习近平新时代中国特色社会主义思想学习研究会为载体，以习近平新时代中国特色社会主义思想和党的十九大精神为主要内容，大力宣传党的路线、方针、政策，同时结合西南交通大学轨道交通优势特色和交大学子精神风貌，向交大学子宣传学校育人理念与培养目标，在轻松愉快的氛围中更深切地学习和领悟习近平新时代中国特色社会主义思想。"习语青声"采用当下青年学生欢迎的形式，制作生动活泼的短视

频，借助校内校外新媒体公众平台分期推广，不断扩大传播范围。“习语青声”丰富了学生学习习近平新时代中国特色社会主义思想的形式，深受学生群体的喜爱。

3．组织实地调研考察，联系理论与实际，增强实践能力

理论的最终意义在于指导实践，在落实和践行新思想的过程中，学生才能将新思想的深刻内涵融会贯通，在实践活动中加以运用。社会实践在培养学生成长成才过程中起着重要作用，实地调研有助于提高学生运用科学理论指导实践、推动工作的能力。西南交通大学习近平新时代中国特色社会主义思想学习研究会在暑期组织实践调研活动，组成自贡井盐非遗文化调研实践队，带领团队成员参观高校盐文化研究基地与井盐工厂及博物馆，采访专家教授并进行盐文化相关交流讨论，加深了团队成员理论认识的深度与广度。

四、育人实效

1．线上线下双路径，构建全方位宣传体系

西南交通大学习近平新时代中国特色社会主义思想学习研究会联合学校各组织共同开展了多项活动，通过各学院工作传递讲座信息，通过公众号、官微等新媒体途径，同时联系主讲人进行讲座内容的前期宣传和后期的交流互动，引领学生参与习近平新时代中国特色社会主义思想学习研究会的各项活动，增强学生对习近平新时代中国特色社会主义思想的理解和认识。西南交通大学习近平新时代中国特色社会主义思想学习研究会参与举办了《记“忆百年历程，扬法治理念”民法典与党史知识竞赛暨党史学习讲座》《记“明礼增信，崇德力行”党史学习教育系列讲座暨公共管理与政法学院庆春季“开学第一堂团课”》《中美关系知识竞赛暨中美关系讲座》《共抗疫情，爱国力行——风盐韵入诗咸：自贡井盐文化调研》《共抗疫情，爱国力行——入党及抗疫知识讲座》等系列活动。近一年来开展了 5 场相关的大型活动，覆盖大学生超过 1 500 人次。

2．创新活动开展形式，加深思想感悟

西南交通大学习近平新时代中国特色社会主义思想学习研究会制作的“习语青声”系列短视频持续开展，以学习贯彻习近平新时代中国特色社会主义思想为主题，每集以 3～6 分钟时长的内容解读新思想的内涵，视频以轻松活泼的语言方式颇具吸引力，广泛调动了学生的理论学习热情，同时展现出交大学子们迎接新时代的热情与活力。“习语青声”系列短视频，在“西南交大习思会”微信公众号、“扬华微语”微信公众号、西南交通大学官方微博等媒体上的总浏览量达 9.95 万次。

3．加强校内外协作，提高宣传影响力

与马克思主义学院博士生宣讲团合作，改变青年对讲解理论知识枯燥的印象，用生动活泼、幽默风趣的语言，用党史故事、时事政治、地方要闻等鲜活案例，帮助学生理解和学习，进而引发思想的碰撞，使学生真正认识到习近平新时代中国特色社会主义思想的精髓所在。与学校官微、其他社团组织、学院学生会进行合作，在各大平台进行推广，加强习近平新时代中国特色社会主义思想的宣传力度。与校外媒体加强合作，如“四川共青团微博”“中华全国学联微博”“文明萧县微博”多次转发西南交通大学习近平新时代中国特色社会主义思想学习研究会的宣传内容，推动传播新思想，同时提高了知名度和宣传影响力。

五、育人评价

平均评分：4.9 分

1．学生评价

张同学：中国特色社会主义步入新时代，身为大学生的我们，是新时代的新青年，是中国特色社会主义的建设者和接班人，承载着中华民族伟大复兴的历史使命。我们要坚定中国特色社会主义信仰，这既是国家和社会的要求，也是我们自己内心的要求，只有跟随中国特色社会主义，才会有动力，有目标。

李同学：讲座结束后，我有深刻的体会，我们青年身处新时代，习近平总书记指出："社会是个大课堂。青年要成长为国家栋梁之材，既要读万卷书，也要行万里路。"所谓"实践出真知"，如今我们在学习理论知识的同时也要积极投身社会实践，磨砺自我、了解国家、增长本领，为人生的奋发有为夯实基础。

王同学：作为新时代青年的我们正处于一个伟大的时代，习近平总书记指出："广大青年科技人才要树立科学精神、培养创新思维、挖掘创新潜能、提高创新能力，在继承前人的基础上不断超越。"我们应该严格要求自己，培养自主创新精神和创新的能力，努力为中国科学技术创新发展做出自己的贡献。

2．教师评价

任老师：培养什么人、怎样培养人、为谁培养人。毛泽东同志曾经深刻指出："没有正确的政治观点，就等于没有灵魂。"所以需要我们办好思政课，教学生树立正确的思想，开展马克思主义理论教育，用习近平新时代中国特色社会主义思想铸魂育人。本次讲座通过优秀讲师的引导和带动作用，以更加活泼的形式贯彻习近平新时代中国特色社会主义思想，并进行思政教育，值得推广。

3．第三方评价

学生家长王先生：本次讲座从习近平新时代中国特色社会主义思想出发，结合实际，通过举例说明在当今时代，青年学子只有不断开拓国际视野，到国际舞台上展现青春风采，才能更好地讲好中国故事、发出中国声音。开拓国际视野，主动加强中外交流，提升跨文化交流能力也是很重要的。

【9】与新媒体共舞——西南交通大学"交大 Kelly 说"大学生新媒体素养提升训练营暨新媒体大赛系列活动

一、基本信息

项目名称	与新媒体共舞——西南交通大学"交大 Kelly 说"大学生新媒体素养提升训练营暨新媒体大赛系列活动		
项目类别	思想政治与道德素养	项目内容	思政+
项目容量	300 人/期	开课单位	交大 Kelly 说协会
面向对象	全国高校学生	授课方式	讲座

二、育人目标

党的十九届五中全会提出，繁荣发展文化事业和文化产业，提高国家文化软实力。党的十九届五中全会审议通过的《中共中央关于制定国民经济和社会发展第十四个五年规划和二〇三五年远景目标的建议》强调，全面繁荣新闻出版、广播影视、文学艺术、哲学社会科学事业，并对各个领域的文化建设、文化服务提出了明确的要求。

随着时代的进步和社会的发展，我国迈入新媒体时代，作为新媒体传播媒介主力军的大学生，也面临着在新媒体传播环境下的诸多问题与挑战。面对信息海洋中的肤浅信息泛滥、虚假信息横行、安全信息失窃等诸多现象，大学生更需要树立正确的信息观。在新媒体传播盛行的大环境下，提升大学生自身的新媒体素养、重视相关素养教育，成为高校的当务之急。

新媒体素养提升训练营从素养教育和能力培养两方面出发，致力于普及网络知识，端正网络态度，提高综合能力，有助于帮助大学生在自身发展及升学就业方面提高竞争力。

三、育人措施

1. 着力于更新大学生的新媒体素养观念

新媒体素养提升训练营始终以“有理想、有担当、有情怀、有思想”宗旨来传达新媒体素养观念，面向当代大学生分享有关新媒体的多维度、深层次的技术技巧和思想认识。开营主题为“与新媒体共舞”，探讨当今时代我们与新媒体的关系以及大学生网络素养的现状，在讨论中解决如何运用新媒体、正确对待新媒体的利弊的问题，做一个有素养、有思想的新媒体人。

2. 科学设计新媒体素养教育内容

训练营课程内容丰富，涉及新媒体的多个领域。收集绝大部分同学对新媒体的疑惑，针对性地开展专有模块进行讲解，涉及 PPT 制作、公众号编辑与运营、视频拍摄与剪辑、微博运营及相关技巧、PS 海报设计等多门课程。邀请优秀媒体人进行课程分享和交流，课后针对性地进行答疑解惑，巩固所学新媒体知识，做一个有知识、有技术的新媒体人。

3. 推动大学生新媒体素养提升

训练营每一课程结束后，由讲课老师布置课程打卡，结营后综合所有课程进行结营测试，收集同学们对课程的建议和想法，通过对打卡情况和课程的相关总结对同学们的学习进行查漏补缺、总结不足，从而更好地提供新的课程，以推动大学生新媒体素养的提升，做一个有收获、有思想的新媒体人。

4. 培养一批优秀的网络新媒体人才

每期训练营结束后举行相关的新媒体文创大赛，让营员们巩固并运用学到的新媒体知识和技巧。同时大赛主题与“国・校・家”相关，将新媒体知识与时代、与生活紧密相连，做一个有担当、有理想的新媒体人。

四、育人实效

1. 不一样的思政课，持续深入青年宣讲

新媒体训练营主要面向全体大学生，通过线上线下课程相结合的模式进行新媒体素养提

升课程分享。自 2020 年 2 月第一期线上新媒体素养训练营以来，现已举办五期，共有来自同济大学、天津大学等 100 余所高校的 2 000 多名同学受益。并且，在训练营后期举行的文创比赛中，选出的优秀作品也在新媒体平台交大 Kelly 说公众号进行发布展示。

2．加强青年理想信念教育，引导学生构筑青春梦想

面对新媒体时代的快速发展，线上工作、线上学习、线上跨地域跨国际交流已是常态。新媒体素养训练营分为新媒体相关技术学习与新媒体思政教育两大主题。训练营旨在为热爱新媒体学生们或老师们之间创造交流学习的平台、获得新媒体相关技能与经验的同时，引导新媒体时代下青年学生们以客观、积极、辩证的态度对待互联网发展下兴起的各类社交、媒体平台，在获得紧跟时代发展的技能的同时兼顾正确的思想导向。提升大学生自身的新媒体素养，让每位大学生都能够成为高速变化的互联网时代的主人。

3．策划云端宣讲，凝聚抗疫力量

校团委积极策划、组织开展“共抗疫情·爱国力行”青年讲师团线上宣讲系列活动，截至 2020 年 10 月，“青年讲师团”成员已开展 30 余场云端宣讲活动，覆盖青年学生超过 1 万人次。

4．精心打造云端微课，全方位完成宣讲

除了推出“青年讲师团”线上系列宣讲活动外，校团委还精心策划并联合校党委宣传部推出“大学生在抗击疫情中成长成才”“疫情下的大学生心理调适”“疫情背景下大学生就业劳动法律风险防范”“中国文化的精神与价值”“大学生网络素养提升”五门云端微课，微课已在全国高校思政网、学习强国、四川教育、四川共青团、西南交通大学等新媒体平台进行发布展示，总阅读量超过 100 万次。宣讲案例入选中国大学生在线“全国优秀内容奖”。其中 12 人入选共青团中央“青年讲师团”、四川省青年思想政治宣讲团、四川省委新时代文明实践青年宣讲分团、“荣耀青年”成都市大学生宣讲团，并积极参与全国及省市宣讲活动。

五、育人评价

平均评分：4.9 分

1．学生评价

刘同学：新媒体素养提升训练营结束后，我感触颇深。作为新时代青年的我们，在面对日新月异的新媒体时所持有的态度和采取的行动是值得深思的，这门课程不仅仅是在教会我们如何去应用新媒体的优势，更是从思想上深层次地来传达新媒体素养观念，让我们在探索新媒体的这条道路上不忘初心，不减热爱地去当好新媒体人。

张同学：在这门课程的学习中，我认识了不少新媒体方面优秀的学长学姐，每一次的交流和分享让我更加坚定地选择新媒体并在这条道路上继续探寻，每一次的课程都会有不一样的惊喜。就像课程中学长们讲到的那样，我们应该用好新媒体，发挥正能量，真正地去深度认识新媒体的力量，便会发现一个不一样的世界！

2．教师评价

任老师：交大 Kelly 说协会举办的新媒体素养提升训练营为热爱新媒体、想要了解新媒体的同学们，熟练掌握新媒体技巧的同学们或老师们之间创造了一个相互认识的机会，在这

个平台上营员们了解相关方面的具体内容，在训练营期间的课程中学习到一些经验和技巧，提高了自身技能。第五期训练营也吸引了很多外校同学来参与，文创大赛的作品实力有目共睹，给越来越多的同学开创了一个新媒体的新世界。

3. 第三方评价

学生家长陈女士：假期看孩子经常打开腾讯会议听课，问了才知道是参与了学校举办的新媒体素养提升训练营。听孩子说，是有很多优秀的学长学姐和老师分享传授经验，看他每节课都在认真听，感觉这个活动的举办十分有意义。因为知道孩子很喜欢摄影，最近也给孩子添置了新的设备，希望孩子能在自己喜欢的路上走得更远吧！

【10】顶尖提案
——西南交通大学“精品案例分享”系列活动

一、基本信息

项目名称	顶尖提案——西南交通大学“精品案例分享”系列活动		
项目类别	思想政治与道德素养	项目内容	思政+、专业+
项目容量	300人/期	开课单位	公共管理学院
面向对象	全校学生	授课方式	竞赛

二、育人目标

随着如今法治社会与民主社会建设的快速发展，新时代大学生更应当树立主人翁意识，培养强烈的社会责任感，并通过自己的努力成为一名合格的中国公民，实现作为当代大学生的社会责任。

为培养交大学子们的社会责任意识和主人翁意识，锻炼他们发现问题、思考问题和解决问题的能力，为学校的发展建言献策，特开展“精品案例分享”系列活动，以提高他们从生活化、专业化的角度观察生活、分析生活的能力，并借此改善交大建设中所存在的一些不足之处，让交大学子们能够真正为学校的发展献出自己的一份力量。本项目旨在激发学生的创造性思维，收集大家提出的具有合理性、可行性、创新性的关于校园发展的新想法。在激发全体学生关注校园建设与发展的同时，为学校的实质性进步提供一条新思路。营造集思广益、群策群力，人人爱校园、人人为校园的浓厚氛围。

三、育人措施

1. 线上收集创意想法，建立群众筛选机制

提前一周在学校各个线上平台收集学生问题，同时学生可以对其他人提出的质量高、感兴趣的问题点赞。由工作人员筛选问题，对于关注度高、实用性强的问题优先选择，充分考虑学生的意见与建议，将筛选的问题分为两个等级、作为初赛决赛的题库。

2. 民主公开选拔，层层筛选择优

由学生对自己所提出的建议和意见进行现场阐述与演示，并针对现场观众的提问进行

解释，最后由现场的评委进行点评。根据现场评委打分，评选出晋级联盟论坛的 12 支方队。晋级队伍需要再次对自己的提案进行更为具体的阐述，每个提案阐述完毕后，全场将有两分钟的时间对提案进行讨论，同时该提案团队也将对其他各队的提问做出合理回答，最后由现场评委给出评价，评选出最佳的学生提案并将其加入学校的建设计划之中，付诸实践。

3．建立完善工作机制，保障项目有序进行

加强宣传力度，开展线上线下两条路线的宣传活动，扩大活动的影响力，收集尽可能丰富、多样的学生提案。及时更新动态，由学校在官网更新学校建设活动的大政方针，为学生提出建议提供一个大的方向，使学校建设与学生提案相吻合。建立紧急预案，成立疏导小组、秩序小组、停电应急处理小组、舞台应急处理小组，处理项目开展过程中的突发情况，保障项目开展的基本秩序。

四、育人实效

1．构建服务于青年学生成长成才的思想引领与教育体系

大学生作为社会的重要组成部分，是最具有活力的群体之一，本活动强调实践导向，可以积极鼓励、指导和帮助大学生针对身边存在的问题开展提案工作，引导大学生勤学苦练、修德修身、明辨是非、笃实笃行，树立正确的政治参与意识，提高参与能力，锻炼他们发现问题、思考问题和解决问题的能力，从而为学校的发展建言献策，有利于打造“共建共治共享”的治理格局。

2．小组合作，形式新颖，加强青年合作能力

初赛和决赛 3 人为一支参赛队伍，采取小组合作的形式，初赛和复赛既要完成提案文本，又需进行现场展示和答辩，直面评委提问，从搜集问题到提案撰写，再到风采展示和现场答辩，有利于全面锻炼学生的观察、思考、表达、综合运用所学知识的能力。

3．心系交大，校园建设与学习生活两不误

学生会青年权益部负责学生权益调查及相关提案，对类似提案活动具有丰富的实践经验，在学风建设、发展规划、校园生活、文体活动、社会活动五大方面收集学生的诉求，并积极联系学校相关部门，推动提案答办，为同学们解决相关问题。学院已连续举办两届公共管理案例大赛，对类似活动的举办经验丰富，无论是前期策划还是评审过程，工作都较为完备，可行性高，执行力强。

4．精心打造交流平台，学以致用

本次活动旨在让学生通过自己的观察与思考，树立主人翁意识，就学校存在的不足之处，提出问题，探究原因，并提出可行的解决措施，从专业化的角度，设计出精彩而又高质量的提案。活动将评选出优秀提案，积极推动意见与建议的落实。

五、育人评价

平均评分：4.8 分

1．学生评价

吴同学：团队经过一系列的问卷调查发现，检索方法和技巧的不熟悉导致很多优质数字资源处于闲置状态，并造成了数字资源需求量大但使用率不高的矛盾。图书馆如果能以赛促练、线上入馆等形式激发学生兴趣，将是提高参赛者数字资源检索的有效方法。去年没有提案的我发现“所有问题都在身边，只要认真去发现”，而提案好坏不在主题而在质量，“一定是学生最迫切、最亟待解决的问题”。

刘同学：优秀“学生提案”里彰显的是青春中国的责任心与参与感。提高学生使用教室资源效率、优化师生沟通平台、优化报销流程“最多跑一次”方案、增设校园公共区域开放式讨论区……桩桩件件，既与大学生学习生活息息相关，亦与社会热点焦点紧密相连。

毛同学：和小组队员一起选取校园里具有代表性的地点进行调研，发现存在路灯分布不均衡、照度不达标、灯光入射角不合理和明暗差异过大等问题。学校如果实现灯具的自动开关与调光，全年的能耗相较传统照明系统会下降 20%～30%，这不仅实现了节能减排，还能降低照明系统的管理成本与电费支出。

2．教师评价

薛老师：校园治理要关注学生切身需求，形成学生能办事、能说事，能遇到良师益友，建设服务学生学习与生活的完整链条。只有把校园提案做实，学生才有一个民主参与的渠道，学生的主体地位才能显现出来。

3．第三方评价

后勤处王老师：校园提案是畅通学生与学校的沟通渠道，让学生积极参与到学校各项决策中，结合专业知识、运用科学方法，做好校园提案。参与和筹备比赛的历程本身就是理论联系实际的体现，也是把所学知识转化为实践的学习提升过程，可以更全面地提升学生个人素质和能力。

【11】西南交通大学勤工助学之星评选活动

一、基本信息

项目名称	西南交通大学勤工助学之星评选活动		
项目类别	思想政治与道德素养	项目内容	思政+
项目容量	300 人/期	开课单位	交通运输与物流学院
面向对象	全校学生	授课方式	活动

二、育人目标

在迎接建团 100 周年之际，为进一步做好我校学生资助工作，更广泛地宣传国家资助政策，促使学生树立诚信观念，加强对学生的励志感恩教育，同时展现我校大学生的青春奋斗风采，激励更多在校学生努力奋斗、实现梦想，特开展“百年追梦 与梦同行”2021 年西南交通大学勤工助学之星评选活动，表彰勤工助学中涌现的优秀学子。优秀学子们展示各自风采，弘扬勤俭节约的作风，并且给新同学提供榜样目标，鼓励其向优秀看齐，成长为具有优良习惯、国家需要的人才，为实现中华民族伟大复兴中国梦汇聚磅礴的青春力量。

三、育人措施

1．线上线下齐发力，持续深入宣传

在食堂门前、校内主要公告牌处张贴海报，发放宣传单，同时在扬华微语、交运视野、云运等公众号和校广播台进行宣传报道，线上线下两头抓。结合候选人自身勤工经历、获奖经历、助学感悟、个人能力和优秀品质等方面，多维度深入挖掘自身价值，突出闪光点，加强渲染力和感召力，同时为广大学生树立榜样和标杆，激励更多交大学子了解并参与勤工助学工作。

2．健全遴选机制，严格公开选拔

勤工助学之星评选活动面向全校有两年及以上勤工助学经历的本科生，支持学校各助勤单位推荐及自荐，申报及推荐人选为具有坚定的政治立场、具备良好的社会意识和实践技能、本职工作表现突出，在校内或校外有勤工助学经历的优秀学子。评选程序包含选拔推荐、打分初审、答辩复审环节，评选信息公开透明，过程严格规范，结果公平公正。

四、育人实效

1．树立榜样与标杆，以榜样力量引导前行

勤工助学之星评选活动的 18 位勤工助学之星候选人分享了他们在勤工助学中付出的努力和收获的成果，展示了荣誉与奖项背后日复一日的努力与积累，体现了交大学子的青春奋斗风采，为大家树立了榜样与标杆，也向更多的交大学子传递了积极向上、不懈奋斗的榜样力量。

2．加强青年思想教育，引导学生自立自强

勤工助学之星评选活动分初赛和决赛两场，共覆盖 200 余人。活动贯彻“竢实扬华，自强不息”的交大精神，践行社会主义荣辱观，加强大学生思想教育，激励广大学生自立自强、奋发成才，形成拼搏进取的良好风尚。勤则不匮，俭以养德，一代代交大学子薪火相传，奋斗在青春路上。参与勤工助学的交大学子们在不断进步的同时，也激励着一代代交大人不断突破和超越自己，提升思维能力，丰富大学生活。

3．进一步做好我校学生资助工作，加强国家资助政策宣传

米老师就此次勤工助学之星评选做了前期工作通报，阐述本次评选活动的意义，介绍学校勤工助学等学生资助政策，并结合我校资助工作实际，对资助工作的程序、要求做了解读，加强了在校师生对学生资助政策的理解和认识，为今后进一步加强和改善我校学生资助工作打下了坚实的基础。

五、育人评价

平均评分：4.8 分

1. 学生评价

刘同学：通过这次活动，我学习到勤工助学同学们的精神，在勤工助学中收获快乐，实现自我价值。现在我们青年有些浮躁，勤工助学是一个锻炼自己的好机会。“勤者自助，达者自强”，我希望能以他们为榜样，共励共勉。

吴同学：勤工助学是帮助我们学生成长的一个平台，我们在学习中感知社会，在实践中认识社会。“人生在勤，不索何获”是我的人生格言，在学习生活中我也是这么做的。

唐同学：活动见证了勤工助学之星的诞生，我倍感震撼也收获满满。同学们分享了自己在勤工助学中的经验与收获，他们都热爱自己的“事业”。勤工助学中重要的是平衡学习与工作，他们都付出了超常人的努力，做到学习工作两不误。他们的经验值得我们认真反思与学习。将追求勤学作为自我追求，这样我们才能在求学道路上有动力，有目标。

2. 教师评价

周老师：活动准备工作十分用心，整体完成度很高，收尾工作也有条不紊。参赛同学在大赛中充分展现了自己的风采，现场的同学们也在引导中对勤工助学之路有了进一步的理解与规划，活动目的圆满达成。活动后及时开展交流会，收集并听取大家的有效意见，深入细节反思改进，以供下一次活动借鉴。同时这个活动为我们树立了榜样，勤工助学之星是我们培养的人才。本次活动通过榜样的模范带头作用，以更加生动的方式表彰佼佼者，值得肯定。

3. 第三方评价

学生家长陈女士：这次活动公平公正，活动形式既保持了经典之处，也有自己的创新，通过层层选拔，评选出名副其实的勤工助学之星。这不仅是对优秀学生的一种肯定与赞赏，也是对其他同学的激励，我们作为家长也可以感受到青年一代的精神。

【12】西南交通大学“我心中的那抹红”主题红色文化节

一、基本信息

项目名称	西南交通大学“我心中的那抹红”主题红色文化节		
项目类别	思想政治与道德素养	项目内容	思政+
项目容量	800 人/期	开课单位	马克思主义学院
面向对象	全校学生	授课方式	活动

二、育人目标

深入学习贯彻习近平新时代中国特色社会主义思想，进一步教育引导广大师生了解党的光辉历史、感悟党的初心使命、领会党的创新理论、体认党的精神谱系、传承党的红色基因，在红色文化的主动创作中深刻认识红色政权来之不易、中国特色社会主义来之不易，深刻理解中国共产党为什么“能”、马克思主义为什么“行”、中国特色社会主义为什么“好”，持续激发广大师生爱党爱国爱社会主义的巨大热情，做到不忘初心，以更加饱满的精神姿态迎接伟大征程，为坚持和发展中国特色社会主义、实现中华民族伟大复兴的中国梦贡献青春力量。

三、育人措施

1．采取多样形式，充分调动学生积极性、主动性

“我心中的那抹红”主题红色文化节，采用征文、诗歌、知识竞赛、原创画作、原创音乐、短视频等多样化的形式，以学生喜闻乐见的形式，激励学生广泛参与红色文化创作，同时兼以奖项等形式鼓励学生广泛参与。

2．以优秀文化塑造人，提升红色文化感染力

采取多样化的现代形式，让广大学生更好地体悟红色文化的精神力量，让红色文化与时代合拍，更契合学生的心理诉求，更好地用红色文化之魂滋养广大青年学子的心田，让红色文化成为铸魂育人的精神动力。

3．凭借专业支撑，增强育人实效性

“我心中的那抹红”主题红色文化节在专业支撑下，充分利用马克思主义学院的学科优势，集合马克思主义基本原理、中国化马克思主义、近现代史基本问题等优势师资力量，根据目标导向来定制红色文化节开展的方向，找准思政育人的发力点，从而充分提高育人的实效性。

四、育人实效

1．发挥红色文化德育功能，增强学生文化自信

“我心中的那抹红”主题红色文化节，通过充分发掘红色文化的独特内涵，为引导学生坚定文化自信提供理论支撑，为引导学生坚定文化自信创造实践条件，引导学生进行红色文化创作的同时凸显出红色文化的时代价值。

2．发挥红色文化智育功能，培养学生创新能力

“我心中的那抹红”主题红色文化节，重点突出学生的原创能力与实践能力，鼓励学生以原创作品参与活动，利用各种途径完成红色文化作品创作，在动手实践中充分培养学生的创新思维，提升学生的动手创新能力。

3．发挥红色文化美育功能，提升学生审美能力

“我心中的那抹红”主题红色文化节，在挖掘红色文化的价值精髓和宝贵资源中，通过创造性转化和创新性发展，以信仰之美、道德之美、激情之美、艺术之美、行为之美，引导学生树立正确的审美观，增强审美意识，提升审美能力，从而全面成长成才。

五、育人评价

平均评分：4.8 分

1．学生评价

吴同学：百年征程波澜壮阔，百年初心历久弥坚，在伟大的中国共产党成立 100 周年之际，传承红色文化，我跟随那一个个有力的文字，回到了那个筚路蓝缕、艰苦创业的火红年代。烈士们凛然就义前挥笔写下的短短数语，令人潸然泪下；“中国人民从此站起来了”的豪

言壮语，让我心潮澎湃。

赵同学：一笔一画，书写百年风华；一字一句，尽是无穷力量。在红色文化的洗礼中，赓续红色血脉，让我们用掷地有声、高昂洪亮的声音，谱写出交大青年学子对于伟大、光荣的中国共产党百年华诞的真挚祝福。

张同学：一代人有一代人的际遇，一代人有一代人的使命。吾辈之新时代青年，新交大人，冀以尘雾之微补益山海，荧烛末光增辉日月，不忘初心，笃行前行，定将以奋斗之笔书写无愧于时代之伟大华章！

2．教师评价

杜老师：红色是血与火的颜色，象征着光明与热情，是中华文化独特鲜明的标识，是中国特色文化的魅力所在。开展红色文化节这一活动，让文化育人始终以与时俱进的状态，在推动社会主义文化繁荣发展的同时，实现培养担当民族复兴大任的时代新人的目标。

3．第三方评价

学生家长李女士：坚定理想信念是人们对美好愿景的向往和对事业的执着追求，支配着人的一切行为活动。信念决定追求，追求体现信念。此次活动可以让学生学习先辈精神，心向革命前辈，牢固树立为实现共产主义事业而奋斗终身的理想信念，勤奋工作，无私奉献。

【13】"明理增信，崇德力行"
——西南交通大学"青春心向党，奋斗正担当"系列主题活动

一、基本信息

项目名称	"明理增信，崇德力行" ——西南交通大学"青春心向党，奋斗正担当"系列主题活动		
项目类别	思想政治与道德素养	项目内容	思政+
项目容量	1 000 人/期	开课单位	土木工程学院
面向对象	全校学生	授课方式	活动

二、育人目标

通过举办"四史"学习系列主题活动，结合时事热点，引导学生正确认识世界和中国发展大势，引导学生正确认识中国特色和国际比较，引导学生正确认识时代责任和历史使命，引导学生正确认识远大抱负和脚踏实地，培养学生爱党爱国爱社会主义相统一的精神信念，增强学生做中国人的志气、骨气、底气，培养学生作为中国特色社会主义建设者和接班人的使命担当，以昂扬的姿态投入社会主义现代化新征程中，为中华民族伟大复兴的中国梦贡献青春力量。

三、育人措施

以下主要介绍本年度"明理增信，崇德力行"党史学习系列主题活动。

1. 以赛促学，培养学生积极进取的共产党人精神

“明理增信，崇德力行”党史知识竞赛在交大犀浦、九里、峨眉三校区同步开展，积极响应党中央加强党史建设的号召。土木学生会、公政学生会等二级团组织配合校团委，结合实际，面向全校重点开展党史知识竞赛。本次竞赛分为初赛和决赛两部分，结合笔试与抽签答题的形式，秉持公正、公开、公平的态度，旨在让学生从党的百年伟大征程中激发信仰、获得启发、汲取力量，让党史学习深入人心。

2. 开设“四史”学习系列讲座，助力学生全面发展

“明理增信，崇德力行”党史学习教育讲座在交大三校区同步开展，邀请各校区多位优秀的博士、硕士作为讲师，面向全校师生开展党史讲座。以百年党史为背景，以百年奋斗为依据，讲述党的不凡征程，让学生们深入细致地了解党史、感悟党史，旨在让学生领悟共产党百年来的攻坚克难、艰苦奋斗、矢志不渝、团结一心等重要精神品质，以史为鉴，开创未来，助力学生全面发展，让党史学习教育更加深远。

3. 歌颂党史，促能力谋发展

为巩固“明理增信，崇德力行”党史系列活动的教育成果，在全校范围内征集关于党史学习思考与感悟的文章，在促进学生表达、应用、分析等能力的同时，发掘党史学习中更深层的内在精神，全面加强学生对党史学习的认识，促能力，共发展，培养学生成为具有使命担当的时代新人，成为又红又专、德才兼备、全面发展的社会主义建设者和接班人。

四、育人实效

本次“明理增信，崇德力行”党史系列活动分为竞赛、讲座、征文三个系列，分别在犀浦、九里、峨眉三校区同步进行。选课人数超 1 000 人。这一系列活动在全体师生中营造了良好的党史学习氛围，强烈激发了学生党史学习的热情，巩固了青年学子为祖国为人民永久奋斗、赤诚奉献的坚定理想。

1. 深入人心的讲座，百年党史共扬青春担当

讲座部分回望“遵义会议”，深入了解“脱贫攻坚”，使师生进一步了解中国共产党的光辉历程和光荣历史，从长征精神和遵义会议精神中深刻感悟共产党人的初心和使命，落实新时代党的建设总要求。如果说一百年前的中国共产党是一株幼苗，那么今天的中国共产党则是一棵参天大树。百岁的中国共产党依然风华正茂，昂扬向前。1921 年，中国共产党一大召开时只有十几位代表，代表全国 50 多名党员，今天已经成为拥有 9500 多万名党员、领导着 14 亿人口大国、具有重大全球影响力的执政党。前后的巨大发展更是令全体师生、人民敬佩。

2. 激励人心的竞赛，奋起直追共求初心无悔

竞赛部分是向中国共产党成立 100 周年献礼。高校作为培养新时代青年的摇篮，有义务有责任将青年学子培养成中国特色社会主义建设者和接班人，培养成致力于为祖国伟大事业添砖加瓦的高等人才，但是育人最重要的首先体现在思想上，所以竞赛的主要目的是培养青年对中国共产党光辉历史的荣誉感以及对党史学习的热情。通过竞赛学习让同学在你追我赶

的氛围中挥洒青春活力，层层深入问题，更是让在场的每一位醍醐灌顶，体悟党百年来蓬勃发展的根本原因。在这场竞赛中我们学习党史，既继承与发扬党的成功经验和优良传统，也领悟党的方针、坚定党的信念。促进全体师生尤其是青年学生对党史内容的学习掌握，以昂扬向上的精气神奋进新时代开启新征程，不断培养出理想信念坚定、德才兼备的社会主义建设者和接班人，书写好党和人民满意的教育答卷，庆祝中国共产党成立 100 周年。

3．集思广益的征文，挥洒笔墨共绘美好未来

为迎接中国共产党成立 100 周年，充分展示中国共产党带领全国各族人民取得的举世瞩目的巨大成就，展示我国经济发展、文化繁荣、民族团结、社会进步的大好形势和中华民族伟大复兴的光明前景，现围绕“青春心向党，奋斗正担当”主题，征集一批主题鲜明、内容多样的优秀原创征文。本次活动历时 20 天，共收集 543 份高质量作品，最后经过筛选，挑选出 30 份优秀的征文。其中有一篇说道：“党和国家之需，我辈之行动所向。我们会有不同的职业选择，也会有不同的人生方向，但只有与祖国、与时代同行，才能绽放光芒。让青春在为祖国、为人民、为民族的奉献中焕发出更加绚丽的光彩，在实现中华民族伟大复兴中国梦的新征程上谱写更加壮丽的青春篇章！”没错，我们每个人的力量很微小，但是我们国家有十四亿多微小的力量汇聚在一起，那就是一座巍峨的山，一片无垠的海，任外界风吹日晒，我们中国共产党以及中国共产党领导下的千千万万的人民，会团结一心，众志成城，共筑中国美好明天。

五、育人评价

平均评分：4.9 分

1．学生评价

刘同学：通过本次党史学习系列活动，我看到了中国共产党成立以来，团结和带领全国各族人民，经过长期艰苦卓绝的奋斗，成立中华人民共和国，确立社会主义基本制度，推进改革开放和中国特色社会主义事业，实现了中国人民从站起来到富起来、强起来的伟大飞跃。从建党的开天辟地，到领导人民改天换地，到领航中国翻天覆地，中国共产党的百年发展史充分表明，党的领导不是自封的，也不是什么力量强加的，而是历史的选择、人民的选择。

王同学：通过本次党史学习系列讲座，我知道了一个政党要有正确的思想政治路线，它的党员要有正确的思想政治意识、道德观念和全面素质，这是最重要的。中国共产党带领共产党员，带领全国人民做了一系列正确的事情，才有了现在的快速发展。我们要深刻地理解，到底是哪些观念在支撑，到底是哪些正确的做法在支持，我们能学到哪些正确的基本的东西。我们当代青年要担当时代使命，如果我们在党史中学到了，我们正确地做到了，那我们就和九千多万共产党员、亿万人民一道，真正地为中华民族的伟大复兴尽了一份力量。

张同学：参加了党史竞赛，听完了党史讲座，让我深刻明白党的建立、党的发展，离不开革命前辈在硝烟中前仆后继，离不开无数英雄为祖国解放而奋不顾身，曾经的苦难造就了今天的伟业，让人心潮澎湃，让人无比光荣和自豪。中国共产党领导亿万中国人民建立起富

强民主的新中国，到今天有了建设和发展中国特色社会主义的大好局面，百年来的风雨历程充满艰辛和坎坷。我党在历经战火洗礼和历史考验中发展壮大，过程凝聚着无数革命领导人的智慧和力量。

2. 教师评价

李老师：一百年来，中国共产党引领全国人民为实现中华民族之崛起而探索和奋斗，过程凝聚了一辈又一辈共产党员的心血与智慧。党的一百年，是不忘初心、践行使命的一百年，是创造辉煌、开辟未来的一百年，是艰苦奋斗、振兴民族的一百年。作为一名共产党员，我辈必须深入党史学习，传承红色基因，汲取党史之精华，并践行于自己的工作中，为学生办实事，为学校谋发展，引领学生投身于祖国的发展之中、民族的复兴之列，不枉自己是一名人民教师。

3. 第三方评价

学生家长杨先生：新中国成立初期，我们说没有共产党就没有新中国；在改革开放不断发展的今天，我们说没有共产党就没有和谐发展的中国；面对滚滚前行的历史车轮，我更加坚定了一个信念“没有共产党就不会有未来屹立于世界强国之列的中国和中华民族”。通过本次党史系列活动，学生们尊重历史、立足眼前、放眼未来。坚持走中国特色社会主义道路，才能发展中国，才能实现中华民族的伟大复兴，在中国共产党的领导下中国人民过上了幸福的生活。学生们拥护党，努力学习、工作，为共产主义事业而奋斗，与一切反党反人民的行为做斗争。在高度文明的现代社会，一切都在迅速发展，本次活动让学生们树立正确的、科学的奋斗目标，并为实现目标而积极努力。

【14】不一样的就业指导活动——西南交通大学就业指导主题工作室

一、基本信息

项目名称	不一样的就业指导活动——西南交通大学就业指导主题工作室		
项目类别	思想政治与道德素养	项目内容	思政+
项目容量	300 人/期	开课单位	招生就业处
面向对象	全校学生	授课方式	活动

二、育人目标

习近平总书记多次谈道，就业是最大的民生。改革开放以来，我国就业工作取得历史性成就、发生历史性变革，实现了劳动就业制度由“统包统配”向市场化导向转变，就业总量持续增长，就业结构不断优化，就业政策与就业服务体系日趋丰富完善，走出了一条中国特色就业发展道路，积累了宝贵经验。当前，就业工作面临的总量压力和结构性矛盾依然突出。我们必须以习近平新时代中国特色社会主义思想为指导，不断坚定信心、深化改革，坚持就业优先战略和积极就业政策，努力实现更高质量发展和更充分就业。

三、育人措施

1. “校院一体化”全生涯就业创业指导服务体系

以学生为中心，以学院（中心）为主体，学校、学院（中心）共建一体化生涯服务体系，将生涯指导贯穿大学生成长成才全过程，为学校就业创业工作服务。

2. 2021 年度“校院一体化”全生涯服务体系工作方案

由招生就业处牵总，各学院结合工作重点、资源条件等实际情况，选择开展就业指导主题工作室项目，深入推进学校就业创业指导工作的精准化建设。验收通过后给予相应经费支持和考核加分，类别为“主题工作室”，即女生工作室、少数民族工作室、基层就业与考公工作室、出国留学工作室、考研工作室、国际组织工作室等。

3. 建立完善工作机制，保障工作有序进行

建立动态管理机制。招生就业处将根据就业指导主题工作室开展情况，不定期进行项目督导。

建立宣传推广机制。依托各类新闻媒体对就业指导主题工作的工作情况、典型人物、先进事迹进行宣传报道。

建立激励考核机制。做好宣讲效果评估工作，从宣讲场次、宣讲效果、研究成果等方面对就业指导主题工作室进行考核，并在荣誉奖励、形象宣传等方面给予重点倾斜，给予资金支持。

四、育人实效

1. 不一样的就业指导主题工作室，持续提升学生就业综合及竞争力

就业指导主题工作室重点围绕学习以习近平同志为核心的党中央坚持以人民为中心的发展思想，深刻把握就业工作规律，全面深化就业创业体制机制改革。根据学院及学生具体需求，主要分为女生工作室、少数民族工作室、基层就业与考公工作室、出国留学工作室、考研工作室、国际组织工作室等类型的主题工作室。截至 2021 年 7 月，就业指导主题工作室持续深入青年学生开展 200 余场宣讲活动，覆盖青年学生超过 15 000 人次。

2. 策划云端宣讲，凝聚抗疫力量

招生就业处积极策划、组织开展“建功立业新时代”主题班会系列活动，主题班会主要涵盖就业行业及领域、就业路径规划、求职技巧等方面。截至 2021 年 6 月，就业指导主题工作室共开展覆盖 22 个学院的云端主题班会活动，覆盖青年学生超过 10 000 人次。

3. 组织策划新式新颖、内容丰富的活动，提升学生参与兴趣和能力

就业指导主题工作室通过运用不同形式的活动，如讲座、论坛、团辅、沙龙、openday、调研、竞赛等，充分调动学生积极性和参与感，同时可继续优化“校院一体化”生涯服务体系，深入推进就业指导的精准化建设。

五、育人评价

平均评分：4.9 分

1．学生评价

李同学：本年度我参加了学校组织的“简历工作室”，其中一场专项活动为“洞见未来，职场蜕变”就业指导活动，当时我参加的活动分别邀请了华为技术有限公司、中国移动物联网和浦发银行等公司 HR 进行主讲，活动中老师们特别为学生提供与企业 HR 沟通交流的渠道。很有幸参加这一活动，让我了解诸如华为这样的大公司选聘人才的要求，了解在真正进入职场前可以做哪些准备，也更加了解未来行业的发展态势和要求。

秦同学：我参加了“工科女生工作室”的一场职业生涯规划的活动。活动中，戴尔科技集团工程师参与讲座，她站在女性的视角，与我们广大工科女生共同探讨职业生涯规划方向；讲座后，我还参加了一场个性化咨询，老师们针对工科女生具体情况深入指导职业生涯规划问题。

王同学：我参加了“留海说”主题讲座，主讲人是地学学院安全专业大四在读学生何玮。他连续三年获得 SWJTU-OSU 专项奖学金、International Transfer Scholarship，并曾获三好学生等荣誉称号，2020 年参与哈佛大学创业孵化项目 Beenthere 并担任 leader，全球混申策略下，获得了包括康奈尔大学、杜克大学、UCL 伦敦大学学院、香港科技大学、墨尔本大学等名校的青睐。他的留学之路非常值得我学习，他的个人经历、时间管理、能力提升方法都值得我好好研究，我觉得参加留学工作室的主题活动有非常大的收获。

2．教师评价

高老师：就业指导主题工作室真正把握和了解学生个人成长发展的需求，运用学生喜闻乐见的方式，开展就业指导活动，而且学院将校级项目和院级活动有机结合在一起，其宣传和开展效果都是不错的，应该说，就业指导主题工作室真正走进了学生心中，真正成为学生就业方面的好帮手和好平台。

3．第三方评价

学生家长张先生：听孩子提起过学校有各类型主题工作室可选，比如女生工作室、少数民族工作室、基层就业与考公工作室、出国留学工作室、考研工作室、国际组织工作室等。根据学生自身不同需求，学校给予不同资源，校内外专业老师也通过不同方式在一直帮扶和鼓励孩子。我觉得这是非常幸运的。因为想让孩子考选调生、公务员，所以我让孩子重点关注选调生、公务员工作室。希望通过参加专业的工作室，能够对孩子考取选调生、公务员有所帮助。

【15】不一样的就业指导活动
——西南交通大学就业指导主题训练营

一、基本信息

项目名称	不一样的就业指导活动——西南交通大学就业指导主题训练营		
项目类别	思想政治与道德素养	项目内容	思政+
项目容量	300 人/期	开课单位	招生就业处
面向对象	全校学生	授课方式	活动

二、育人目标

习近平总书记多次谈道，就业是最大的民生。改革开放以来，我国就业工作取得历史性成就、发生历史性变革，实现了劳动就业制度由“统包统配”向市场化导向转变，就业总量持续增长，就业结构不断优化，就业政策与就业服务体系日趋丰富完善，走出了一条中国特色就业发展道路，积累了宝贵经验。当前，就业工作面临的总量压力和结构性矛盾依然突出。我们必须以习近平新时代中国特色社会主义思想为指导，不断坚定信心、深化改革，坚持就业优先战略和积极就业政策，努力实现更高质量发展和更充分就业。

三、育人措施

1. “校院一体化”全生涯就业创业指导服务体系

以学生为中心，以学院（中心）为主体，学校、学院（中心）共建一体化生涯服务体系，将生涯指导贯穿大学生成长成才全过程，为学校就业创业工作服务。

2. 2021年度“校院一体化”全生涯服务体系工作方案

由招生就业处牵总，各学院结合工作重点、资源条件等实际情况，选择开展就业指导主题训练营项目，深入推进学校就业创业指导工作的精准化建设。验收通过后给予相应经费支持和考核加分，类别如下：女生职业成长训练营、求职特训营、职业能力训练营、行业/职业人才训练营、应用文写作训练营、面试训练营等。

3. 建立完善工作机制，保障工作有序进行

建立动态管理机制。招生就业处将根据就业指导主题训练营开展情况，不定期进行项目督导。

建立宣传推广机制。依托各类新闻媒体对就业指导主题工作的工作情况、典型人物、先进事迹进行宣传报道。

建立激励考核机制。做好宣讲效果评估工作，从宣讲场次、宣讲效果、研究成果等方面对就业指导主题训练营进行考核，并在荣誉奖励、形象宣传等方面给予重点倾斜，给予资金支持。

四、育人实效

1. 不一样的就业指导主题训练营，小班制精准指导学生提升就业能力及求职素养

就业指导主题训练营重点围绕学习以习近平同志为核心的党中央坚持以人民为中心的发展思想，深刻把握就业工作规律，全面深化就业创业体制机制改革。根据学院及学生具体需求，主要分为女生职业成长训练营、求职特训营、职业能力训练营、行业/职业人才训练营、面试训练营、应用文写作训练营等不同主题、不同方向的主题训练营。截至2021年7月，就业指导主题训练营持续深入青年学生开展50余场宣讲活动，覆盖青年学生超过3 000人次。

2. 运用线上线下相结合的方式，以点带面推动学生高质量就业

采用校内专家讲座知识传授与企业专家到校模拟训练相结合方式开展主题训练营。力求将校内、校外各项优质资源进行合理链接，精准推送给有需要的学生，以点带面地推动学生更高质量的就业。

3．组织策划形式新颖、内容丰富的活动，提升学生参与兴趣和能力

就业指导主题训练营通过组织不同形式的活动，如建立专项 QQ 群（如面试群、实习实践群、选调生群等）、测评、团辅、沙龙、调研、竞赛、训练营等，充分调动学生的积极性和参与感，同时可继续优化“校院一体化”生涯服务体系，深入推进就业指导的精准化建设。

五、育人评价

平均评分：4.8 分

1．学生评价

尹同学：本年度我参加了学校组织的“面试训练营”，老师首先给我们分享了面试的小技巧：面试的类型与流程、四点面试礼仪（着装、仪容、仪态、谈吐）、电梯演讲与无领导小组讨论演练、三种常见的面试陷阱（激将法、挑战式、请君入瓮）、如何与企业谈薪酬（什么时候谈，如何谈）、如何识破企业的宣讲陷阱（去伪存真辨薪酬）、四种面试结束后的工作（让学生越面越强），然后参加了企业模拟面试。模拟面试的评委是华为、中国移动物联网、Intel、卡斯柯、软通动力的 HR。各位校外专家站在企业识人、选人、用人的角度来讲解企业如何看待面试，校内讲师综合各个企业的通用需求，给予学生细致的面试知识点的讲解，最后，企业的 HR 团队来校进行一对一和无领导小组群面的模拟面试，邀请其他同学进行观摩。这次活动我的收获特别大，我觉得今后参加真实面试的成功率会大大提高。

付同学：我参加的是“女生职业成长训练营”。主讲人是 YUART 月嘉艺术创始人程怡聪女士［建筑与设计学院优秀院友、JA（Junior Achievement）中国志愿者］，“面试礼仪&职场礼仪”邀请西南石油大学教授辅导员舒小立老师，“简历制作和成功面试”邀请东原地产人力总监刘雅琪女士，这三位女老师对女生职业成长规划的讲解非常专业，现场给予我非常多的启示和帮助。

陈同学：我参加了“创·战计主题训练营”。训练营中，讲解老师引导学生在训练营活动中挖掘自己的潜能，对自身有更加客观全面的评价，同时创造更多的可能性；可以帮助学生树立正确的求职观和就业观，从根本上唤醒学生的就业意识，做好自身职业生涯规划，进而塑造核心竞争力，为未来做准备。

2．教师评价

周老师：大学生普遍希望能尽快融入社会，找到自己满意的工作和位置，而很大一部分大学生在迈出校园走进社会的起跑线“应聘”上就已经比其他人落后了。此训练营活动包括就业形势解析、招聘流程、目标岗位确定、投递简历和面试录用，训练学生在求职过程所需要掌握的技能，让学生在课程中发现自身的短板并加以提升，增强自身求职素养和能力。通过活动，学生将会深入了解到目前的市场情况，更清晰地剖析自己，弥补不足之处，发扬优点，为自己将来走向社会做好准备。通过活动，学生将端正自己的学习动机，自觉获取有用市场信息，不断提高自身素质，应对未来严峻的就业压力。

3．第三方评价

学生家长刘先生：听孩子提起过学校有各类型主题训练营可选，我认为孩子参加这些分门别类的训练营可以有效展现自我才能，塑造精彩人生，打开职场大门，成就美好未来！

【16】“镜堂”讲坛
——西南交通大学数学学院“镜堂计划”青马工程系列活动

一、基本信息

项目名称	“镜堂”讲坛——西南交通大学数学学院“镜堂计划”青马工程系列活动		
项目类别	思想政治与道德素养	项目内容	思政+
项目容量	300 人/期	开课单位	数学学院
面向对象	全校学生	授课方式	讲座

二、育人目标

坚持不懈地用社会主义核心价值体系教育青年，以习近平新时代中国特色社会主义思想为指导，通过教育培训和实践锻炼等行之有效的方式，在大学生中培养一批用马克思主义中国化最新成果武装的学生骨干、共青团干部和青年知识分子，为他们逐步成长为高度理论自觉、鲜明实践品格、深厚群众根基、奋进创新精神的中国特色社会主义建设者和接班人奠定基础。突出为党育人的根本任务和实践育人的基本方式，兼顾拓展技能素质，引导学生坚定理想信念、厚植爱国主义情怀、加强品德修养、增强综合素质、锤炼意志品质，帮助学生坚定正确的政治方向，坚定听党话、跟党走的政治追求，成为全面发展的有用之才。通过持续深化改革和提质增效，“青马工程”的培养体系更加完备，培养模式更为规范，加强青年政治引领的功能效应愈发凸显，在各行业各领域切实为党培养和输送一批具有忠诚的政治品格，浓厚的家国情怀，扎实的理论功底，突出的能力素质，忠恕任事、人品服众的青年政治骨干。

三、育人措施

“镜堂”讲坛以数学学院 2020—2021 学年“镜堂计划”青马工程为项目基础，对授课内容广度和深度、讲坛受众范围都进行了提高和扩充。

1. 邀请“青年讲师团”及优秀教师学生代表

每学期第 5 ~ 14 周邀请“青年讲师团”成员和其他优秀教师学生代表作为主讲人，他们通过分享自己的成长历程，从学习、生活、工作技能、思想修养等方面授课。每期确定一个主题，力求内容更充实，思想内涵更高，不学“假大空”，为学生干部及优秀共青团员提供宝贵经验，通过有趣的故事或事例吸引大家注意力，使同学们有代入感并且愿意听、愿意将方法经验运用在工作中，从而增强工作能力，提高工作效率。

2. 扩充受众范围，每人都有机会发言

受众范围不再局限于团员干部，而是更多有理想有思想的老师和学生。不仅团员干部可以说出自己在工作中遇到的难题、疑惑以及经历等，普通学生也可以提出一些关于学生干部工作的问题以及在与学生干部进行工作交流时自己遇到的困惑。在参加活动中，他们可能会对学生工作有一些新的认识，通过这些优秀的讲师而喜欢上学生工作，带着更多的热爱投入

其中，同样他们也可以发表一些自己对学生工作的建议，进一步促进工作完善。

四、育人时效

1．采用不一样的主题，多方面培养优秀学生干部

为了使学员干部们能更加深入地体会到“思政学习”乐趣，改变对思政活动“枯燥乏味”的刻板印象，激发学员们的学习兴趣，调动学员们的积极性，并且从多方面进行学员培养与计划实施，“镜堂”讲坛重点围绕学员干部所需提高的能力素质方面，分别从业务能力与工作技能、思想引领与理论学习、身体素质与实践锻炼出发开展了六次讲座活动，力求全方面培养优秀学生干部。截至 2021 年 6 月，“镜堂”讲坛开展六次讲座，覆盖青年学生 400 多人，并多次在干部团员中获得好评。

2．使用新型讲座方式，增强同学们的参与度

讲座不仅是讲，还有探讨。每期讲座前半程由主讲人讲，后半程由与会学生和嘉宾聊，贯彻“实践出真知，多问才能多学”的道理。同学们可能会遇到嘉宾经历中类似的事情，也会遇到其他一些比较棘手的事情或者对讲座内容某方面有疑惑，通过聊天的方式来解答，在这样的过程中与会学生可以在业务能力与工作技能、思想引领与理论学习、身体素质与实践锻炼等方面有所提高，也可以增加自己的阅历和工作经验。讲座以聊代讲，不再枯燥，增加了学生的参与度，讲座内容更加贴近现实，让学生切实有所得有所获。

3．融合他院优势，扩展活动深度

为了使本活动有一定的深度与广度，充分融合他院优势，调动全校学生积极性，本活动还将邀请各院优秀学生干部、学习标兵等与学生们进行经验分享与实际交流，同时为了使活动更加有趣、多元化，本活动联合各院各级组织共同举行“青马工程”，充分发挥各院的优势，从“公文写作”“党史学习”“PPT 制作”等多方面有趣又实用的主题展开，为学院干部们带来更加丰富且有用的课程学习，真正做到“少而精”与“学有所得”。

五、育人评价

平均评分：4.9

1．学生评价

朱同学：当很多人犹豫要不要成为一名学生干部时，他们会考虑占用自己多少时间、通过这个职位能够获得什么。参加这些讲座，听了学长学姐的经历和感悟之后，我才明白身为一名学生干部，不应该只局限于自己能够获得什么，而应该去思考我能为大家做什么，要有一颗热忱奉献的心，才能真正喜欢上这份工作。在我学会思考这些问题并采取行动的时候，我的收获也就随之而来，心灵的成熟和能力的提高是我热爱这份工作的表现。

张同学：作为新时代的主力军，我们应该树立远大的理想，而成为一名学生干部是必经之路。要想成为社会的栋梁之材，要有敢于奉献的精神，就像在疫情防控中那些赶赴一线的白衣天使和志愿者，正是因为有这些敢于奉献的人，我们的祖国才一次次跨过难关；还要有较强的学习工作能力，才能做好工作，建设祖国。学生工作的经历无形中培养了学生这样的

能力与精神，让学生更好地投入到这样的工作中。

林同学：现在我们正处于吸取知识、培养能力的关键阶段，通过这一系列活动，我明白了学生工作可能会遇到的问题及其解决办法，还有人际交往、工作技巧等很多方面的提升，而且不同于通常的讲座，采用以聊代讲的讲座方式更加吸引人，获得的答案更加实用，也不再拘泥于讲稿中那些生硬的文字。

2．教师评价

徐老师：学生干部及共青团员是学生群体中的带头人，他们的能力、价值观等在学生中有一定的影响力，这就要求我们要更加注重培养学生干部及共青团员的各方面素质，从而引领学生群体朝着更加朝气蓬勃、踏实优秀的方向发展。本门课程通过“青年讲师团”及优秀教师学生代表的讲解、答疑和带动作用，用更加有趣、实用的方法进行思政教育，值得推广。

3．第三方评价

学生家长李先生：这门课程立足实际，指出学生干部及共青团员的重要作用，充分发挥了优秀学生干部及教师学生代表的作用，为新一届的学生干部及优秀团员提供宝贵的经验，使他们得到了多方面提升，在工作和学习生活中更加乐于奉献，并且采用了更加易于接受的活动形式，使这些宝贵经验更加实用，可以说是思政教育的一种好方法。我们身为家长在听到这些经历时也会有更多的感悟。

【17】西南交通大学犀源杯中华经典美文诵读系列活动

一、基本信息

项目名称	西南交通大学犀源杯中华经典美文诵读系列活动		
项目类别	思想政治与道德素养	项目内容	思政+
项目容量	300 人/期	开课单位	图书馆
面向对象	全校学生	授课方式	竞赛

二、育人目标

书香特色课程是学校书香文化的支撑，也是书香育人的重要载体。只有拥有丰富的书香特色课程，书香文化才能焕发蓬勃的生命力。为深入贯彻落实党的十九大精神，促进高等院校精神文明建设和书香校园建设，犀源诵读爱好者协会举办第二届犀源杯中华经典美文诵读大赛，以传承和弘扬中华优秀经典文化为初心，让学生立“清雅刚直”之品格，养“心正气和”之性情，有志于传播中华经典美文，培育文理全能交大人，维护国家文化安全、增强国家文化软实力，以文艺点亮中华民族伟大复兴的中国梦的新火光。

三、育人措施

1．完善遴选机制，严格公开选拔

犀源杯中华经典美文诵读大赛采取线上与线下选拔相结合的方式，线上音频选拔在很大程度上规避了以貌取人的弊端，以声定人，以情选人，从而能让中华经典美文在当代青年身上得到更好的体现与诠释。进入决赛的参赛者必须有较好的文化素养、情感表现能力，并由犀源诵读爱好者协会会长团成员、干部团以及培训部优秀部员进行遴选。

2．不断打磨作品，提高活动质量

培训部部长以及会长团成员将对进入决赛的选手进行统一培训，指出初赛中的不足之处，帮助选手更好地呈现经典，将每一个作品的内涵诠释到位，并且他们将对较缺乏上台经验的选手进行舞台培训，从而达到提高学生全面素质的效果。

3．建立完善工作机制，保障工作有序进行

建立赛前调查机制。在赛前对学生期望的获奖品进行调查，提高参赛满意度。

建立动态管理机制。犀源诵读爱好者协会将根据每一届比赛具体的参与人数对工作人员进行调整充实。

建立宣传推广机制。依托各类新闻媒体对犀源杯以及参赛选手进行宣传报道，着力打造明星级选手、品牌诵读赛。

建立赛后总结机制。按部门进行讨论总结，不断改进，不断提高活动水平。

四、育人实效

1．更受欢迎的思政引导，引导学生爱党爱国

犀源杯中华经典美文诵读大赛围绕习近平总书记提出的“文运同国运相牵，文脉同国脉相连”，开展朗诵活动。截至 2021 年 6 月，犀源杯决赛参与的青年学生超过 300 人。

2．加强青年理想信念教育，引导学生构筑青春梦想

犀源杯中华经典美文诵读大赛采取“竞赛+朗诵表演”的形式，可以消除青年对“思政+活动”古板、枯燥的成见，激发学生想了解中华美文的动力，引导学生主动参与到活动中来。中华经典美文中的中国精神自然而然地深入青年的内心。

3．精心编写推文，全方位推广中华经典

除了在线下尽心尽力推广经典美文之外，线上也持续推出精品推文，推广中华经典美文，采用以声传文·以声伴文的形式，让喜欢经典美文的同学和老师更好地了解经典美文。

五、育人评价

平均评分：4.9 分

1．学生评价

曾同学：观看诵读大赛后，我对中华经典美文的内容以及呈现形式有了更深的理解，也被选手们对经典、对祖国的热爱所深深震撼，被中华文化的美所深深折服。

2．教师评价

董老师：传承经典文化，弘扬中国精神是我们文化类活动所一直推崇的，而犀源杯中华经典美文诵读大赛很好地贯彻了这一点，以文筑梦，以文圆梦。

3．第三方评价

李同学家长：这次我的孩子作为参赛选手朗诵诗文，让我感动得热泪盈眶，我相信，在这样的既有文化内涵又有精神传递的竞赛活动的熏陶下，我的孩子定会更加懂得如何爱党爱国爱人民。

【18】浸润经典，墨香常伴
——西南交通大学“4·23”世界读书日系列活动

一、基本信息

项目名称	浸润经典，墨香常伴——西南交通大学“4·23”世界读书日系列活动		
项目类别	思想政治与道德素养	项目内容	思政+
项目容量	500人/期	开课单位	图书馆
面向对象	全校学生	授课方式	竞赛

二、育人目标

习近平总书记强调：广大青年抓学习，既要惜时如金、孜孜不倦，下一番心无旁骛、静谧自怡的功夫，又要突出主干、择其精要，努力做到又博又专、愈博愈专。特别是要克服浮躁之气，静下来多读经典，多知其所以然。“4·23”世界读书日以共读打卡活动为出发点，结合世界读书日的主题，让学生能静下心来坚持阅读，品味经典，寻觅书中的美好与静谧。同时激发阅读兴趣，培养阅读习惯、提升专注度，并通过分享交流锻炼学生的独立思考能力，引导学生加强品德修养、增强综合素质，为实现中华民族伟大复兴中国梦不断提升自己并贡献自己的力量。

三、育人措施

1．共读打卡与读书会相结合，持续深入地推广阅读

系列活动包括共读打卡和读书会两部分。其中，共读打卡作为主题活动，可分为“共读打卡”和“阅读感悟分享”两个环节。活动期间，通过每日发布阅读任务，并汇总参与者每日阅读感悟，达到培养阅读习惯、激发阅读兴趣的目的，同时通过阅读感悟分享也可让大家深化阅读成果，真正走进书中世界，达到深入地推广阅读的目的。读书会目标走向常态化，让同学们能经常开展阅读讨论，进行思维的碰撞，以此达到持续地推广阅读的目的。

2．结合时事热点，全面推进精神培养和思政建设

活动准备阶段，均由主办团队选择合适的阅读书目，既能激发学生阅读兴趣，又能加强学生的谨慎培养和思想政治教育。活动均以阅读和感悟分享的方式，让同学们在信息轰炸的现代能够静下心来，品味经典，回归阅读。通过对所读书籍的阅读，每个人可以得到不同的阅读感悟并将其记录下来，体会书中的主题思想，培养学习中非常重要的能力——独立思考能力。同时，不定期发起书籍主题讨论交流分享，在阅读的基础上互相交流阅读感悟，让参与者对书籍内容进一步思考，也能感受到在交流过程中如何求同存异，进而促进阅读推广，推进思政教育。

3．多方面评选优秀读者，促进活动高质量完成

“4·23”世界读书日系列活动均从阅读环节、感悟分享环节、讨论环节等方面来评选优秀读者，并给予一定奖励。活动要求同学们在各个环节积极活跃，阅读感悟符合当代价值观，促进参与者在这样一个长期活动中的活跃度，从而保证活动高质量完成。优秀读者具有坚定的政治立场、较高的理论素养，热爱祖国，演讲素质优秀，由此促进阅读推广，推进思政教育。

4．品味经典，回归阅读，传承优秀文化

“4·23”世界读书日系列活动书籍由活动负责人依据时事和当年价值导向选取，加强学生在活动中的思想政治建设，同时，加强品德修养，锤炼意志品质。

5．优秀阅读感悟整理成册并进行展示，开展阅读感悟分享大会，巩固和加强思政教育成果

对活动期间所有读者的阅读感悟进行筛选评比，综合多方面选出学生的优秀感悟，整理汇编成册，并在图书馆进行展示。同时，开展阅读感悟分享大会，优秀读者对其阅读感悟、自我见解进行分享交流，进一步巩固和加强思政教育成果。

四、育人实效

1．不一样的思政竞赛，持续扩大影响力

“4·23”世界读书日系列活动书籍重点围绕学习贯彻习近平新时代中国特色社会主义思想进行选择，着力弘扬党的先进理论、党史国史团史、国情形势政策、中国优秀传统文化、名人榜样故事等内容。截至2021年5月，“4·23”世界读书日系列活动已成功举办五届，在以往的活动中不断探索新的活动形式，至今参与活动总人数超2 100人，读书打卡超15 400人次，深刻贯彻阅读推广的主题。

2．综合交流感悟，催化思想深度

“4·23”世界读书日系列活动通过共读打卡、书写阅读感悟、活动群聊讨论，提高学生通过阅读学习习近平新时代中国特色社会主义思想的积极性，有助于扩大习近平新时代中国特色社会主义思想对年轻一代人的影响，提高大家的思想觉悟，使大家的思想更加积极向上，能在习近平新时代中国特色社会主义思想的指导下不断提升自己、发展自己。同时，在优秀读者分享交流会中，每个人独特的阅读思想感悟在彼此碰撞中迸溅出的火花，更能激发彼此的思想灵感，促使大家的思想深度更上一层楼。

3．优秀阅读感悟整理成册，先进思想宣传展示

为了更清晰地展示阅读成果，我们将活动成果进行数据化，综合了许多优秀的阅读感悟，将这些阅读感悟整理成册并进行展示，由此扩大活动的影响力，进一步推广阅读。

五、育人评价

平均评分：4.8分

1．学生评价

郝同学：通过这个活动，我完整地阅读了《西行漫记》这本著作。《西行漫记》又名《红星照耀中国》，真实记录了埃德加·斯诺 1936 年 6 月至 1936 年 10 月在中国西北革命根据地进行实地采访的所见所闻，报道了中国和中国工农红军以及许多红军领袖、红军将领的情况，从多个方面展示了中国共产党为民族解放而艰苦奋斗和牺牲奉献的精神，瓦解了种种歪曲、丑化共产党的谣言。恰逢今年是中国共产党成立 100 周年，这次所选阅读书籍也算是我参与中国共产党 100 周年的一次庆祝活动，今后更当继往开来，为国奉献。

王同学：这次活动中，我获得了第一名的成绩，这是我莫大的荣誉，但是这次活动收获的不仅仅是这一纸证书，还有对四本书籍的了解，对阅读氛围的感受，其实每一位分享阅读感悟的同学都是带着自己对书籍的理解来的，不能说谁的理解更好，我们都是在交流，这种文化、思维的碰撞是我作为理科生在进入大学后第一次真真切切感受到的，所以我很感谢能参与这次活动，毫不夸张地说，它丰富了我的大学生活。

郭同学：虽然在这次活动中我只获得了第三名，但我收获了知识及其展现作品——优秀感悟册，这是对我参与这个活动的一种纪实，一个纪念，也激发了我以后读书写读后感的想法。另外，我从手机中脱离出来，安安静静地坐在图书馆里捧着一本书读，这是我一直想做但是没做到的。总之，这个活动确实是很好的活动，值得纪念。

2．教师评价

吴老师：阅读是提高素质的有效途径，是涵养静气的摇篮，同时也是进行思政教育最基础的途径。尤其在如今这个浮躁大环境之下，同学们很少能静下心来去阅读。而此活动以推广阅读为目的，通过阅读来加强思政建设，有助于同学们增长知识、丰富精神、提高能力、滋润心灵，为当代大学生的德智体美劳全面发展贡献力量。

3．第三方评价

学生家长李先生：生活里没有书籍，就好像没有阳光；智慧中没有书籍，就好像鸟儿没有翅膀。知识是人类进步的阶梯，阅读则是了解人生和获取知识的重要手段和最好途径。孩子在学校学到的主要是课本知识，孩子如果只是掌握课本上的那点知识，那么知识结构难免单一。

【19】“大国风采”系列活动
——西南交通大学模拟联合国大会

一、基本信息

项目名称	“大国风采”系列活动——西南交通大学模拟联合国大会		
项目类别	思想政治与道德素养	项目内容	思政+
项目容量	400 人/期	开课单位	国际关系研究会
面向对象	全校学生	授课方式	活动

二、育人目标

当今世界正经历百年未有之大变局，突如其来的新冠肺炎疫情对全世界是一次严峻考验。以习近平新时代中国特色社会主义思想和党的十九大精神为指引，学习习近平在纪念中国人民志愿军抗美援朝出国作战 70 周年大会上的讲话精神，以史为鉴，学习习近平总书记对后疫情时代中美关系的有关论述，带领同学们更深层次了解中美大国外交博弈，共同探讨未来中美关系的发展。“大国风采”系列活动是通过展示不同国家的历史文化来打开学生了解风采各异的世界的一扇大门。通过知识竞赛、风采展示、模拟联合国等方式帮助我校学生从政治、经济、文化多个方面了解国际关系，在保持规范性的同时不失趣味感。在世界大变局加速演进的今天，希望通过此次活动调动起交大学子对国际关系理论类知识的兴趣，打破“国际关系晦涩难懂”的刻板印象，帮助交大学子树立更广阔的全球视野、更深厚的知识储备，增强“四个意识”、坚定“四个自信”、做到“两个维护”，以适应当前多元多变的国际社会，承担起中华民族伟大复兴的历史使命。

模拟联合国（简称模联）能够培养我校学生众多优秀品质，如追求卓越（excellence in execution），激发热情（generating young passion），社会责任（social responsibility），想象创新（imagination for innovation），勇于尝试（willing to try）。参与模拟联合国活动，最初的目的是让参与者拥有一种对错综复杂的国际关系的基本认识，伴随着这种认识，参与者将展现出更高水平的分析能力。我们认为，这就是参与模拟联合国活动的意义。由国际关系研究会承办的西南交通大学模拟联合国活动将汇集成都市爱好模联的高校学生，设置中、英两个会场，运用中文、英文两种工作语言，使更广大范围的模联爱好者参与其中。对于我校学生来说，通过活动，能够对错综复杂的国际关系有一个基本的认识，培养全球化视野以及胸怀天下的高尚情怀，在强调知识多元化，跨界、跨领域的今天，不仅可以作为自己专业知识的补充，也能够对自己的分析能力、逻辑思维产生更加深刻的影响。此外，该活动也有利于我校与西南地区各兄弟学校交流联谊，相互学习，取长补短。

三、育人措施

1. 开拓视野

模拟联合国活动关注的问题广泛，大都是当今各国面临的热点问题，在这样一个充满激情和挑战的全球化时代，在我国改革开放继续深化、国际局势依然复杂多变的背景下，积极参与这项活动不仅有助于同学们了解联合国，更为同学们提供了一个平台来关心世界，用国际眼光来思考问题、讨论问题。模拟联合国涉及和平与安全、人权、环境、贫穷与发展、货币政策、石油危机、全球化、公共卫生等系列议题。

2. 激发学习潜能

阅读背景资料、会场上书写大量文件、听取发言、阐述观点这些都对学生的语言和写作水平提出了很高的要求。模拟联合国活动是一种体验式的活动，特别是在英文会议中，代表们融入外交情境，需要自觉自主地运用英语进行表达，这样的环境下，大大激发了学生学习英语的热情。而在一些高水平中文会议中，代表们同样可能接触到一些英文阅读材料。

虽然最终的大会只有短短几天时间，但是在会议之前代表要做好充分的准备。代表必须密切关注“自己的国家”，研究和学习一个国家的历史、政治、经济、外交政策等方方面面，只有这样才能充分扮演好外交官的角色。准备的过程实际上是一个多学科知识的整合过程，代表们需要将政治、经济、历史、地理知识与大会要讨论的问题紧密结合，思考各个要素之间的联系。这有利于打破学科间的壁垒，形成丰满完整的知识体系。

3．锻炼领袖才能

模联是一种互动性极强的学习经历，青年人不仅能够学习和讨论国际事务，还能够通过实践来锻炼自己组织、策划、管理、研究、写作演讲、辩论、解决冲突、求同存异和与他人沟通交往等多方面能力，这些会让学生受益终生。

四、育人实效

西南交通大学模拟联合国是国际关系研究会传统的对外活动，已连续举办多届，覆盖范围大，成为社团年度活动，也是全校精品活动，积淀深厚，传承性强，在保留与传承的基础上，每年对形式也在不断探索和创新，争取与时俱进，吸引大家的兴趣，满足同学们的需求，受到参与活动的社团内外成员的认可和好评，现已成为全校同学了解学习国际关系和模拟联合国相关知识的重要渠道，也是一场理论学习和趣味性并重的校园文化与学术交流活动。

1．活动亮点

活动内容新。既涉及历史、地理、文化、经济、军事等多方面的知识，也融入国际关系主题，以及模拟联合国相关学术知识，知识涵盖范围广，能提高同学们对国际关系问题的关注度，帮助同学开阔视野，激发学习潜能，锻炼领袖才能。

活动形式新。“大国风采”系列活动持续时间长，举办次数多，覆盖范围大，既有结合“公众演讲”和“一般辩论赛”两种竞赛形式的风采展示活动，又有较为专业的模拟联合国活动，兼具趣味性与知识性。模拟联合国活动上，青年学生们扮演各个国家的外交官，以联合国会议的形式，通过阐述观点、政策辩论、投票表决、做出决议等亲身经历，熟悉联合国的运作方式，了解人类所面临的共同问题，明确、思考自身能够发挥的作用。这是为青年人组织的公民教育活动。

活动目的新。通过此次活动，调动交大学子对国际关系理论类知识的兴趣，打破“国际关系晦涩难懂”的刻板印象，帮助交大学子树立更广阔的全球视野、更深厚的知识储备，提高同学们面对国际关系问题时的思辨能力。

2．能力提升

模拟联合国是一项学术性与实践性并重的活动，其中涉及分析研究能力，文件写作能力，演讲、激辩能力，以及筛选整合信息能力等。对参与者的思维、口才、风度及外语水平都是不错的训练，同时也为大学生走上就业岗位、面临各种挑战打下良好基础。

了解国际风云变幻，开拓全球视野。熟悉联合国及各委员会的组织机构、工作流程与会议模式以及作为国家代表的职责与任务，引导学生“坐于室而观四海，处于今而论久远”。

强化提升英文水平，训练文件写作能力。系统学习并掌握国家代表的立场文件、演讲陈辞、工作文件、决议案等联合国会议正式文件的英文写作规则。

训练公众演讲与辩论磋商能力。在委员会会议中进行演讲，以外交官身份在与世界各地代表讨论中提高沟通能力，通过辩论与游说等技巧，获得更多国家代表支持，从而获得前所未有的自信和成就感。

拓展海量阅读与信息整合能力。拓展英文资料搜集与阅读，为会议进行资料准备。从小培养信息分析理解的研究能力，同时拓宽视野，自主积极地探求新知。

广交良朋好友。结识不同学校、不同地区的优秀同龄人，沟通交流，结下深厚友谊；与其他学生共同协作制作展览，培养创意精神和团队合作精神。

五、育人评价

平均评分：4.9 分

1. 学生评价

张同学：模拟联合国活动是一次学术性与实践性并重的活动，其中涉及背景文件分析研究能力，文件写作能力，演讲、激辩能力，以及筛选整合信息能力等。

李同学：模拟联合国大会对参与者的思维、口才、风度及外语水平都是严峻的考验，同时也是对大学生走上就业岗位、面临各种挑战的良好训练。

2. 教师评价

杜老师：模拟联合国活动是一次互动性极强的学习经历，青年人不仅能够学习和讨论国际事务，还能够通过实践来锻炼自己组织、策划、管理、研究、写作演讲、辩论、解决冲突、求同存异和与他人沟通交往等多方面能力，这些会让学生受益终生。

3. 第三方评价

学生家长王先生：模拟联合国活动关注的问题广泛，大都是当今各国面临的热点问题，在这样一个充满激情和挑战的全球化时代，在我国改革开放继续深化、国际局势依然复杂多变的背景下，积极参与这项活动不仅有助于同学们了解联合国，更为同学们提供了一个平台来关心世界，用国际眼光来思考问题、讨论问题。

第二章

学术科技与创新创业

【1】始于商务，创我未来
——西南交通大学创业设计大赛

一、基本信息

项目名称	始于商务，创我未来——西南交通大学创业设计大赛		
项目类别	学术科技与创新创业	项目内容	专业+
项目容量	300 人/期	开课单位	经济管理学院
面向对象	全校学生	授课方式	竞赛

二、育人目标

以习近平总书记在纪念五四运动 100 周年大会的重要讲话为指引，契合新时代中国青年运动的主题和方向，号召青年大学生到人民群众中去，到新时代新天地中去，让理想信念在创业奋斗中升华，让青春在创新创造中闪光。响应“大众创业、万众创新”的口号，启发青年大学生自觉融入为中华民族伟大复兴的中国梦而奋斗的新长征，在创新创业创造中展现人生意义。发挥创业设计大赛的示范、引导、辐射、带动作用，厚植家国情怀，追求进步觉醒，承继奋斗传统，以创新创业创造贡献国家、引领时代、驱动发展。

三、育人措施

1. 举办宣讲会和培训会

举办创业设计大赛宣讲会，考虑到同学们可能对这个比赛了解不够深入，我们会邀请有创业经验的学长和老师介绍比赛流程及参赛方法等，邀请曾经参加大赛的优秀学生介绍经验；此外，还会举办培训会，邀请具有丰富组织经验和指导经验的老师与参赛经验丰富的学长学姐为大家详细讲解相关竞赛及创新创业活动，主要内容有创业设计活动的组织形式、如何参加、参赛所需的专业知识积累等，同时也会创建交流群，方便同学们相互交流比赛经验和想法，认识各类有想法有激情的伙伴。

2. 专业导师评审，严格公开选拔

初赛阶段，参赛团队完成“创业计划书”，并按时在犀浦校区、九里校区相关提交点提交纸质文档。初赛均采用线上评审，由该赛评审委员会初审，评委老师线上评分。决赛阶段，采用现场答辩的方式进行评选，结合初赛成绩由西南交通大学经济管理学院颁发获奖证书。同学们以创意为起源，结合实际市场前景的技术、产品或者服务，围绕这一技术、产品或服务，以获得风险投资为目的，完成一份完整、具体、深入的创业计划，其中包括企业概述、业务与业务展望、风险因素、投资回报与退出策略、组织管理、财产预测，投入预算等方面内容，以及模拟运营等数据资料完成策划书的撰写和答辩，切身了解商业模式和中小企业运行模式，激发大家创新创业的热情和信心，锻炼大家分工合作的能力，运用课堂知识，展示自己的能力，规划今后的创业道路。

四、育人实效

1. 推进创新创业，输送优秀人才

为响应“大众创业、万众创新”的号召，西南交通大学创业设计大赛自2008年举办第一届以来，取得了巨大的成功。本着“培养创业创新人才，鼓励学生积极参与”的活动宗旨，该赛发掘了一大批具有创新精神、创业才能的学生。在比赛中，参赛选手运用自己的创业知识以及策划组织才能，呈现了一个又一个精彩绝伦、奇思妙想的项目，为后期“挑战杯”“萌芽杯”和“三创赛”等比赛输送了大量优秀的队伍和项目，从省级奖项到国家级奖项，都可以看到从创业设计大赛中成长出来的队伍与项目。

2. 多方位宣传，营造校园科创氛围

活动通过线下宣传、媒体宣传和宣讲会，多方位激发同学们的科创热情。赛前，经济管理学院创新创业中心在其官方微信公众号平台上发布推文，详细介绍了比赛的目的、内容、要求和安排等；学院各年级辅导员老师在各年级群中转发了比赛推文，同时组织创建比赛交流QQ群，进行答疑解惑和发布相关通知。在多形式宣传下，不断深化同学们对创业的理解，鼓励同学们发现并解决社会痛点，学会用同理心思考问题。同学们也在比赛过程中不断地试错积累，不断地探索新方法，以创业者的角度做生活的“留心者”。如此，尽力营造校园科创学术氛围。

3. 线上线下相结合，深入创新发展不忘防疫

创业设计大赛的进程分为宣讲会、培训会、初赛和决赛四个主要活动场次，其中宣讲会和培训会在线下举办，决赛按照防疫要求在线上进行，四年来覆盖大学生超过2000人次。在疫情防控常态化的背景下，涌现出一批针对疫情设计的项目，其中“启橙”项目是通过直接对接消费者和果农的方式助力果农突破水果滞销障碍，已投入实践。

五、育人评价

平均评分：4.9分

1. 学生评价

张同学：作为商科学生，创业设计大赛给予我一个将理论知识付诸实践的机会，无论是策划书财务部分的撰写打磨，还是实地调研的艰辛走访，都让我切身了解到真实的商业模式和中小企业运行模式，极大地鼓舞了我对创新创业的热情和信心，锻炼了我与他人分工合作的能力。在将课堂知识融于实践成果的过程中，我也认识到自己的优势和不足，这将帮助我为今后的发展道路做出规划。

李同学：我是一名工科学生，在钻研精进技术的同时，也希望将技术真正运用到实际生活中去，而创业设计大赛就给了我这样一个平台。在比赛中，我结识到一群志同道合的朋友，我们优势互补，工科和商科的有机结合极大地增强了团队的竞争力，有真材实料，不浮于表面，稳扎稳打是我们的突出优势。

王同学：创业设计大赛让我不局限于自己的专业，而是走到了社会这个广阔舞台上，在这里，我发现课本上的知识都变得活灵活现起来。通过现实世界来检验自己想法的可行性并

不断实践，其中刺激与风险并存，由此获得的种种经验都弥足珍贵。我愿不断以此完善自己，打好基础，为祖国的建设添砖加瓦。

2．教师评价

敬老师：培养什么人，是教育的首要问题。从“创新是引领发展的第一动力”到“释放全社会创新创业创造动能”，习近平总书记对创新创业提出了更高要求。而大学生就是创新创业的主力军，他们迫切需要一个平台为自己的想法插上翅膀。创新设计比赛通过宣讲会和培训会的宣传讲解，以比较低的门槛给大学生提供了一个展示的平台，值得推广。

3．第三方评价

学生家长王先生：这项比赛立足实际，积极发挥大学生的主动性和创造性，引导他们创新创业，并卓有成效。不仅让大学生有更多的方式去结识志同道合的朋友，而且在撰写策划书和调查走访中，也能让大学生切身了解到真实的商业模式和中小企业运行模式，不失为一种认识实践的好方法。我们作为家长，也乐于看到孩子们走出校园，从切身经历中获得属于自己的感悟。

【2】“智创未来”——西南交通大学大学生科技创新活动季

一、基本信息

项目名称	“智创未来”——西南交通大学大学生科技创新活动季		
项目类别	学术科技与创新创业	项目内容	专业+
项目容量	300 人/期	开课单位	电气工程学院
面向对象	全校本科生	授课方式	活动

二、育人目标

1．凝练科创思政

时值建团百年，大力弘扬科学家精神，实践科创育人，号召学生学习老一辈科学家开拓创新的进取意识和严谨严格的求实风尚，通过科创活动，将正确的价值追求与敢为人先的科学精神传递给学生。

2．练就过硬本领

习近平总书记寄语新时代青年应练就过硬本领。应该通过加强科创实践，在实战中锻炼学生的科技创新能力和解决复杂工程问题的能力，让学生真正掌握硬实力，打造学生硬核，力争为解决卡脖子技术难题培养基础工程创新人才。

三、育人措施

1．氛围层面

（1）举办电气科技创新成果展。

总结近五年电气学科竞赛及创新创业成果，以成绩为导向，通过展示高水平竞赛简介，以及获奖项目、团队、个人，总结成绩，鼓励同学们积极参与各类双创活动，在创新创业中增长智慧才干。

（2）举办“电气之光”大讲堂。

邀请电气专业名师专家，将电气专业、行业介绍前置，在大一新生晚自习分期分批举办“电气之光”大讲堂，让学生学习科学家精神、了解行业前景、浅析专业实质、感受大将风范。

2. 活动层面

以学生成长与发展为中心，搭建多维度平台，举办多层次学科竞赛活动，为学生提供有意义的学习经历。

（1）以“三大赛事”为牵引，构建学科竞赛育人体系。

电气工程学院将重点以全国大学生电子设计竞赛（含嵌入式邀请赛）、蓝桥杯全国软件和信息技术专业人才大赛、中国“互联网+”大学生创新创业大赛等三大赛事为牵引，构建学科竞赛育人体系。

（2）多样化组织校院两级竞赛（见表1），扩大低年级学生竞赛参与面。

表1　校院两级竞赛情况

序号	名称	时间	性质	参与对象
1	“萌芽计划”电子设计科创训练竞赛	9—12月	校级竞赛	大二及以上本科生
2	电气与自动化工程创新实验竞赛	9—12月	院级竞赛	本科生、研究生
3	“思源”电子设计科创竞赛	9—12月	院级竞赛	大一

四、育人实效

1. 基础型学科竞赛

（1）“思源”电子设计科创竞赛。

目的与性质：“思源”培训会主要面向电气工程学院大一学生，是很多同学走向电子设计的开始。大学生科技活动中心聘请在科创方面取得优异成绩的学长担任荣誉会员，负责“思源”培训会的出题、答疑与作品的验收。本项目为参赛的同学提供全程的指导，帮助大家更好更快地进入科创的大门。

内容：竞赛分为开题启动大会和终期答辩赛。开题启动大会以讲座形式开展，组队报名；终期答辩赛以答辩会形式开展。

报名人数：报名组数近140组，参与人数400余人次。

（2）“萌芽计划”电子设计科创训练竞赛。

目的与性质：本项目以培养广大同学科创兴趣为目的，为同学们搭建学术和科研的交流平台，激发科创兴趣，培养团结合作意识，让同学们了解体验完整的电子设计竞赛流程。本项目以较为规范化的项目设计及专业的师资力量为依托，注重初级科研能力培养，帮助大家具备初级科研水平。

内容：竞赛分为开题启动大会、中期培训会和终期答辩赛，同学们根据个人参加比赛情况选课。

报名人数：报名队伍 150 余组，参与人数 450 余人次。

2．提升型学科竞赛

（1）西南交通大学“互联网+”大学生创新创业大赛。

目的与性质：为进一步深化我校创新创业教育改革，激发学生的创新创业兴趣，本项目以赛促学、以赛促教、以赛促改和以赛促创，扎实推进我校科技成果转化，展示我校师生创新创业的新成果。本项目旨在深化高等教育综合改革，激发大学生的创造力，培养造就“大众创业、万众创新”生力军；鼓励广大青年扎根中国大地了解国情民情，在创新创业中增长智慧才干，在艰苦奋斗中锤炼意志品质，把激昂的青春梦融入伟大的中国梦。

特点：有效地鼓舞本科生投入创新创业活动，充分发挥学生的动手及想象能力，培养广大学生的团队协作、撰写报告和创新创业能力。

报名人数：初赛入围队伍 300 余组，参与人数近 1000 人次。

通过校赛，推荐省赛及国赛，获奖情况见表 2。

表 2　获奖情况

项目名称	获奖级别	奖项
光子检测——高铁安全的护航者	国家级	银奖
兴源轨电——开放互联交直流协同的牵引供电系统开拓者	国家级	铜奖
醛去无影——行业领先的甲醛污染解决技术	国家级	铜奖
重载列车自供电能量采集装备	省级	金奖
天空地协同的建筑违建精准查证平台	省级	金奖
养橙日记——国内首款聚焦女性健康会员制社交电商平台	省级	金奖
智慧红绿灯系统——5G 未来城市交通管理者	省级	银奖
北斗虚拟格网基础设施群灾害预警平台	省级	银奖
“互源通电”——交直协同能量互通的地铁供电系统	省级	银奖
创桥科技——打造智能海洋能源收集新时代	省级	银奖
浥清科技——基于互联网的智能化室内净化系统	省级	银奖
脱胎换“骨”——一种可用于骨再生修复的水凝胶	省级	银奖
智·行车——绿色列车智能驾驶装置领跑者	省级	银奖
“易爪”柔性机械爪探索者	省级	铜奖
“眼”谨小车——面向轨道交通领域的智能巡检机器人	省级	铜奖

（2）自动化工程创新实验竞赛。

本次四川省电气与自动化工程创新实验竞赛活动内容分为三类：

第一类：实验室开放参观。主要让学生了解近几年西南交通大学电气工程学院实验室平台、仪器设备、实践教学体系。

第二类：专题技术讲座。介绍目前电气工程专业的发展方向及其在工业领域的应用，介绍西南交通大学电气工程学院实践教学体系和学生能力培养。

第三类：创新实验竞赛。

① 专题竞赛活动。基于现有实验平台和条件，针对大一、大二、大三学生分别开展指定实验项目或制作题目竞赛活动。

② 自选开发或创作题目。

特点：有效地解决师资力量不足等问题，充分发挥高年级优秀科技创新者的带头引领作用，培养广大同学们的团队协作、撰写报告和综述初级能力。

竞赛参与情况：自2020年10月启动实施竞赛以来，院内学生踊跃报名，积极参赛，参赛学生60余组共200余人，由各实验室教师组成数十人的指导团队全程参与指导，本次大学生课外创新实验竞赛活动共收集作品103个，其中规定类作品54个，自选类作品49个。

2020年12月13日，经学院组委会组织答辩，邀请赵丽平、李春茂、蒋启龙、熊成林、陈金强、杨健维、董金文、李诗涵共8名老师担任答辩会评委。经过评委组的认真评审，共评选出院级金奖11项、银奖13项、三等奖20项。

五、育人评价

平均评分：4.8分

1. 学生评价

杨同学：学习了这门课程后，我的感悟很深刻，它帮助我树立正确的人生观和价值观。青年强则国家强，青年兴则民族兴。青年是国家的未来、民族的希望，是科技发展的中坚力量。新时代的青年绝大部分有着学历高、专业强、富有朝气、创造性等特征，是我国经济社会发展的生力军。广大的青年朋友们应主动拥抱科学技术，接过祖国建设者的接力棒，充分施展才干，为国家发展添砖加瓦。

李同学：作为新时代青年，在学习发展科研能力的同时，不能局限于自己的学校，也不能局限于国内，要敢于放眼世界，以谦虚谨慎的态度了解国外优势和国内不足，以海纳百川的精神努力吸纳国外先进理念知识，增强国内科学技术的生机活力，积极倡导不同国家之间交流互鉴、共同进步，推动人类文明的共同繁荣。

张同学：作为新时代青年，要自觉加强新时代爱国主义培养，将其作为立德之源、立身之本和成才之基，使爱国主义化为自身坚定信念、提高科研能力的内在动力，积极追寻先辈们舍家报国的脚步，用好科学知识，为中华民族开辟美好的未来。

2. 教师评价

李老师："中国要强盛、要复兴，就一定要大力发展科学技术，努力成为世界主要科学中心和创新高地。"工科大学生，通过学科竞赛锻炼实践动手能力，发展硬核实力。本门课程通过活动导引、平台推引、赛事牵引，切实扩大学生参加学科竞赛的参与面，提升实践能力，值得推广。

3. 第三方评价

学生家长孙先生：这门课程贴合学生发展实际，将专业课程与实践课程相结合，主动探索学生动手实践的创造性，在实战中提升学生硬实力。同时，结合名师大讲堂，宣传科学家精神，将爱国主义思政教育与科技创新紧密结合，使学生有所感悟。

【3】西南交通大学公共案例大赛

一、基本信息

项目名称	西南交通大学公共案例大赛		
项目类别	学术科技与创新创业	项目内容	专业+
项目容量	300 人/期	开课单位	公共管理学院
面向对象	全校学生	授课方式	竞赛

二、育人目标

为贯彻习近平新时代中国特色主义思想和落实党的十九大精神、党的十九届中央委员会第四次全体会议精神，坚持和完善中国特色社会主义制度、推进国家治理体系和治理能力现代化，为进一步健全学生权益代表和维护机制，及时收集、听取涉及广大同学切身利益和普遍诉求的问题，积极引导我校学生立足实际，关注国家发展，充分调动学生参与社会建设的积极性。引导广大学生必须在坚持和完善中国特色社会主义制度、推进国家治理体系和治理能力现代化上下更大功夫。

三、育人措施

1. 项目简介

为引导我校大学生关注公共实际问题，提高其运用相关理论和方法解决实际问题的能力，为创新人才培养模式，培养大学生调研能力、数据分析能力和处理实际问题能力，同时，在高等教育中推广案例教学方法，大赛旨在促进学生交流，培养学生“求是为公，知行合一”的品质，提升学生的发展力和竞争力，为公共政策制定和国家治理建言献策。

2. 项目安排

该项目一般在春季学期举办，重点面向大一、大二、大三、研一、研二等学生群体，参赛选手以团队为单位，在选题范围内，自主确定案例，通过实地调研等方式收集第一手资料，进行案例撰写和分析，形成完整的案例及分析报告。参赛队伍须针对案例情境，结合公共管理相关理论，提出具有可行性和创新性的政策建议或解决方案。

每位学生只能提交一个参赛作品，每个参赛作品的指导老师为 1 位、参赛学生数不超过 5 人，指导老师参与指导参赛作品不超过 2 个项目。在决赛阶段的现场问辩环节，每队仅可派 3 人上场比赛。通过初赛、复赛、决赛三个赛段，最终评选出冠军、亚军和季军。

另外，所有作品必须为在校大学生的原创作品，不得侵犯他人的知识产权。如发现作品有任何造假、剽窃等问题，一经查实立即取消参赛资格或撤销奖项，并通报。

3. 主要做法

公共案例大赛分为初赛、复赛、决赛三个赛段。参赛选手以团队为单位，在选题范围内，自主确定案例，通过实地调研等方式收集第一手资料，进行案例撰写和分析，形成完整的案例及分析报告。参赛队伍须针对案例情境，结合公共管理相关理论，提出具有可行性和创新性的政策建议或解决方案。

（1）初赛阶段。

参赛队伍在选题范围内自主确定案例，通过实地调研等方式收集第一手资料，进行案例撰写和分析，形成完整的案例正文和分析报告。参赛队伍须针对案例情境，结合公共管理相关理论，提出具有可行性和创新性的政策建议或解决方案。

初赛采取匿名评审的形式。评委将根据参赛队伍提交的案例正文及分析报告进行匿名评审，评选出入围大赛复赛阶段的 8 支队伍及案例。

（2）复赛阶段。

复赛包含文本评审和现场比赛两部分。其中，文本评审采取匿名评审的形式。现场比赛分为两轮。

第一轮为 8 进 4 的比赛。8 支队伍随机分成 4 组进行一对一的现场对决。对决形式为两支队伍现场陈述各自在初赛提交的案例正文及分析报告，并根据对方质疑进行论辩，最后依次回答评委提问。比赛成绩由入围队伍的文本得分和现场得分加权加总组成，每个小组内排名第一的队伍晋级复赛第二轮。

第二轮为 4 进 2 的比赛。4 支队伍随机分成 2 组进行一对一的现场对决。根据组委会提供的同一案例，在规定时间内完成案例分析，并进行现场展示和问辩。评委对每支队伍的案例分析水平和现场问辩表现分别进行打分，每个小组内排名第一的队伍晋级决赛。

（3）决赛阶段。

进入决赛阶段的两支参赛队伍，根据组委会提供的同一案例，在规定时间内完成案例分析，并进行现场展示和问辩。评委对每支队伍的案例分析水平和现场问辩表现分别进行打分，两者加权加总后确定最终名次及奖项归属。

4. 已有成果

公共案例大赛已经成功举办两届，形成了若干公共案例库，引导 300 余名学生参与到比赛中，有效加强了学生的调研能力、数据分析能力和处理实际问题能力，提升了学生的发展力和竞争力。

5. 实施基础及相关经验

学院研究生会和学生会多次荣获“校级十佳学生组织”称号，成功主办和承办公共案例大赛、社会统计调查方案大赛、一答到底、梦想演说家等比赛，具有丰富的相关竞赛举办经验，涉及比赛的题库、场地、物资和资金，学院均具有一定基础和相应配套。

四、育人实效

该比赛安排在春季学期进行，覆盖全校本科生和研究生，预计每期参赛人数达 200 人。其创新之处在于创新传统的教育方式，通过比赛的形式吸引更多学生，通过参赛队伍在选题范围内自主确定案例，通过实地调研等方式收集第一手资料，进行案例撰写和分析，形成完整的案例正文和分析报告，提出具有可行性和创新性的政策建议或解决方案，从而培养大学生的调研能力、数据分析能力和处理实际问题能力，提升学生的发展力和竞争力。

五、育人评价

平均评分：4.9 分

1. 学生评价

赵同学：在整个比赛过程中，我阅读了大量的科技文献，开阔了视野，拓宽了知识面。在大量文献和实际操作的基础上，我们认真思考，进行案例调查的设计和规划，这锻炼了我独立思考的能力。平时，我还经常向老师请教，与同学和师兄交流、探讨，无形中增强了我的学习能力和沟通表达能力。

王同学：公共案例大赛关注最新科技动态，不仅是课堂教学的延伸和补充，而且能够激发我们的学习兴趣，开阔我们的视野，培养我们的探究精神，提高我们的动手能力和分析问题、解决问题的能力。同时，我学到了做任何事情应该有的态度和毅力，明白了做学问要一丝不苟，对于出现的任何问题和偏差都不能轻视，要通过正确的途径去解决，在做事情的过程中要有耐心和毅力，不要一遇到困难就打退堂鼓，只要坚持下去就可以找到解决问题的思路。

2. 教师评价

王老师：公共案例大赛要求案例分析要带着问题出发，有目的有意识，要通过分析案例摘要找出问题。此外，要考虑案例分析框架的理论适用性，要把案例讲清楚，首先案例问题要找准，理论分析要围绕问题走。希望通过这次比赛可以深入锻炼学生，诞生更多优秀的公共管理案例，激励学院学生走出学校，争取在省内甚至全国的公共案例大赛中绽放风采。

杨老师：首先案例分析要有强烈的问题意识，案例数据和内容都要指向自己的分析问题。其次要有本土意识，国外的理论框架放到中国情境一定要有所修正。最后要摒弃三个误解，一是觉得案例研究纯粹是在讲故事；二是认为案例分析没什么科学性，其实是案例分析是定性和定量的结合；三是要注意案例的代表性，当你遇到一个案例问题时应该挖掘问题背后的问题、挖掘背后因素的关系。希望同学们以后要加强解释型和理解型知识的学习，在以后的案例比赛中可以看到大家更好的案例分析报告。

3. 第三方评价

学生家长刘先生：这个比赛立足实际，积极发挥学生的主动性和创造性，不仅让孩子们有更多的机会去认识社会，培养他们的调研能力、数据分析能力和处理实际问题能力，提升他们的竞争力，也能让青年感同身受，更愿意去发现和认识优秀的案例，这不失为一种教育的好方法，无形中增强了他们的学习能力和沟通表达能力。

【4】美育引入专业学——西南交通大学建造节

一、基本信息

项目名称	美育引入专业学——西南交通大学建造节		
项目类别	学术科技与创新创业	项目内容	专业+
项目容量	300 人/期	开课单位	建筑与设计学院
面向对象	全校学生	授课方式	竞赛

二、育人目标

为了激发学生的创造性潜能，培养富于想象力和创新精神的设计人，建筑与设计学院以习近平新时代中国特色社会主义思想为指导，以立德树人为根本任务，以“建筑设计基础”专业课程为基础，以建筑和设计两大特色专业学科为依托，以注重学生创新实践能力的培养为目标，举办了“基准方中杯”西南交通大学建造节竞赛活动。通过“基准方中杯”建造节竞赛，学生可以获得对材料性能、建造方式及过程的感性及理性认识，理解建材的物理特性、建筑的感性美。通过建筑空间中进行的实践体验，初步把握建筑使用功能、人体尺度、空间形态以及建筑物理、技术等方面的基本要求，实现并促进美育对于学生在“专业+”的专题背景下的培养作用。

三、育人措施

学院以竞赛形式开展“基准方中杯”西南交通大学建造节，以小组为单位完成概念选题与方案设计，再通过长时期的公开展览，以“评委打分+公共投票”的方式选出竞赛的获奖作品。

1. 设计结合实践，打造文化美育

（1）作品内涵与时俱进：在传承中华民族优秀传统文化的同时，“基准方中杯”西南交通大学建造节与时俱进，展现时代发展、体现时代精神，学习贯彻习近平新时代中国特色社会主义思想，美术、设计、科学、技术之间相辅相成、相互促进、相得益彰。发挥艺术在服务经济社会发展中的重要作用，把更多美术元素、艺术元素应用到城乡规划建设中，增强城乡审美韵味、文化品位，把美术成果更好地服务于人民群众的高品质生活需求。竞赛分为创意组和建筑组，紧跟时政热点，打造文化美育。

（2）作品形式多样：作品制作形式不局限于特定形式，呈现载体、呈现方式多样性，现代与传统相结合，包括雕塑、建筑、装置、景观等，呈现方式有木材、泥土、模型、摄影等，满足不同专业方向、不同美育基础的师生需求。

（3）体验方式层次丰富：有别传统作品展中只供参观的单一形式，本次课程中，分别设置参观、参赛不同梯度层次：① 参观——以观众身份浏览各种作品展；② 参赛——组队参与建造节。带动师生从欣赏美投入到创造美的实践活动中，增强师生的体验感。

（4）动员师生积极参与：构建美育与专业共融的双向互动美育途径，准备过程中积极动员校、院师生参与，特别是动员和邀请我院专业老师担任观展嘉宾、赛事评委等，给予建造节专业指导，同时积极鼓励跨院组队，扩展艺术影响力，最终展现出能体现时代精神、交大水准、建院特色的高水准作品。

（5）心得交流分享：在每次建造节中，线下设置摆放观众留言板，线上设置观众留言墙，建造节结束后开展座谈会，引导创作者与观众面对面、老师与学生面对面，分享和交流作品心得，潜移默化引导学生对美育实践的兴趣、热情，扩大活动影响。

2. 时代背景下竞赛内容贴近实际

本课程响应国家号召，特殊时刻也不忘凝聚力量、鼓舞人心。时代背景下，重新反思人的身体与空间之间的种种关系：健康与保护、应急与容纳、联系与分隔等。独立思考后在家

设计建造一处微空间装置，表达自己关于“身体—空间”关系新的思考。

四、育人实效

1．加强美育教育组织建设

结合建设与设计学院“艺术底色、设计基础、专业厚度”办学理念，切实加强组织领导，由学院党委牵头、行政协同，探索和构建“党建思政与学术教学共进、美育与专业共融”的双向互动美育途径，进一步完善“以文化人、以美育人”体系建设。

2．落实美感教育和审美教育

以“美育”为核心，加强美感教育和审美教育，建设社会主义精神文明和培养学生心灵美、行为美，通过美育促进学生的德、智、体的发展，提高学生思想认识，发展学生道德情操，丰富学生知识，增进学生身心健康，同时鼓舞学生热爱劳动、热爱劳动人民，并进行创造性的劳动。动员全院师生参与，扎实推进美育教育全员育人、全程育人、全方位育人，追求工作实效。

3．发挥美育教育品牌引领

以建造节为美育教育主要形式，持续推进建筑艺术进校园，打造建筑与设计学院知名美育品牌。引领广大青年学生领略艺术美、自然美、科技美，提升审美素质，使学生拥有美的创造力，同时运用美的规律在学习、生活和工作中进行美的创造，将美育运用到学生的学术、专业之中。

五、育人评价

平均评分：4.9 分

1．学生评价

林同学：走进西南交通大学“浙园”，近距离欣赏“基准方中杯”西南交通大学建造节作品，我为交大师生认真专业的精神所感动。建造节作品种类繁多，不仅有传统景观，也有现代创意新作，这是一次奇妙的空间体验——关于设计、关于建造、关于体验。

2．教师评价

王老师：中华优秀传统文化博大精深、源远流长。“基准方中杯”西南交通大学建造节表达了交大师生对祖国的热爱，对传统的继承，对专业的认真，对我们进一步提升家国情怀、强化报效国家的担当精神有着深远的意义。作为新时代的新青年，我们要自觉肩负起实现中华优秀传统文化的创造性转化和创新性发展。

3．第三方评价

钱先生：作为建院学子，我们学院开设的每场建造节我都有参加。令我印象最深刻的就是 2019 年 5 月的建造节，我院邀请了国内外高校共同参与，如米兰理工大学等国外设计名校。国内外学生共同交流、参与的项目让我们在专业文化领域收获颇多。建造节这个活动不仅使学生在精神上得到了升华，更在专业技能上得到了提升。

【5】西南交通大学数学建模系列竞赛及讲座

一、基本信息

项目名称	西南交通大学数学建模系列竞赛及讲座		
项目类别	学术科技与创新创业	项目内容	专业+
项目容量	300 人/期	开课单位	数学建模协会
面向对象	全体本科生	授课方式	讲座

二、育人目标

以习近平总书记在全国高校思想政治工作会议上发表的重要讲话为指引，培养学习能力，包括选择、汲取新知识，分析整理并融会贯通旧知识，以及开展科学研究和探索的能力。通过举办数学建模系列竞赛及讲座，可以帮助同学们提高数学建模水平，学会更多的数学建模知识，也可以让队员之间相互磨合，加强合作，还可以让学生与指导教师之间有一个交流的机会，同时也希望同学们在数学建模国赛中取得更好的成绩。数学建模为学生创造自主学习的空间，使学生将数学真正与实际生活联系到一起，体现了其在解决实际问题中的作用，也能使学生了解数学与其他学科之间的联系，体现了数学为其他学科服务的价值，同时在独立学院培养应用型人才的过程中，数学应该扮演新的角色，所以数学建模必不可少。数学建模使学生了解数学的真正来源以及用法，增强学生的应用意识，激发学生学习数学的兴趣，培养学生的实践创新能力，促使学生在今后的生活工作中继续学习。

三、育人措施

1．夯实基础，拓展思维

高等数学课程中的一些常见概念例如极限、导数、定积分、级数等，其实都是从实际生活中遇到的问题中抽象出来的数学模型。但是教师授课时往往只注重理论叙述，忽略了来源。为改善这样的情况，培养学生的数学溯源意识，在数学建模系列讲座中，教师们在讲授新的知识点时若涉及有关概念，应尽量找一些和概念相关的实际问题或是学生熟悉的日常生活中的例子，引导学生自主解决这些问题，通过这些书本上没有写出的例子，学生能认识到数学课本里的基本概念不是硬性规定的，而是与实际生活息息相关的。例如介绍导数的概念时，我们可以找一些物理中的瞬时速度、加速度、经济等方面的实际问题。通过实例，在常规教学中向学生渗透数学建模的思维方法，使学生对数学建模有一定的了解。

2．因材施教，各有侧重

数学建模系列讲座会根据学生所学专业，选择不同类型的数学建模问题进行训练，这样可以提高学生在其专业领域的能力。如工科类专业的学生可以多训练统计线性回归、曲线拟合等问题；经管类专业的学生可以多训练风险决策、利润和成本问题等问题；制药专业的学生可以选择来自化学、生物学、医学等方面的问题。这样充分利用学生所学的专业知识，使得数学真正融入专业，为专业所用，从而激发学生学习数学建模的热情。

3．加强学生的实际动手能力，多进行数值计算

数学建模系列讲座十分重视数值计算的能力培养。数值计算是数学建模中至关重要的环节，但问题的数据量往往很大并且非常复杂，没有计算机很难实现，即使有计算机也需要很长时间的操作才能完成。MATLAB 和 Excel 都是实用的数值计算工具，教师会多选择这样的问题，让学生利用上述工具动手计算，提高计算熟练度，从而达到提高计算效率的目的。

4．采用教师为指导，学生为主体的模式

在数学建模系列讲座中，教师的讲授只占一小部分，然后是提出几个具体问题，在限定时间和允许查资料的情况下让学生分组讨论，提出解题思路，然后由学生自己操作，进行数值计算，得出结论，教师负责检查方法的合理性并提出改进意见。鼓励学生大胆假设，拓展思路，不过分依赖教师，以小组为单位独立完成，这样使得学生能够通过自主学习解决实际问题。

四、育人实效

1．提高学生的文章写作能力、参考文献检索能力

文章写作能力作为当代学生的一种重要实践能力，在大学生今后的生活中经常会用到，例如撰写毕业论文。参考文献检索能力是大学生今后能自主学习的必备技能之一，在今后的工作中经常要用到。很多用人单位希望招聘的学生具有一定的文章写作和组织能力。全国大学生数学建模竞赛要求学生 3 人一组于 72 小时内提交一篇颇具规模且格式规范的学术论文，其中需要学生将分析假设、方法思路叙述清晰完整，竞赛过后，学生的写作论文能力都会有相应的提高。另外，由于全国大学生数学建模竞赛的问题所涉及知识非常广泛，有些知识甚至指导老师都没有接触过，故不能指望教师一一讲解，遇到新的待解决问题，学生只有通过临时上网查阅资料或参考文献，获得解决问题相应的知识，现学现用，竞赛过后，学生在大量资料中迅速找到自己所需资料的能力也会有相应的提高。

2．提高学生的计算机应用能力

数学建模问题多数是非常复杂的，有些问题如微分方程根本求不出解析解，人工求解几乎不可能，因此计算机的应用变得非常重要。例如微分方程可以利用计算机做出近似的数值解，这样就对学生的计算机能力提出了更高的要求。有时题目所给的数据不是常见的整数值（一般是小数点后保留 3 ~ 4 位）且数据较多，进行一些简单的计算如求平均值都很难操作，所以如 MATLAB、Lindo、Word、SPSS、Photoshop 等软件对解决数学建模问题是必要的。整个建模过程下来，学生都普遍感到自己的计算机应用能力得到了极大的提高。

3．培养学生的合作意识、团队精神

全国大学生数学建模竞赛是一个复杂的系统工程，单靠一个人的力量是不够的。因此学生们以 3 人一组合力解决数学建模问题，各成员表达自己的意见和建议，相互讨论，最后达成统一，这个过程中容易形成自主的学习气氛，这种氛围会吸引学生积极参与其中。为了完成相同的目标，在团队中每个人各司其职，明确自己在团队中的角色，从而其领导能力、协调能力等可以充分发挥出来，其主观能动性也会得到极大调动。

五、育人评价

平均评分：4.9 分

1．学生评价

王同学：在本次系列讲座的过程中，我们在老师和前辈的指引下，通过各种渠道及资源学习数学建模相关知识，分别完整学习了袁俭老师、马淑霞老师、蒲伟老师的数学建模课程。通过这些课程的学习，我们系统性地了解各类数学模型，对于整个数学模型体系有了较为清楚的认识，并且学会了模型的简单应用。

毛同学：我们队伍三人暑假期间参与讲座过程中收获了许多，找到了一个很棒的数学建模国赛课程，我们利用讲座的时间进行了“集训”，通过该课程系统学习了数学建模论文写作规范、审题做题的关键要点。

刘同学：通过数学建模协会的很多相关讲座和选修课，我才开始慢慢接触数学建模。今年疫情期间，也陆续参加了学校数学建模协会组织的多场数学建模讲座，将各类模型比如微分方程、图论、规划模型等进行了归纳总结。

2．教师评价

袁老师：数学建模与任何一次科研经历一样，就像一场奇妙的探险旅程，这场旅程在开始时是迷雾重重，过程中是艰难险阻，但正是这份未知的魅力让他们沉醉其中，不断探索，只有不断坚持，才能在这场旅途中开辟一条蜿蜒却清晰的道路，携手抵达令人豁然开朗的开阔境地。

3．第三方评价

学生家长周先生：对于学科特色鲜明的西南交大学生来说，数学建模竞赛贴近实际生活与工程问题，极大地锻炼了孩子们建立数学模型、求解工程问题、进行实际研究的能力。在交通学科广泛的背景下，西南交大学生也具备更多的知识储备和解决实际问题的能力。感谢学校的殷切期盼，感谢学校、数学学院的支持，尤其是感谢每一位专业课和科研项目的老师对孩子们的指导与帮助。最后还要感谢我孩子自己的付出。

【6】脑洞大开，创意无限——西南交通大学新生“设想家”比赛

一、基本信息

项目名称	脑洞大开，创意无限——西南交通大学新生“设想家”比赛		
项目类别	学术科技与创新创业	项目内容	专业+
课程容量	1 000 人/期	开课单位	土木工程学院
面向对象	全校学生	授课方式	竞赛（线下）

二、育人目标

大学生科创活动作为大学生活中不可或缺的一部分，在大学生的成长以及选拔培养一批

具有发展潜力和综合素养的后备拔尖人才上具有重要意义，同时能够促进大学生知识探究方法的改变、促进大学生各种能力的提升、促进大学生综合素质的培养、促进大学生完善人格的养成。为此，土木工程学院开展了针对新生的科创活动——新生“设想家”比赛，希望达到通过竞赛强技能、增素质，同时促进新生的知识、能力、创新意识全面协调发展的竞赛育人目标。

三、育人措施

1. 坚持竞赛育人目标

始终坚持以赛促学的形式，坚持通过竞赛强技能、增素质，同时促进新生的知识、能力、创新意识全面协调发展的竞赛育人目标。

2. 工作落地落实

土木工程学院分团委统筹部署，以土木工程学院大学生科创中心为着力点，负责赛事的组织举办，新生年级辅导员全程参与，将工作做实做细，落地落实。

3. 培养新生创新思维

新生“设想家”比赛题目更关注模型作品的美观和创新性，很大程度上激发了新生参加学科竞赛的兴趣，进一步培养了大学生的创新思维和实际动手能力。

四、育人实效

1. 脑洞大开，创意无限，培养学生的创新思维

新生“设想家”比赛围绕多方面培养大学生的创新思维和实际动手能力，培养大学生团队协作精神，增强大学生的实践能力，丰富校园教学、实践氛围，促进大学生相互交流与学习。截至 2021 年，新生“设想家”比赛以培养学生的创新思维为比赛宗旨，持续举办 10 年，参赛人数累积超过 1 万人次。

2. 以赛促学，培养新生“四个能力”

土木工程学院经过 10 年的积累与沉淀，已然将新生“设想家”比赛打造成提升学生培养质量的重要综合平台，同时依托学生掌握的专业知识，发挥学生主观能动性，在培养学生“四个能力”（表达能力、应用能力、创新能力、社会担当能力）上发挥着重要作用。

五、育人评价

平均评分：4.9 分

1. 学生评价

门同学：作为大一新生，刚来到学校，对于校园里很多的科创活动都有浓厚的兴趣，但是因为自己的专业知识能力望而却步。新生“设想家”则不同，不需要太多的专业知识，只要你有奇思妙想，有美工功底，就能来参加。

2．教师评价

李老师：学生们通过参加新生“设想家”活动，收获了一帮好队友好朋友，在模型制作过程中，大家不断磨合协助，相互鼓励支持，不仅锻炼了学生们的毅力，还能够提高他们面对失败的耐受力。

3．第三方评价

校友李先生：作为新时代的大学生青年，我们正处于一个伟大的时代，有着伟大的目标，可谓生逢其时、责任重大。我们既要珍惜宝贵的青春年华，又要坚持理想、脚踏实地，既要勤于学习、善于学习，打牢知识功底、积蓄前进能量，又要勇于探索、勇于突破，不断认识科技世界新领地，立志报效祖国、服务人民。

【7】西南交通大学教授面对面系列活动

一、基本信息

项目名称	西南交通大学教授面对面系列活动		
项目类别	学术科技与创新创业	项目内容	专业+
项目容量	300 人/期	开课单位	土木工程学院
面向对象	全校学生	授课方式	讲座

二、育人目标

以全国高校思想政治工作会议精神为指引，以立德树人为目标。“立德”即建立学生良好品德，“树人”即培养高素质人才。讲座以面对面、互动性的交流方式展开，促进学生与教授之间的沟通交流，关爱学生学习和身心的全面发展，帮助学生了解专业发展动态。引导广大学生树立远大抱负，脚踏实地做事。为夺取新时代中国特色社会主义伟大胜利培养德才兼备、全面发展的新青年。

三、育人措施

1．邀请名师教授，持续开展活动

“教授面对面”系列活动邀请到土木学院的教授，其研究领域涉及桥梁、地下、铁道等各个专业方向，以满足不同方向的学生的需求。本活动计划在每个学期举办 2 ~ 3 期，为学生提供更多的与教授沟通交流的机会。

2．面对面访谈形式，增加活动趣味

与传统的一人演讲、众人听讲的方式不同，本活动以面对面访谈的形式将教授的经历、故事分享给学生。同时，学生也能有机会就自己感兴趣的相关问题向教授提问，以这样的形式增加学生的互动性与参与感，激发其思想精神交流，引导广大学生树立远大理想和坚定的求学信念。

3．建立完善活动计划，保障工作有序进行

活动负责方根据每期活动主题，制订活动方案。同时依托新媒体技术，建立宣传推广机制，在互联网上进行前期宣传，不断扩大活动宣传影响力，吸引广大学生前来参与。活动结束后，分类整理活动照片并保存，发表总结新闻稿进行推广传播。

四、育人实效

1．不一样的思政课，一样的精神导向

“教授面对面”系列活动以全国高校思想政治工作会议精神为指引，重点围绕“立德树人”的目标展开。引导学生树立自强自立、勤奋好学的求学信念，坚定学生建设祖国、报效祖国的决心。本活动每学期开展两期，2021 年上半学期，活动已经成功开展两期，每期参与人数都超过活动预期名额。

2．加强青年理想信念教育，引导学生构筑青春梦想

本活动邀请到经验丰富、学识渊博的教授，他们专业知识丰富，可以帮助学生们答疑解惑，引发思想的碰撞，激发学生勤奋好学的理想信念。同时在讲座中融入思政教育元素，培养学生脚踏实地做事的态度，为实现中华民族伟大复兴的中国梦培养德才兼备、全面发展的新青年。

五、育人评价

平均评分：4.8 分

1．学生评价

张同学：在“教授面对面”活动中，我感受到来自教授的浓烈学术气息，我们不仅能够发表自己的问题，得到教授的帮助，还能相互分析、参与各个同学提出的观点，有着浓厚的研讨氛围，并且能够树立良好的学习态度。我们还能从教授身上习得土木的发展前景与发展动向，为自己的未来做大致规划。

高同学：“高山仰止，景行行止”，本次“教授面对面”活动让我深刻体会到我院教授高超的学术水平和高尚的人格魅力，让我意识到不仅要刻苦求学，努力磨炼自己的专业技能，更要立鸿鹄志，下定决心为交大之复兴、中华之复兴献出自己的力量！

李同学：参加这次活动，让我有机会和教授进行交流沟通，这带给我很大的启发。该节课结束后，我有深刻的体会。作为青年一代，我们应该为自己的未来做好规划，要努力学好文化知识，树立自己的远大理想，为服务社会、建设祖国的事业添砖加瓦。

2．教师评价

王老师：立德树人是我们活动的目标。通过教授的引导、带动作用，以互动性更强的方式引导学生树立精勤求学的精神。同时融入思政教育元素，更好地培养德才兼备、全面发展的新时代青年。

3．第三方评价

学生家长王先生：这门课程立足于专业，能够发挥教授的专业榜样作用，积极调动学生

的参与性。而且活动形式很特别，更能让学生身临其境地感受活动本身传递的价值取向，实为一种好的形式和方法。作为家长，我很高兴看到孩子在活动中得到成长。

【8】西南交通大学大学生模拟教学比赛

一、基本信息

项目名称	西南交通大学大学生模拟教学比赛		
项目类别	学术科技与创新创业	项目内容	专业+
项目容量	300 人/期	开课单位	外国语学院
面向对象	全校学生	授课方式	竞赛

二、育人目标

为培育时代新人、确保中国特色社会主义事业薪火相传，以习近平同志为核心的党中央提出坚持全员育人、全过程育人、全方位育人的“三全育人”。为加强改进新形势下高校思想政治工作、全面落实立德树人根本任务，探索“三全育人”方式方法，项目结合学科特色及毕业生就业特点，聚焦人才培养目标，实现“三全育人”。

1．强化实践育人实效，助力学生成长成才

教师岗位是基础学科毕业生的主要就业方向之一，本项目紧紧围绕“立德树人”根本任务，探索培养过程分段的人才培养模式，鼓励学生提早接触就业岗位，坚持教育与实践相结合，因时而变、因势而新。通过举办大学生模拟教学比赛，为广大学生提供锻炼技能、提升素养的实践平台，有效提升学生的实践能力。

2．创新服务育人形式，引导学生自立自强

本项目将“扶困”与“扶智”、“扶困”与“扶志”相结合，充分聚合校内外各类育人资源，与校内各单位、社会教育培训机构合作，创新服务育人形式，以模拟教学比赛为载体，培养学生兴趣，突出育人针对性，优先为家庭经济困难、有志于从事教师职业的学生提供服务帮扶与就业实习机会，引导学生奋发向上、自立自强。

三、育人措施

1．精准定位宣传，突出育人针对性

本项目由外国语学院大学生综合素质拓展中心承办，采用线上线下相结合的方式进行为期 20 天的前期宣传，由中心成员在校园内进行，线下通过海报、展板宣传，线上通过扬华素质网、新青年素质网、教务处、招生就业处、相关学院网站及扬华微语、交大有思、西南交大就业等微信公众号进行宣传，力求覆盖所有学生。遵循教育规律，以重点学生需求为导向，邀请各主办学院辅导员向对教学感兴趣或有志于从事教师职业的本科生、研究生精准宣传。

2．线上初赛评审，提升育人科学性

本项目将建立比赛程序合理、考核多元多层的体系，提升育人科学性，实现全过程育人。线上进行初赛评审，参赛选手提交教案文档及两分钟说课视频。

参赛选手准备教案文档将提高教学活动实效、帮助选手进行备课。教案文档应包括：①教学题目；②教学对象；③教学内容；④教学目标和要求；⑤教学重难点；⑥教具及教学手段；⑦教学环节；⑧小结及作业；⑨教学思考。

说课视频应为参赛选手在备课后，将课程的教材、教法、过程、观点、理论基础等进行讲述。通过准备说课视频，帮助参赛选手了解说课，积累理论基础，全方位提升其综合素质。

3．线下决赛授课，注重育人实效性

决赛阶段进行线下模拟授课比赛，时长七分钟，由选手自定讲课内容，内容原则上为K12教育基础学科，选手需自行准备授课的课件，课件以PPT为主、教学相关内容视频为辅。立足全员育人，充分整合校内外资源，以协同助力提高育人实效性，邀请校内各单位专业老师、校外中学教师以及教育培训机构专业人员作为评委成立专业评审组，现场打分，评选出比赛一二三等奖。比赛后，由专业评审组教师进行点评，并为优秀参赛选手提供校外中小学、教育培训机构实习实践机会。

四、育人实效

1．举办两届比赛，参赛选手数量多、参赛科目涵盖广

2020年6月举办首届大学生模拟教学比赛（由西南交通大学党委学生工作部，共青团西南交通大学委员会、西南交通大学教务处指导），2021年5月举办第二届大学生模拟教学比赛（新增指导单位：西南交通大学招生就业处）。参赛选手涵盖犀浦、九里、峨眉三校区，本科、硕士生超100名，观众超400名。参赛科目包括语文、数学、英语、物理、音乐、历史、化学、政治。

2．成立专业评审组，为选手提供专业评审

历次比赛中的专业评审组由数学学院潘小东副教授、秦应兵副教授、何莎老师，物理科学与技术学院谢东教授、马小娟副教授，人文学院魏刚老师，外国语学院尹思婧老师、贾藩老师，朴新教育科技集团康娟、董阳、雷声、阎威辰组成，专业评审组对参赛选手的授课过程及授课内容进行点评指导。

3．聚合校内外资源，提供实习实践平台

本项目为参赛选手提供接触教师职业、展现自我、提升素质的平台，赛后为优秀参赛选手提供中小学、校外培训机构实习和就业机会。两届比赛后已为12位参赛选手提供朴新教育科技集团暑期实习机会。

五、育人评价

平均评分：4.9分

1．学生评价

刘同学：“三尺讲台存日月，一支粉笔写春秋。”教师一职，传道授业解惑，育人教书，将无数心血付出在学生身上。我们一直在接受知识，却很少有机会接触“教”这一领域，而教与学从来不是分离的。通过此次比赛，参赛选手们亲自备课授课，布置作业，一个个环节精心筹备，既提高了自身能力，又体验了教学的辛苦，一举两得。身为观众，我收获了一个别开生面的体验，看到了同龄人的短暂老师身份，也开始思考自身的学习经历。

张同学：从讲台下到讲台上，从预习到备课，从听课到讲课，从写作业到布置作业，学生与老师的角色互换让模拟教学比赛增添了不少趣味。一个个大学生摇身一变，站上讲台，拿起粉笔，不是简单的体验身份，是对老师工作的尊重，是对自己能力的挑战。如何做到让学生听明白，听得有意思，是我们平时不会思考的。经过这次比赛，开始思考这些问题，达到教学相长的目的，选手们也别出心裁，呈现出课堂的多样性和专业性。

2．教师评价

谢老师：我很少参加学生活动，但是这次活动让我知道原来我们的同学中卧虎藏龙，有这么多有才华有能力的同学，我感到很欣慰。之前都是我在讲台上讲课，现在变成我在台下听课，这样的活动形式很不错，也让我知道现在学生喜欢什么样的讲课方式、授课形式。

3．第三方评价

学生家长李先生：作为一名学生家长，我深知育人不易。陪伴孩子走过十几载求学生涯，在看到他们学业有成之余，我们最感谢的便是一位位老师的辛勤付出。但对于这些朝气蓬勃的年轻人来说，可能难以感受。而模拟教学比赛便给了他们这样一个机会，去体验教书育人之辛苦，从而收获启迪他人之快乐。一次讲课，一次成长，目睹孩子们在台上神采飞扬的讲课，我很欣慰，也希望学校能多些机会让学生参与进来。

朴新教育科技集团董老师：作为一名教育行业从业人员，我很欣慰能看到高校同学们对教育的热忱，看着他们就像是看到一个个未来的教师。这些同学如果对我公司感兴趣，我们可以为他们提供实习、就业的机会，希望以后能和学校有更多像这样的合作机会。

【9】多抓并举，共促学生发展
——西南交通大学普通物理知识竞赛活动

一、基本信息

项目名称	多抓并举，共促学生发展——西南交通大学普通物理知识竞赛活动		
项目类别	学术科技与创新创业	项目内容	专业+
项目容量	600 人/期	开课单位	物理科学与技术学院
面向对象	全校学生	授课方式	竞赛

二、育人目标

以习近平总书记在全国高校思想政治工作会议上发表的重要讲话为指引，深刻思考培养什么样的人、如何培养人以及为谁培养人这个根本问题，提高学生的知识运用能力和创新能力。四川省普通物理知识竞赛初赛，能够帮助同学们更多地了解物理竞赛，吸引更多的同学们参与到物理竞赛中来，提高广大学生学习物理知识的兴趣，提高学生对物理知识的综合应用能力，促进学生的创新思维与创新能力、心理素质等综合素养的培养。通过竞赛中系统的选拔、培训，帮助我校优秀的物理学子提升自己的知识水平和思维能力，同时选拔出我校优秀队伍参加省赛，为我校优秀的物理学子提供一个更大的舞台展示自我，与四川省其他优秀的物理学子强强对话，向更高奖项发起冲击。

三、育人措施

1. 多校联合举办，竞赛内容丰富，激发同学学习热情

四川省第六届大学生普通物理知识竞赛，由四川省物理学会主办，绵阳师范学院承办，省内各高校联办。近年来，随着参与高校和学生人数的增加，赛事的组织管理也日趋完善，竞赛的内容不断丰富，竞赛形式不断创新，知识性和趣味性日益增强，受到各高校广大学生热烈欢迎，引发了广泛关注。举办本项赛事，有利于提高广大学生学习物理知识的兴趣，丰富学生的物理基础知识，更好地培养学生的创新思维与创新能力，推动相关高校的大学物理教学体系、内容和方法的改革创新。

2. 逐步完善初赛考试体系，公平选拔我校物理竞赛代表队

物理科学与技术学院已连续 4 年举办四川省普通物理知识竞赛初赛，具有一定的经验和基础。从竞赛前期的报名组织、宣传动员到竞赛的开展和总结，我院逐渐形成较为完善的活动组织体系。初赛以笔试、闭卷的形式，统一命题，总分 100 分，考试时间 120 分钟，对学生进行大学物理（含力学、热学、电磁学、光学、原子物理学等内容）相关知识的考察，题目类型含单选题、填空题、解答题和设计题，设立一等奖 1 名、二等奖 2 名、三等奖 3 名、优胜奖 4 名，并从初赛一二三等奖获得者中遴选 3 名学生组成一支代表队，代表我校参加决赛。

3. 遴选、培训校代表队参加省赛，实战提高学生综合能力水平

在遴选出校赛的优秀学生后，我院有专门的负责老师进行培训指导，随后带领他们参加省赛。

四、育人实效

1. 四次举办经验，帮助学生展示自我

我院已举办四川省普通物理知识竞赛初赛 4 次，活动累计覆盖人数超千人，积累了较为丰富的经验，能够灵活处理大部分初赛中可能会遇到的种种问题，并且从命题、考试、阅卷、公布成绩四方面全面保障竞赛的公平公正公开，为想要在物理竞赛中崭露锋芒的同学们提供一个和谐良好的平台，圆梦同学们的竞赛路。

2. 经典习题讲解，排解学生畏难情绪

在初赛开始之前，建立群聊为报名参加初赛的同学分享往年试题资料，并由往届在竞赛中获奖的优秀学生通过线上线下相结合的方式为新参加的学生讲解经典竞赛试题，分享解题思路

和技巧，帮助同学们进一步提升物理思维水平。同时让同学们切实接触到竞赛题，克服部分同学们因为没有接触过物理竞赛而产生的畏难情绪，吸引更多爱好物理的同学们参加竞赛。

3. 专业老师指导，提升学生竞赛水平

在经过初赛选拔之后，进入我校普通物理知识竞赛代表队的同学将有机会得到专业老师的指导。通过专业老师对竞赛基础知识与进阶技巧、常见题型剖析、往年试题分析讲解以及今年考点考题预测等相关专业指导培训，能够大幅度提升同学们的竞赛水平和思维能力，帮助同学们打下扎实的物理知识与思维基础，同时促进学生学以致用，在专业课学习受到启发。

4. 省级决赛实战，拓展学生综合素养

经过专业老师培训，将由专业老师带队参加四川省普通物理知识竞赛决赛，与四川省内的物理知识高手同台竞技，与其他学校的物理精英强强对话，进一步拓展参赛学生自身的物理知识水平以及心理素质水平等综合素养。省级决赛也将为优秀学子们提供一个更大的舞台展示自己，向省级一等奖发起冲击。

五、育人评价

平均评分：4.9 分

1. 学生评价

郑同学：这次活动我最大的提升就是解题能力的提高。做多了竞赛题之后，再回头看平时的题目竟会有一种居高临下的感觉，这不是知识的熟练而是能力的提高。竞赛题除了增加一些知识点之外，能力方面是不怎么超纲的。因为赛题注重的不是公式的繁多，知识点的冷僻，而是分析问题和解决问题的能力，它除了包括平时的二维空间、隔离、整件、分段等思维方法，还扩展到三维空间，更加细致的动态分析，多角度看问题等的综合思考。经过这些题目的训练，久而久之，分析问题和解决问题的能力就会大有提高。我想，这不仅对于物理学习，而且对于其他科目的学习乃至以后的学习都是大有裨益的。如果说参加竞赛仅仅是为了夺奖，我认为是不太准确的，因为有些思想方法是平时学习过程中得不到的。基于这一点，我认为成绩好的，包括成绩中上水平的同学都应参加竞赛锻炼自己。

李同学：物理竞赛因涉及课外知识多，平时梳理知识点和思想方法时会发觉它似乎对学习的帮助不大，又耗时（一道题可能一个小时也解不出来），所以自己有可能会慢慢对它失去兴趣。但通过此次活动及学长和老师的帮助，我学会了忍耐和坚持，也通过物理竞赛收益良多。

王同学：物理竞赛时的氛围很紧张，对于心理素质不是特别好的考生，往往还没开始考试就头昏眼花、冷汗直冒，以致看错题目、答题不规范继而丢失分数。经过物理竞赛决赛实战历练，我学会了以最好的心态面对考试。平时也要训练自己的心理素质，避免因考前过于紧张而让大量复习内容之外的东西占据你的大脑，从而在考试时给正常的思维造成障碍。

2. 教师评价

曾老师：学科竞赛辅导是一项富有挑战性的工作，从历届竞赛题来看，切忌过分追求难度较大的题型，必须重视基础知识的训练。为此，我对学生进行解题速度的强化训练，在提高学生分析问题、解决问题上下功夫，提高学生的应试能力，对辅导考查中出现的问题当面分析，进行针对性的讲解和习题训练。此类活动也为我院普通物理知识竞赛代表队选拔了很多优秀的同学。

3. 第三方评价

学生家长李先生：此类活动能够提升同学们的物理学习积极性，吸引同学们积极参加物理竞赛，无论能不能获奖，参加了竞赛同学们的知识水平和思维水平都有提高。作为学生家长，自己的孩子喜欢物理，也想要在物理竞赛上有所收获，通过这样的活动，孩子在学校里能够获得学长学姐们、老师们的帮助，也减轻了我的压力。

【10】西南交通大学校企联盟大学生课外科技创新实验竞赛活动

一、基本信息

项目名称	西南交通大学校企联盟大学生课外科技创新实验竞赛活动		
项目类别	学术科技与创新创业	项目内容	专业+
项目容量	600 人/期	开课单位	信息科学与技术学院
面向对象	全校学生	授课方式	竞赛

二、育人目标

以习近平新时代中国特色社会主义思想和党的十九大精神为指引，将所学知识应用于实际，增强科技创新能力，在实践中练就过硬本领，引导广大青年始终同以习近平同志为核心的党中央保持高度一致，增强“四个意识”、坚定“四个自信”、做到“两个维护”，为夺取新时代中国特色社会主义伟大胜利、实现中华民族伟大复兴中国梦汇聚起磅礴的青春力量。

三、育人措施

信息科学与技术学院以信息学院校企联盟大学生课外科技创新实验竞赛活动为平台，以深度融合学院学科、师资和企业资源为主线，构建实践、竞赛、创新、创业层层递进的人才培育体系，在常态化疫情防控中，全力打造“创新无止境，创业鉴于行”2020 年西南交通大学信息技术+大学生课外科技创新实验竞赛活动（简称“信息技术+”实验竞赛活动），不断提升学生技术创新创业的意识、能力和素养，业已形成了良好的创新创业氛围，培育了丰硕的“双创”成果。

1. 高度重视，提前谋划

信息科学与技术学院高度重视实验竞赛活动，2020 年初，在学生返校尚不确定的情况下，主动对接学校，了解实验竞赛活动开展时间、方式等情况，提前谋划“信息技术+”实验竞赛活动。在春季学期，竞赛指导老师策划打磨赛题，申报竞赛预算。辅导员老师预通知学生实验竞赛活动相关准备工作，让学生利用居家学习时间储备参与实验竞赛活动相关知识技能。针对部分软件类比赛，指导老师克服困难，线上指导参赛学生，使得比赛在春季学期如期开展。

2. 赛题丰富，注重实践

“信息技术+”实验竞赛活动一直秉承“创新无止境，创业鉴于行”的精神，主题紧跟国家的人工智能重大战略和学校在人工智能方面的部署。竞赛项目围绕“智能—智慧”主题展开（见表 1）。

表 1　竞赛项目

序号	赛事名称	指导老师
1	彩色旋转 LED 设计制作竞赛	吴宗玲
2	微信小程序应用开发赛	郝晓枫
3	四轴飞行器比赛	邹应全
4	避障消防车竞赛	徐图
5	寻迹消防车竞赛	徐图
6	电脑鼠综合组竞赛	蒋朝根
7	光立方竞赛	蒋朝根
8	智能车甲类竞赛	蒋朝根
9	智能车乙类竞赛	蒋朝根
10	ACM 竞赛	喻琇瑛
11	两轮平衡小车开发竞赛	郄芝权
12	App 和网络应用程序开发竞赛	廖革元

3．精心组织，全面覆盖

在西南交通大学第十二届大学生课外科技创新实验竞赛活动通知发布之后，学院第一时间发布实验竞赛活动相关通知，并通过辅导员老师通知学院全体同学。通过海报张贴、微信公众号推文、3S 科创基地线下交流等方式，通知实验竞赛活动，营造竞赛氛围。学院为每个竞赛设立指导老师沟通 QQ 群，帮助同学们完成赛题选择、报名、参赛等工作。

四、育人实效

信息科学与技术学院校企联盟大学生课外科技创新实验竞赛活动包括 12 项赛事，指导老师 10 余人，参赛学生 997 人次。通过紧张的培训和激烈的竞赛，大幅度提升了学生创新能力、工程实践能力以及团队合作精神。在此基础上，在以全国大学生互联网+大赛、全国研究生电子设计竞赛、全国大学生智能车竞赛、全国大学生服务外包竞赛等为代表的竞赛排名榜重点赛事中，持续取得优异成绩。2020 年，共计培养本科生、研究生荣获国家级、省级奖励 361 人次，其中国家级 150 人次（一等奖 31 人次），省部级 211 人次（一等奖 52 人次）。荣获全国大学生创新创业“互联网+”竞赛银奖 1 项、服务外包赛一等奖 2 项、智能车大赛一等奖 2 项、研究生电子设计竞赛一等奖 2 项等。

五、育人评价

平均评分：4.9 分

1．学生评价

李同学：基于单片机爱好者对单片机学习的热情，光立方是一学习单片机非常好的练习材料。当灯按照一定方案点亮时，效果是震撼的，是唯美、华丽、绚烂的。但是不经历风雨哪儿能见彩虹，要想欣赏到绝美的灯光效果，焊接、编程就是必经的考验。

王同学：刚开始面对各种问题，我们就像是个“无知”的白丁。整个编写程序、调试的过程，就像走进了百科全书馆，我们一边翻书上网查资料，一边解决问题。对很多曾经学过的内容有了新奇的发现，“原来是这么回事？！”，这是我们每个人心里都会有的感觉。备战消防机器人比赛，我们从最初的懊恼担忧急躁到最后自信地走上赛场，我们备赛的日子丰富而又有意义。

2．教师评价

张老师：科创竞赛可以提升动手能力、反哺课内学习、获得竞赛友谊等，与此同时，科创竞赛也有一定的难度。面对科创竞赛，同学们可能会面临以下问题：① 选择挺难的。有那么多竞赛，我该做哪个，选择是个难题。② 知识挺难的。做竞赛，不是等把知识都储备好了，才去做；而是先做了竞赛，才去补充需要的知识。③ 组队挺难的。不少竞赛都是组队参加的，如何找到合适的队友，也不简单。信息学院校企联盟大学生课外科技创新实验竞赛活动是同学们走向科创竞赛的一扇门，很多同学都是通过参与实验竞赛活动深入到学科竞赛中，获得了很大收获。

3．第三方评价

学生家长李先生：看到孩子们信心满满地参赛，虽然焊接的过程是相当漫长的，过程肯定是枯燥乏味的，要想把这么多的灯焊成比较美观的造型，需要下一番苦功夫，但成功的喜悦也是难以言喻的，当他们每到夜晚看到那夺目的灯光，疲劳就一扫而光啦。

【11】寓教于乐的创新实验大赛
——西南交通大学 “力学创新实验大赛”

一、基本信息

项目名称	寓教于乐的创新实验大赛——西南交通大学“力学创新实验大赛”		
项目类别	学术科技与创新创业	项目内容	专业+
项目容量	500 人/期	开课单位	力学与航空航天学院
面向对象	全校本科生	授课方式	竞赛

二、育人目标

以习近平新时代中国特色社会主义思想和党的十九大精神为指引，结合专业特色，将飞行器设计与力学知识相结合，为了实现“全方位育人”的教学目标，充分发挥实验教学资源的教学功能和课外科技活动在创新型人才培养中的重要作用，也为了给学生提供更多的创新实践机会和平台。通过创新实验大赛，让学生更深刻地理解、更直接地应用力学相关的理论知识，同时将理论知识与动手实践紧密结合；鼓励学生勇于创新，提升学生的创造力与协作能力，发掘更多创意无限并能运用于实际的科创作品。该课程是一项集科学性、趣味性、创造性于一体的科创竞赛活动。

三、育人措施

1. 教、学、评相结合，构筑完整学习体系

力学创新实验大赛所开设的课程主要是与竞赛主题相关的专题讲座，其目的是使选手们在前期准备阶段更好地理解竞赛题目，从专题讲座中得到设计启发，获得创作灵感；进入赛程后，参赛者将面临参赛作品的制作及现场答辩的挑战，选手在答辩时需对作品的灵感来源与构思内涵进行详细阐述，包括团队作品设计（创意性、合作、合理性等）、作品展示与答辩（创意理念）等。

赛事内容设计主要突出三部分：一是注重基础力学面向全校学生人才培养服务的基础性，设计出大规模普适性的竞技命题赛，即命题赛 I；二是注重飞行器力学专业的特色，设计出具备专业技术挑战和面向其他航模爱好者的校级竞技赛事，即命题赛Ⅱ；三是突出力学学科的工程研究与应用性，设计出个性化专题类自命题赛，即自命题赛，该比赛有利于孵化学生科创“金点子”、初步培养学生科研思维与态度。

2. 精心深入准备，确保宣传到位

前期准备阶段，按校、院两级体系分层实施，有针对性、有目的性地持续深入青年宣讲。主办方面向全校师生开展示范宣讲，力学与航空航天学院承办方将按照学校的指示，结合学院自身的特殊情况，深入学生群体进行宣传。同时学院拟定征稿新闻后于学院官网上发布，注明参赛要求、评比规则等注意事项和奖项设置，并由各级班干部通知到具体的班级，线上与线下宣传相结合，确认活动流程中的具体负责人。

3. 开展相关知识普及，保障竞赛的专业性

中期活动开展阶段，开展与竞赛主题相关的专题讲座，普及创新实验大赛的基本知识，为参赛选手们打下坚实的专业基础，并在一个个鲜活的案例中激发选手们的创作灵感，使选手们更加投入地设计作品。答辩阶段中参赛选手们将对制作的成品从灵感来源到设计理念，包括设计的合理性、创意性、小组合作性等多方面多角度的详细叙述。本着公平公正的原则，按照严格的比赛规则，评委将对成品以及选手答辩情况进行评比。

4. 建立完善成果展示，确保竞赛的可持续性

后期公示阶段，依托各类新闻媒体对力学创新实验大赛的开展与进程进行阶段性的持续汇报，以便全校师生同步了解赛程状态，并将最终获奖成品对外公示以供大家欣赏与学习。最后我们将从宣传效果、活动成果等方面对此次比赛活动进行总结与反思，取其精华，去其糟粕，从中吸取经验，便于以后开展更多发展性的活动。

四、育人实效

1. 不一样的创新实验大赛，专注于多维度提升学生学科素养

作为竞赛组织单位，自始至终把学生的课外教学、科技创新、开放性实践、校内外竞

赛等活动作为人才培养不可缺少的教学环节之一，始终以勤勉的品格践行着我校“严谨治学、严格要求”的双严传统，本着“学生第一、服务学生”的理念踏实做好每一届赛事，构建每一个平台。力学创新实验大赛已经走过了十三个年头，在历届赛事中，我们始终秉承“深刻、务实、创新”的赛事风格，打动和吸引着学生，取得了学生课外科技创新赛事的优异成绩，产生了良好的深远的影响。学生们通过参与活动不仅获得了专业知识，也开阔了视野，激发了自己的制作灵感。该活动成功地引导学生们将所学的理论知识和具体实践活动相结合，丰富理论知识的同时提高自己的动手能力。该活动产生了大量的优秀作品，在提高学生们的参与兴趣、提高其积极性和主动性方面发挥了重要作用，也有利于学风建设，促进学生们活跃思维，促进学生们的全面发展。

2．加强学科融合，引导学生实践创新

力学创新实验大赛鼓励学生将课堂知识与动手实践相结合，激发学生的创新思维与创作能力。同时，该项目注重团队协作能力，致力于促进学生团队合作意识，锻炼合作精神的形成。力学创新大赛还将工科基础、设计能力、文科灵感糅合在一起，实现了跨学科合作。而该活动所具有的趣味性，不仅提高了学生们参与的积极性和主动性，也提高了他们的专业兴趣。根据报名统计，有土木、力学、机械等专业学生参与，可见参赛专业多样化。因此，参赛队伍实现了多专业、跨学科的组合，各取所长，制作了一些富有不同专业背景特色的作品。

五、育人评价

平均评分：4.85 分

1．学生评价

巢同学：作为组织者与参与者，我看见了力学创新实验大赛所展现出的魅力。无论是赛前的讲座培训、比赛时的作品设计过程，还是最终的答辩过程，都让我感受到力学创新实验大赛所具有的实践性、创新性以及趣味性。同时，学科的交叉运用在这里也可以得到很好的体现。

李同学：同为组织者与参与者的我看见同学们别出心裁的作品时，不禁从这些作品中感受到大学生无穷的想象力与创新力。这次的力学创新实验大赛，不仅提升了大家的创新能力，还锻炼了大家的动手能力与团队合作能力，更丰富了同学们的课余生活，让大家感受到力学的魅力。

吴同学：力学创新实验大赛的赛题具有可操作性，同时还可以考查我们对于课内知识的运用程度。而在自己设计的过程中，不仅可以学习到相关的新知识，更培养了自己的创新能力。

2．教师评价

罗老师：力学创新实验大赛面向全体本科生，而并非大家所想象的仅针对力学学院的、较为小众的一项竞赛。这也恰恰体现了力学学科的基础性与综合性。正因为如此，我们才开设此项竞赛，也是为了让更多的同学深刻地了解力学这门学科的特性，以帮助他们在自己的专业领域得到更长远的发展。

3．第三方评价

学生家长张先生：力学创新实验大赛来源于生活中实际问题，让学生在解决问题的探索中得到了很多远比问题答案本身更为重要的东西。身为家长，不禁对学校开展的这种力求让学生“实践出真知”的做法大为赞赏与欣喜。同时，这种竞赛活动也让学生们有更多的方式去结识优秀人才，让学生对所学专业知识理解更加透彻，不失为一种极佳的推动学术创新的方法。作为家长也可以从孩子的竞赛经历，得到属于自己的感悟。

【12】西南交通大学“生命之星”大学生科技创新实验竞赛月

一、基本信息

项目名称	西南交通大学“生命之星”大学生科技创新实验竞赛月		
项目类别	学术科技与创新创业	项目内容	专业+
项目容量	300 人/期	开课单位	生命科学与工程学院
面向对象	全校学生	授课方式	竞赛

二、育人目标

通过开展实验室安全培训、实验室技能大赛、学科沙龙、学科竞赛等活动，培养大家良好的科学素养和实验技能，使得全校师生的实验室安全意识、安全管理以及专业能力等得到锻炼和提升。同时为同学们提供一个展示自我的舞台，与来自全省优秀学子交流并丰富知识，使之成为更优秀的大学生。

三、育人措施

（一）生命之星

1．初赛以网上提交作品的方式进行

同学们按照要求在网站上提供相关文件，通过省际专家交叉评审决出高水平团队，邀请参与复赛。

2．复赛以现场答辩形式开展

复赛以答辩的形式展示，评委老师现场评审打分，评选出一二三等奖，优秀队伍将受邀参与全国决赛。

（二）实验室安全知识竞赛

1．初赛是以纸质版形式三人组队进行作答

初赛通过筛选，评选出高水平的团队，以培养同学们的团队协作能力、合作能力，让同学们对实验室安全有一个初步的了解，深知实验安全的重要性。

2. 复赛以单人抢答、团队作答形式开展，增加了文艺表演板块

复赛以抢答题等比赛形式，增加了比赛的视觉效果，让观众也能够融入比赛之中，让大家进一步了解实验室安全，此外，我们也开展文艺表演，让大家在观看完紧张刺激的抢答环节后，视觉上有所缓解，也展示出同学们多才多艺的一面。

（三）科技沙龙

通过开展实验室安全培训、创新创业讲座、科技兴趣竞赛等活动，培养大家良好的科学素养和实验技能，以兴趣为出发点，提升同学们的科技竞赛能力。

四、育人实效

1. 竞赛集聚人才，形成学科专业发展合力

2020 年（第七届）四川省大学生“生命之星”科技邀请赛参赛选手历经一年零 6 个多月的准备，共 15 所高校，119 支队伍，500 人完成初赛，教师参与人数达 163 人。2020 年 10 月 10 日至 10 月 19 日，通过省际专家交叉评审，共 36 支队伍成功进入本次决赛。共评出一等奖 12 组、二等奖 24 组、三等奖 36 组，优秀指导教师 36 人。本赛事的举办为全省生命科学领域学生的专业水平提供了良好的锻炼和切磋的机会，也为相关专业的专家提供了交流和学习的平台，对我省学生科技创新、科研水平的推动与发展起到积极作用。

2. 竞赛精准内容，搭建专业人才培养平台

本次大赛立足于生命科学、医药与农业科学、生态环境与保护科学，着眼于各高校学生之间的交流学习，让学生了解生命科学的发展，寻找解决生命科学问题的有效方法以及防控措施。各参赛队可利用课余时间进行实验设计，开展实验研究，记录实验或调查过程，获得实验或调查结果，形成作品并撰写论文。本次大赛旨在培养大学生的社会责任感、创新意识、团队精神和实践能力，掌握与生命科学领域有关的调查、监测、检验、检疫、诊断、分析、预防和控制的基本实验技术与方法。

3. 竞赛评价精准，确保科技作品创新实效

一是初筛作品严格把关。在报名结束后，大赛组委会邀请西南交通大学生命科学与工程学院相关领域专业教师，对报名作品进行了严格的初筛。对于作品内容雷同度超过 30%、以往获奖作品重复参赛等团队及个人均取消参赛资格。严格的初筛环节为本次大赛精选出高质量作品提供了基础保障。同时对于进入决赛的团队要求提交论文查重报告，保证大赛的公平公正，为大学生生命科学竞赛营造良好的学术环境。

二是注重作品创新。大赛要求参赛者（团队）在作品中提出自己在观察、调查或考察中获得的新发现，在实验或制作中运用的新方法，在科技活动中得到的新成果。作品是否具有创造性，是衡量本次参赛作品质量的重要标准。竞赛评审要求作品从科学性、先进性、现实意义等方面进行详细阐述，充分展现作品的创新性和实用性。

三是注重成果评审。竞赛评审和选手双盲审对参赛作品严格要求。竞赛在报名之初需要提交综述论文及科研计划，确保实验过程具有科学性和可行性，要求研究方法具有正确性，科学理论具有可靠性，选题与结论科学意义具有合理性，同时实验验证要求作品的理论或成

果是真实可靠的，不允许夸大或虚构，所得理论或结论必须有相关实验数据的支持，论文语言应当准确、清晰、严密、合乎逻辑，符合科学论文的撰写规范。

4．竞赛提升管理，扩大竞赛广泛影响力

一是高效利用新媒体运作。本次大赛利用“生命之星”专题网站，将各项通知发布形成固定的宣传阵地，扩大赛事知名度和影响力，方便竞赛事宜“一站式”查找。此外，大赛遵从疫情防控指导，省赛以视频录制、在线答辩方式开展决赛，并通过直播平台进行现场直播，通过直播媒体扩大竞赛影响力。

二是高效开展竞赛。以视频录播、在线答辩方式代替现场答辩开展竞赛，减少了大赛人员密集性，为参赛队伍提供充分准备的条件，保证参赛作品得到展示充分、到位。减少现场突发事件率，丰富参赛形式的多样性，符合当前疫情防控指导。

三是强化媒体宣传时效性。当天新闻即日发布，保证新闻时效性。竞赛当天发布新闻3篇，及时发布竞赛消息、公布竞赛结果。同时，该赛事吸引四川新闻网、中国网·锦绣天府、中国新闻网·四川新闻、四川观察、四川经济网等参与报道。

5．形式多元化，不单单把实验安全落在书面上

本次“生命之星”科技创新实验竞赛月，通过开展一系列有趣的竞赛活动，让同学们了解更多专业性的知识。纸上谈兵的想法不复存在，旨在培养同学们的动手操作能力。竞赛形式多元化，使同学们可以选择某种形式参与到竞赛月之中。

五、育人评价

平均评分：4.8分

1．学生评价

杨同学：“生命之星”这个活动涉及领域十分广泛，具体涉及生物、农学、药学、医学、健康、卫生、食品等多个方面。经过公平公正的比拼，我们充分领略到赛事的专业性和科学性。同时这次活动的宣传力度非常大，让更多同学都融入进来一起感受科学之美。此外，电视台的报道让赛事的影响力进一步扩大，增加了知名度。

李同学：通过这次活动，我深刻地体会到国家、教育厅、学校的良苦用心。作为一名大学生，在埋头苦读的同时也要提高自身独立思考和创新的能力。这次比赛让我领略到各个领域的相关知识，对我在未来的学习和生活中都有很大的帮助。在我看来，这是一个非常值得同学们参加的赛事。

王同学：在本次活动中，令我印象最深刻的就是大赛的创新形式，通过网上投票环节选出校园形象大使，来提高大赛参与度，我也参与到投票环节中。这让紧张刺激的比赛变得轻松了许多，是一届非常值得同学们观看的比赛。

陈同学：作为工作人员的我，虽然没有在比赛中展现自己，但是我为赛事的成功举办做出了贡献，参赛人员和评委的指引入场，赛事结束的会场整理等都能看见我的身影。通过观看比赛，我学到了许多课堂上学不到的东西，下次我一定会以一个参赛者的身份参加比赛的。

2. 教师评价

任老师：青少年是未来的栋梁，是民族的希望，看见大家能创作出这么优秀的作品，我感觉十分开心，青少年的科技创新能力和动手操作能力大家有目共睹。希望大家以后积极参加这种活动，从中收获知识、收获快乐。

3. 第三方评价

评委：这次活动公平公正，增加了初筛环节以使作品的雷同率降到最低，并安排了合理的赛制能让参赛同学全身心地投入到比赛之中，此外我们的惩罚措施也是十分严格的，如果发现抄袭作弊现象，我们会严肃处理，这样的机制也能使比赛更加公开透明。

【13】四川省大学生金相技能大赛

一、基本信息

项目名称	四川省大学生金相技能大赛		
项目类别	学术科技与创新创业	项目内容	其他——科创志愿活动
项目容量	志愿者 60 人，参赛者 400 人	开课单位	材料科学与工程学院
面向对象	全校学生	授课方式	实践活动

二、育人目标

习近平总书记提出：“中国要强盛、要复兴，就一定要大力发展科学技术，努力成为世界主要科学中心和创新高地。我们比历史上任何时期都更接近中华民族伟大复兴的目标，我们比历史上任何时期都更需要建设世界科技强国！”进入 21 世纪以来，全球科技创新进入空前密集活跃的时期，新一轮科技革命和产业变革正在重构全球创新版图、重塑全球经济结构。我国基础科学研究短板依然突出，企业对基础研究重视不够，重大原创性成果缺乏，底层基础技术、基础工艺能力不足，工业母机、高端芯片、基础软硬件、开发平台、基本算法、基础元器件、基础材料等瓶颈仍然突出，关键核心技术受制于人的局面没有得到根本性改变。金相技能大赛由材料学院国家级材料实验教学示范中心主办，主要面向西南交通大学学生。大赛以提高学院学生金相技能，使参赛选手在样品制备室进行样品的磨制、抛光、清洗以及浸蚀过程中培养学生的实践动手能力为主要宗旨，同时，志愿服务活动为金相技能大赛参赛人员提供良好的比赛条件，以便参赛者有更好的发挥，也旨在培养学生的志愿精神及组织与领导能力，学习新知识、增强自信心并学会如何更好地与人相处。

三、育人措施

1. 做足前期准备，确保比赛顺利进行

宣传：线上由宣传部在“材料青协”公众号进行推送宣传以及在指定地点发放传单宣传，以便参赛选手及时与老师了解大赛的时间和地点。

工作部署：活动开始前三天召集各组织工作人员开会，进行详细的工作安排，并进行相关培训，相同工作的同学提前相互认识，便于更好的服务。

活动前一天晚上组织各部门相关工作负责人员开会，进行活动流程的安排和动员。

大赛当天，相关工作及负责人员必须提前到达大赛地点进行布置。

通过有序且严谨的工作安排以及青协志愿者们端正的工作态度，准备工作充实且完备，进一步确保大赛的顺利进行。

2．紧跟大赛环节，提供准确服务

大赛开始前一个小时，负责引导的志愿者提前到达大赛地点，熟悉各个考场及相关工作地点，为找不到比赛具体位置的选手和评委老师，主动、有礼貌地上前提供帮助。与评委老师交流时，志愿者以最大的尊重为前提，礼貌诚恳地尽可能满足他们的需求，因个人习惯有不同要求的评委老师另外详细记录并执行。比赛期间志愿者严格遵守纪律，不影响参赛选手，在必要时撤离比赛现场。无论是参赛选手还是志愿者，比赛过程中心情的起伏是一致的，“你的成功即是我的意义”，志愿服务为的是他人，但实际受益者是彼此。

四、育人实效

1．比拼的是技能，传递的是知识力量

在决赛过程中，现场迎来了一群特殊访客。来自两百公里之遥的四川省安岳县石羊镇初级中学的十余名优秀学生，在材料学院学生创新中心和青苗学研社的精心组织下专程前来开展研学活动。本届赛事负责人、西南交通大学王良辉老师为中学生们现场科普了金相样品制备相关知识，分组带领他们进入比赛和评分现场，近距离观摩大学生专业技能比赛。“祖国未来们”对材料专业表现出浓厚的兴趣，对大学生活产生无限憧憬。

2．服务他人，获益彼此

在金相技能大赛的志愿服务过程中，志愿者积极主动地为参赛选手和评委老师提供志愿服务。在为他人服务的过程中，志愿者不仅感受到专业知识的魅力，同时也提升了与他人沟通交流的能力，拉近了彼此间的距离，增加了彼此间亲切感。

五、育人评价

平均评分：4.9 分

1．学生评价

周同学：作为一名材料专业的学生，通过金相技能大赛的志愿服务，感觉自己距离印象中的材料科学更近了一步，真是“身临其境”地感受到材料科学的魅力。

王同学：结束志愿服务后，我有深刻的体会，知识的获得不应该只体现在表面，而更应让其展现在实践操作中，并以有益社会与民众为最终目标。

刘同学：金相技能大赛在我校举办已经让我感到自豪了，能够成为大赛的志愿者这件事情又让我感受到了极大的喜悦。喜欢材料科学，我愿意像参赛选手一般为其努力，将其运用。

2．教师评价

代老师：在负责金相技能大赛的志愿服务的过程中，青协志愿者严谨认真的工作态度，为大赛的顺利进行提供的不可或缺的保障，令我欣慰，无论是他们还是参赛者，都从这个过程中感受到志愿的快乐和科学的魅力。

3．第三方评价

学生家长赖先生：这一志愿活动立足比赛情况，其独特之处在于让志愿者进一步感受到金相的魅力以及专业知识如何进行实践，也为参赛者提供了一个安心比赛的保障。

【14】立足交大 放眼世界 追求卓越 立志成才 ——西南交通大学“Spelling Bee 词王争霸赛”系列活动

一、基本信息

项目名称	立足交大 放眼世界 追求卓越 立志成才 ——西南交通大学“Spelling Bee 词王争霸赛”系列活动		
项目类别	学术科技与创新创业	项目内容	专业+
项目容量	300 人/期	开课单位	利兹学院
面向对象	全校学生	授课方式	竞赛

二、育人目标

Spelling Bee 词王争霸赛始于 1925 年，如今已是世界各地家喻户晓的英文拼写竞赛活动。2016 年，Spelling Bee 正式走进西南交通大学，由利兹学院学生会主办，迄今已成功举办五届。西南交通大学 Spelling Bee 词王争霸赛以习近平新时代中国特色社会主义思想为指引，响应习近平总书记关于教育的重要论述，在题库中加入中国特色社会主义相关热词。将英文学习与思想政治教育、时事热点有机结合，全流程多环节融入。在收获学术上的进步的同时，切实让同学们在比赛中感受家国情怀、开拓国际视野、锤炼坚强品格。词王争霸赛深入学生群体，以趣味竞赛的形式，考察学生记忆英文单词，增加其英语学习积极性、扩大词汇量、提高自主学习能力，同时也是对同学们心思缜密程度、口脑配合度及临场反应速度的考验。同时，团队赛也锻炼了同学们的团队协作能力，引领同学们积极向上，增强服务奉献意识，为实现中华民族伟大复兴的中国梦而提升自我，努力奋斗。

三、育人措施

Spelling Bee 词王争霸赛的初赛和复赛以线下纸笔作答的形式开展。考察词汇来源于英文时政词汇、中国日报文章、四六级单词、雅思托福等英语语言考试和生活相关词汇。赛前，将比赛题库提前下发选手，由同学们自主学习备考。为确保词汇的正确性，题库内容大部分来自 China Daily 等官方媒体。赛题分为中英单词互译、音标识词、短文填空、趣味题目等类型，题目形式多样、考察维度全面。依据选手们的试卷作答情况，从初赛选手中选拔 50 人进入复赛，复赛选手中选拔 20 人进入决赛。决赛以现场作答的形式开展，并伴有观众，采取轮次淘汰制进行现场比拼。

决赛第一轮为“你说我猜”。

选手事先分为两人一组，每组给定 15 个单词，在 2 分钟规定时间内，一人面对大屏幕描述单词，一人背对大屏幕根据描述在白板上拼写出单词，答对一题得一分，答错一题不扣分。每组有三次跳过的机会，一组的两人积分相同。本轮通过演绎的形式使学生牢牢掌握单词含义，提高学生对单词的熟悉程度和临场反应能力。能够在规定的时间内表述该单词是第一步，这需要学生有足够的词汇量的积累，团队中的另一位同学需要根据表述猜出该单词并正确拼写出来，这对于两个人的词汇量和英语表达能力都是极大的考验。

决赛第二轮为“速写大战”。

选手分为两组，上台进行抢答比赛，评委念完两遍英语单词及释义后选手十秒内写出并按下抢答器，此轮每组 15 个单词，答对一道得一分，答错一道扣一分。本轮考查学生在高度紧张环境下的抗压能力和应变能力。作为新时代的社会主义建设者和接班人，青年学生需要锻炼和培养自己的各方面能力，要投身到社会主义建设中去，必然需要提升自己在各种复杂环境下的综合能力。本轮通过抢答的形式进行比赛，一方面可以提升学生的专注力，另一方面可以提升学生的反应能力。学生抢答成功并正确书写该单词才能够得分，因此对于词汇的熟悉程度也是一种考验，能够有效改善“提笔忘字”的情况。

决赛第三轮为“速记风暴”。

选手一一上台，给定两分钟记背 PPT 上 20 个生僻词汇，然后进行答题，答对一题得一分，答错不扣分。两分钟内完成 20 个生僻单词的记忆对学生来说是巨大的考验，部分学生会有所取舍，这可以锻炼学生衡量事务轻重缓急的能力，同时可以提升学生的抗压能力和临场应变的能力，为学生在学习和生活中遇到挫折和困难时打下坚实的心理基础，更好地投身到社会主义建设中去。

四、育人实效

2016—2020 年，西南交通大学 Spelling Bee 词王争霸赛已成功举办五届，覆盖全校学生 2000 余人，选手来自 20 余个学院，年级横跨大一新生至硕士研究生。比赛内容丰富，不仅为热爱英语的同学创造了一个学习、比赛英语单词的平台，同时也提高了交大学子学习英语的积极性。英语是当代青年走向国际化、面向世界的重要途径，同学们将通过 Spelling Bee 词王争霸赛进一步提高英语词汇量，通过时政词汇的学习讲好中国故事、传播好中国声音，同学们也得到了德智体美劳各个方面的综合锻炼，为成为一名合格的社会主义建设者和接班人打下了坚实的基础。

1. 提升学生爱国热情

词王争霸赛在下发的题库中加入思政类相关词汇，提升学生的英语表达能力，标明词汇的来源将为学生学习英语指明方向，同时对学生学习的方式方法给出指导。在学习英语表达的过程中，找出中英文表达的差异，提升同学们的爱国热情和民族自信心。

2. 提升学生的服务意识和奉献精神

词王争霸赛在组织的过程中需要有大量的人力物力支持。建立题库、组织比赛、进行总结，都离不开学生会的志愿者们。在举办活动的过程中，他们团结协助，牺牲自己的课余时间，为了共同的一场比赛而努力，为了成就新一届的“词王”奉献出自己的时间、精力和热情。这种服务意识和奉献精神将会伴随着他们日后的学习、生活和工作。

3. 提升学生短时记忆的能力

词王争霸赛在初赛、复赛阶段下发题库，由学生自行背记，以笔试形式考核，可以锻炼学生的短时记忆力、专注力以及时间管理能力。决赛阶段的三个部分均考查学生现场记忆的能力，对学生平时的锻炼和积累是一个很大的帮助。

五、育人评价

平均评分：4.9 分

1. 学生评价

土同学：作为一个曾两次参加 Spelling Bee 比赛的选手，我对这个比赛充满了感情。毕竟，Spelling Bee 比赛带给我的有丰富的课余生活，有英语单词水平的提高，也有宝贵友谊的建立……数不胜数的收获，让我充满感恩。这个比赛深深地影响着对外语抱有兴趣的同学们，我就是其中一个。去年被淘汰时的忧伤，努力过却没有得到想要的结果时的失望，会促使我产生“卷土重来”的欲望。在今年取得进步时的喜悦、晋级时的快乐、达到既定目标的满足感，让我至今记忆犹新。

李同学：西南交通大学词王争霸赛是一个展示自己英语水平的机会，有利于我们的英语表达能力，使我能更加了解英语。在这个比赛中我遇见了许多英语成绩优秀的人，自己在应变能力和口语能力上得到了提高。我觉得其实学语言并不难，只要用心学习和积累，就一定能成功！英语在当今社会及很长一段时间内，都是立足社会的一块敲门砖。这次比赛能激发我们的积极性，给予我的生活和工作较大的帮助。

王同学：我很荣幸能担任本次比赛的一名负责人，在举办本次活动中收获了很多，学到了很多宝贵的东西。从比赛前的活动策划，到申请比赛物品，再到会场安排、算分、拍照，这与学生会的同学们的努力是分不开的。本次比赛虽然存在不足，还有很多需要改进的地方，但是这次比赛在一定程度上调动了学院学习英语的热情，让学习英语被更多的同学们所接受。

2. 教师评价

张老师：英语作为世界上使用最广泛的语言，在国际上有着重要意义。所以，英语能力已经是衡量综合性人才的一项重要标准。本次比赛，创造了浓厚的校园文化氛围，掀起学英语、说英语的热潮，塑造了西南交通大学同学们的崭新形象；给同学们提供了一次展示自我的平台，相互交流的机会，帮助同学们提高自身英语水平及公共场合的英语表达能力，带动全体学生学习英语的热情，激发学生的学习兴趣。

3. 第三方评价

学生家长卢先生：孩子参加了这个比赛，拿到了“词王”的称号。这个称号给了孩子很大的自信心，也激发了他对英语学习，特别是对具有中国特色的英语表达的学习的兴趣，他现在可以非常自信地跟外国人交流，能够有勇气申请著名的国外大学，这便是参加这个比赛带给他的改变。我希望这个比赛能够覆盖更多的同学，可以多产生一些“词王”，促使他们变得更加自信，在人生的道路上走得更加勇敢！

【15】百年历程中的数学
——西南交通大学“数学文化节”系列活动

一、基本信息

项目名称	百年历程中的数学——西南交通大学“数学文化节”系列活动		
项目类别	学术科技与创新创业	项目内容	专业+
项目容量	300人/期	开课单位	数学学院
面向对象	全校学生	授课方式	活动

二、育人目标

2020年9月11日，习近平在科学家座谈会发表重要讲话时指出“基础研究是科技创新的源头”，并强调“要加强数学、物理、化学、生物等基础学科建设”。数学学院举办数学文化节，旨在营造良好的学习数学等基础学科的氛围，培养广大同学学习数学的积极性，同时培养同学们爱党爱国精神，将所学知识投入到全面建设社会主义现代化国家的新征程中去。

结合建党百年的契机，将爱党爱国思政教育与基础学科专业教育有机结合，以党史学习与党史实践为开展形式，在活动中将党史国史、成就故事等以面对面、互动性的宣讲交流形式传播给广大青年，引导广大青年始终同以习近平同志为核心的党中央保持高度一致，增强“四个意识”、坚定“四个自信”、做到“两个维护”，为实现中华民族伟大复兴中国梦汇聚起磅礴的青春力量。

三、育人措施

1．立德树人，全面育人

加强思想引领，强化实践服务。“这些数字不能忘”展览是一个以建党百年历史中的具有纪念意义的数字为主题的展览活动，展览内容包括在抗击疫情和脱贫攻坚中大数据技术的贡献与应用。“一节红色数学课”说课大赛是一个以思想引领与志愿服务相结合的系列活动，包括线上作品征集、现场说课、校外学校上课实践与党史思政课暨颁奖仪式四个活动。数学争霸赛包含应知应会知识点和党史竞答。

提升专业素养，培养学习乐趣。第十二届数学文化节开幕式在为数学文化节拉开序幕的同时，也邀请了优秀老师来为我们简要科普市场调研大赛及数学竞赛。数学文化节的经验分享系列活动包括数学建模讲座、市场分析大赛讲座及“朋辈说”活动。建模讲座、市场分析大赛讲座是独立举行面向全校同学的竞赛讲座；而“朋辈说”则是一场数学学院的优秀学子们主讲的、交流经验的活动。“与数同行”游园活动是数学文化节中全员参与的大型户外游戏环节，以游戏摆摊、户外答题、小实践、套圈抽奖等形式促使同学们感受生活中的艺术与数学，并通过传单和海报形式，宣传数学文化节的其他后续活动，如数学争霸赛等。

2．建立完善工作机制，保障工作有序进行

建立组织合作机制。紧密按照上级有关部门要求，与各兄弟学院积极开展合作，协同将

活动办大办好。

建立宣传动员机制。按照“校院班三级联动”机制，积极动员广大青年参与。依托各类校院新闻媒体对“数学文化节”的活动预告、活动情况、成果展示进行宣传报道。

建立评比公示机制。在说课大赛、数学争霸赛等比赛活动中，建立公平公正的评委团，并将获奖情况及时公示。

四、育人实效

本次活动旨在向全校学生宣传数学知识，使同学们感受到红色精神中蕴含的数学之美。通过此次活动，同学们也能够提高学习数学的积极性，增强学习气氛，提高艺术修养与志愿精神，树立数理强国之信念，庆祝中国共产党百年华诞。

数学学院学生会已经连续举办了 11 届数学文化节，各位老师及学生会相关成员经验丰富，学院各级领导大力支持，为数学文化节的举办奠定了基础。

在第十一届数学文化节中，系列活动参与人数超过 5 000 人，持续时间近 50 天，举办各项活动、比赛、讲座 10 余项，累计报课人数近 2 000 人。

五、育人评价

平均评分：4.9 分

1．学生评价

李同学：我刚在第二课堂选课时看到数学文化节这个活动，觉得很无聊很枯燥，但当我真的报名去参加之后，真实感觉到很有趣很有意义。我相继参加了“与数同行”游园活动和数学争霸赛，从没想到知识还能这样玩。同时在图书馆展览中，我了解到数学学科和大数据技术在脱贫攻坚、抗击疫情、航天军事等多个领域有着如此大的贡献，使我更加坚定了要学好专业的决心。

赵同学：我是数学文化节的参与者，同时也是组织者，在接连组织了两届数学文化节后，充分地感受到这个活动背后的生命力。在这过程中，把枯燥冰冷的公式定理化为有趣的活动竞赛游戏，这无疑让我们更愿意开动脑筋，更愿意去学习了。

2．教师评价

周老师：“立德树人”是共青团工作的根本任务。在“数学文化节”中坚持强化青年思想引领、服务学生成长成才，把活动打造成一节精彩的思政课。学生们在活动中既培养了爱国主义精神，又提升了专业素养，提高了学习专业课程的积极性，这是我们老师所乐于看到的。

3．第三方评价

合作伙伴极客数学帮总监：“数学文化节”系列活动开展周期长，规模宏大，将思政教育和专业培养相结合，值得我们学习与借鉴。

【16】“英才盖世，语妙天下”——西南交通大学英语能力提升营

一、基本信息

项目名称	“英才盖世，语妙天下”——西南交通大学英语能力提升营		
项目类别	学术科技与创新创业	项目内容	专业+
项目容量	300～500 人/期	开课单位	外国语学院
面向对象	全校学生	授课方式	讲座

二、育人目标

2013 年 9 月和 10 月，中国国家主席习近平在出访中亚和东南亚国家期间，先后提出共建“丝绸之路经济带”和“21 世纪海上丝绸之路”的重大倡议。“一带一路”建设是顺应世界多极化、经济全球化、文化多样化、社会信息化潮流的倡议，推动沿线国家共同打造政治互信、经济融合、文化包容的利益共同体、责任共同体和命运共同体。外语人才作为重要的战略资源，直接影响“一带一路”倡议的实施效果。根据“一带一路”建设所涉及的贸易、运输、基建、金融、电商、能源、旅游、法律、科技、文化等合作领域，培养“专业知识+外语技能+文化素养”一体化的复合型人才，是外语教育顺应时代发展的必然趋势，也为各高校外语人才培养指明了方向。为提高我校学生英语理论与实践能力，更好地服务于国家重大战略决策，外国语学院青年志愿者协会（简称“外语青协”）充分展现学院特色，开展英语能力提升志愿活动，以提高同学们的英语学习热情，为交大校园营造良好的学习氛围，为我国“一带一路”倡议加油助力！

三、育人措施

1. 按校、院两级体系分层实施，实现自助与他助

英语能力提升营按照校、院两级体系分层实施。首先，面向全校招募英语老师，并由外国语学院专业英语教师统一培训授课，将自身所学知识以这种方式传递给英语能力较弱的同学，实现他助。其次，招募条件中特别关注品学兼优且家庭经济相对较困难的同学，外语青协已申请学工部资助项目，为这些同学提供勤工助学的岗位和酬劳，一方面提升自我实践能力，另一方面也能够通过这种方式实现自助。

2. 党员与学生结对共建，发挥学生党员模范带头作用

“两学一做”、帮扶共进、英语帮扶活动为交大校园营造了良好的学习氛围，提高了同学们的学习热情。在提供志愿服务的同时，也为学院的党员志愿者们提供了一次很好的锻炼机会，在实践中我们借助党员与学生结对的方式，发挥学生党员的先锋模范作用，发挥基层党支部的战斗堡垒作用。

3. 完善工作机制，保障活动有序运行

建立宣传推广机制。依托校内扬华素质网、外语青协官方公众号以及辅导员工作群，做

好前期招募学生英语老师、招募学员工作，中期按照课程进程与学习内容做好活动推送，增强英语能力提升营活动在全校的影响力。

建立动态管理机制。外语青协全体志愿者成员及学生党员根据课程安排做好课堂签到、学习签到等管理工作，严格管理课堂纪律。做好提升前后成绩对比数据整理工作，为下一届英语能力提升营活动的招生提供数据依据。

建立激励考核机制。在提升营学习中，针对每一次小测验有进步的同学，给予一定的奖励，调动营员们的学习积极性。此外，对于最终通过英语四级考试的同学，按照提升分数段给予奖励。对活动中一直默默付出的老师和志愿者们给予精神奖励，给予第二课堂学时，认证志愿服务时长。

四、育人实效

1. 相聚在此，助力四级

课程内容围绕 CET4 考试，开展不同专题的英语教学，最大限度地解决服务对象的应试难题。在校内每周固定时间（如周二和周四）开展提高部分学院部分同学英语水平的课程。活动主要通过招收志愿教师以授课形式进行，课程以 CET4 考试内容为主，通过口语、听力、阅读、写作专题的讲解，帮助同学们通过四级考试。本期课程共有 10 次，听力训练除了专题单独训练外，还会于每次课程前 30 分钟进行集中训练与订正。

2. 朋辈引航，互助成长

正如习近平总书记指出，一所高校的校风和学风犹如阳光和空气决定万物生长一样，直接影响着学生学习成长，好的校风和学风能够为学生学习成长营造好气候，创造好生态。依托“英语四级帮扶”活动，推动朋辈专项帮扶行动，切实助力我校理工科学生摆脱英语困境，积极探索朋辈教育新模式，以朋辈教育引领学风建设，既创新了大学生思想政治教育模式，又增强了朋辈之间的良性互动，培育大学生的助人意识、服务意识和感恩意识，形成了积极的人生观和价值观，营造了健康、进取和感恩的朋辈互助型校园文化氛围。

3. 优化课程体系，培养复合型人才

课程设置对人才的教育培养具有重要作用，是实现教学目标的有效途径。我校为理工科类高校，培养复合型人才除了培养学习专业技能以外，还需培养其英语表达能力。在课程安排上，还需培养学生听、说、读、写、译方面的语言技能，夯实语言基础，实现“语言知识+专业技能”的复合应用型外语人才培养模式，既培养学生掌握语言知识以外的专业基础知识，又能深层次地提高学生的外语知识，提升学生在人才市场中的竞争力。

五、育人评价

平均评分：4.9 分

1. 学生评价

刘同学：首先，作为一名大一的新生，我很荣幸能够参与这次活动，这次活动使我深深感受到了大学生活的多彩之处，也让我感受到交大的魅力所在。其间，我不仅丰富了自己的知识，同时也将自己的所获分享给其他人，这使我得到了双倍的快乐，我深深感受到学习不仅仅是一

个单向的线路，更应该是一个双向的过程。这次活动不仅仅使我尽快适应了大学生活，大大提高了自己的英语水平，更重要的是让我交到了许多朋友，使我的大学生活更加多姿。

王同学：我第一次自己备考 CET4 没过，考试时听力部分听得一头雾水。到了外国语学院的四级帮扶班，跟着学姐猛攻听力（每次上课都有专题练习和讲解），第二次 521 分过关，对我自己来说进步真的很大，很开心！谢谢外国语学院的志愿者老师们！没想到上了大学还能有一个班聚在教室里练习一套卷子的经历。这样的学习方式给了我很大帮助，也很难忘。谢谢外语青协！

2．教师评价

志愿教师：当初来应聘英语帮扶志愿老师的时候，内心其实是挺忐忑的。因为授课的对象差不多与自己同龄，担心自己教不好他们。但上了几节课后，发现同学们都积极配合，也会课下问我英语学习相关的问题。每次给他们解答完，我内心都充满成就感。

贾老师：英语四级帮扶班活动参与人数达数百人，通过率也在不断提高。我们的同学不仅学到知识还能将知识学以致用，值得全校推广。另外，在与其他理工科学院合作中，彼此了解不同的学科知识，体味不同领域的学科魅力，尊重工理文学生的多样性，有利于培养同学综合素质，塑造综合性人才。

3．第三方评价

学生家长：学生帮助学生，这种形式很接地气。外语专业学生能够把自己课堂上所学知识以及“备考宝典”毫无保留地分享给其他学生，精神可嘉。我们的孩子也通过这种形式提高了自己的英语成绩，作为家长也十分高兴。另外，学校还利用勤工助学平台奖励品学兼优的家庭经济困难学生，这种互相帮助、共同提高的活动多多益善。

第三章

艺术体验与审美修养

【1】“书香致远”——西南交通大学经典阅读系列活动

一、基本信息

项目名称	“书香致远”——西南交通大学经典阅读系列活动		
项目类别	艺术体验与审美修养	项目内容	其他
项目容量	300 人/期	开课单位	生命科学与工程学院
面向对象	全校学生	授课方式	活动

二、育人目标

以习近平新时代中国特色社会主义思想和党的十八大、十九大、十九届五中全会精神为指导，牢牢把握先进文化的前进方向，以传承经典、提高师生素质、构建书香校园为目标，通过“图书漂流”、经典书目阅读、红色经典诵读等系列活动，进一步在西南交通大学营造多读书、读好书的良好校园氛围，引导学生养成正确的阅读习惯，提升学生的人文素养和文化内涵，培养学生的爱国、爱党情怀，坚定“四个自信”，坚定为中华民族伟大复兴而不懈努力的信念。

三、育人措施

1．分阶段开展，用心策划，广泛参与

“书香致远”分为四个阶段，面向全校本科生开展。第一阶段，依托图书馆，开展图书漂流活动，确定推荐阅读的经典书目；第二阶段，推送好书、书评，引导学生自主阅读，激发学生的深度思维；第三阶段为成果展示阶段，通过读书交流会、心得感想、主题征文、诵读音视频、演讲比赛等形式展示学生的阅读成果，锻炼学生语言表达能力和思维能力；第四阶段，对学生提交的学习成果进行优秀成果评选和表彰。

2．线上线下结合进行作品评选

邀请生命科学与工程学院团委（或其他组织）进行优秀作品评选，并同时进行线上公开投票，评选出优秀作品进行宣传（或进行决赛）。

3．多渠道宣传活动成效

线上宣传：通过“生命科学与工程学院”微信公众号、生命科学与工程学院官网、校团委等院校公众平台，对活动的开展过程、优秀作品进行推送报道；同时对决赛现场进行线上直播或录制视频宣发。

线下宣传：在图书馆、食堂前摆设优秀成果宣传展板、海报；视疫情防控形势，举办现场诵读展示。

四、育人实效

1．不一样的阅读活动，传承经典文化

加强对学生的思想政治引领，提高学生的文化修养，让学生通过阅读经典书籍，更加深刻地了解中国传统文化、接受文化熏陶、感知文化魅力，提升人文素养和审美情趣，传递人文情怀，坚定文化自信。在阅读经典中，传承经典，推广经典。

2．加强学生理想信念教育，引导学生学习红色精神

活动旨在加强对学生的思想政治引领，让学生通过阅读和诵读红色经典更加深刻地了解中国共产党、铭记党的历史、学习党的精神，树立正确的价值观。培养学生自觉担当起复兴交大、复兴中华民族的伟大使命，号召交大学子在新时代传承红色基因、赓续红色血脉，锲而不舍把革命先辈为之奋斗的伟大事业推向前进，为中华民族伟大复兴贡献青春力量。

3．活动经验丰富，形式多样

截至 2021 年 6 月，生命科学与工程学院学生会已连续举办阅读系列活动五届，覆盖学生超过 2 300 人次。学院有较为丰富的活动组织经验，以往活动举办较为成功，有不错的群众基础。活动每年都会采取不一样的活动主题和活动形式，紧扣当年的热点及特色，力求在多样化、精华化的活动中帮助学生德智体美劳全面发展。

五、育人评价

平均评分：4.9 分

1．学生评价

宋同学：通过这次活动，我有深刻的体会。从读过的经典中，我们可以学会由表及里、举一反三，就能获得智慧和眼光，正如这次活动所倡导的，坚定信念、铭记历史、奋发图强，树立正确的人生观、价值观，为中华民族的伟大复兴而奋斗！

张同学：作为一名 2019 年参加过该活动的学生，我认为该活动让我产生了深刻的印象，我们那一年参加的朗诵大赛，分了好多个阶段进行，决赛阶段，开赛前大家都十分紧张，但当站到演讲台那一刻，我们说的每一个字都带着无比的自信，我想这也是党对我们的影响，作为一名中国人，我有着我的谦逊，但对于我的文化、我的国家，我始终抱有强烈的自豪感，我讲述的每一句话都是中国五千年屹立不倒的见证。

2．教师评价

李老师：现代网络发达，同学们离经典阅读越来越遥远，这样一个活动，既能锻炼组织人员的策划能力，又能让经典阅读深入人心，让更多的学生重拾阅读的乐趣，我认为非常有价值。希望这个活动可以持续下去，越办越好。

3．第三方评价

学生家长张先生：孩子从小很喜欢读书，但不知道从什么时候开始很多书都是买了但就没再翻看过，后来听孩子说学校举办了这个活动，在活动那几天孩子每天都花费几个小时去阅读，在活动结束之后，我明显地感受到孩子的精神面貌发生了改变，他好像又找回能让自己真正开心的事情了。希望学校多能开展此类活动，让孩子们能更好地丰富自己的生活。

【2】西南交通大学“国韵文化节”

一、基本信息

项目名称	西南交通大学“国韵文化节”		
项目类别	艺术体验与审美修养	项目内容	思政+
项目容量	300 人/期	开课单位	材料科学与工程学院
面向对象	全校学生	授课方式	活动

二、育人目标

文化是民族生存和发展的重要力量。习近平总书记强调：“没有高度的文化自信，没有文化的繁荣兴盛，就没有中华民族伟大复兴。”党的十九届五中全会《中共中央关于制定国民经济和社会发展第十四个五年规划和二〇三五年远景目标的建议》提出“传承弘扬中华优秀传统文化”。

传承弘扬中华优秀传统文化，是推进社会主义文化强国建设、提高国家文化软实力的重要内容。“国韵文化节”旨在让广大学生通过自主调研，加强对中华优秀传统文化的挖掘，深入了解国家传统文化的来源与深刻内涵，创作出手工、书画、新媒体、表演等形式的原创传统文化作品，以答辩形式传播弘扬中华优秀传统文化，从而引导学生在实践中继承优秀传统文化、弘扬时代精神，增强社会主义文化自信，推动中华优秀传统文化创造性转化、创新性发展，不断增强中华优秀传统文化的生命力和影响力，铸就中华文化新辉煌。

三、育人措施

1．举办主题鲜明、积极向上的高质量活动

为响应党中央坚定“四个自信”、建设社会主义文化强国的号召，“国韵文化节”每年在中秋节、春节、抗疫、抗洪、抗灾等重要时间节点面向全校学生开展活动，不区分学院、专业、年级，具有较强的包容性。向全校同学征集与主题相关的手工、书画、摄影、表演等优秀原创作品，让学生不只是学习传统文化本身，更能在实践中领会其蕴含的思想观念、人文精神、道德规范。

2．丰富活动内容和形式，提升学生综合能力

“国韵文化节”让参与同学通过自主调研，加强对中华优秀传统文化的挖掘，深入了解国家传统文化的来源与深刻内涵，深刻体会中华传统文化之美，扩展视野、丰富知识。

参与同学以创作手工、书画、新媒体、表演等形式的原创传统文化作品参赛，增强了学生个人的创新思维、动手能力。

活动中采用线下答辩评比的形式，帮助参赛者提升沟通、交流、表达能力，让参赛者对传统文化增进了解、增强民族文化自信，让观众提升审美修养。

3．建立完善工作机制，保障活动顺利进行

首先，重视团队管理机制。团建中心合理分工、群策群力，精心策划活动各环节。

其次，进行宣传推广机制。在新青年素质网上发布通知、新闻等，通过微信平台及 QQ

等新媒体手段进行网络宣传，对优秀传统文化作品进行宣传。面向全校广泛传播和弘扬优秀传统文化。

最后，确立考核评分机制。从作品完成度、切题度等方面进行考核，并邀请多个老师评委和学生评委进行评分、点评，确保评分公平公正，评选出优秀传统文化作品。

四、育人实效

1．全面充实活动，促进文化传承

“国韵文化节”为了让学生对传统文化的了解不只停留于表面，在弘扬与创新中华优秀传统文化的主题之外，也将展现中华民族的爱国精神、人文关怀等优秀品质融入主题之中，引导学生亲身参与、发掘、体会，将传统文化融入自身创作，实现文化的创造性转化、创新性发展。学生在亲身经历中体会传统文化与当下时代的碰撞，了解中华民族最基本的文化基因与当代文化相适应、与现代社会相协调。

2．鼓励学生原创，鼓励全面发展

参与学生在活动中需要完成调研、作品创作、线下答辩三个环节，这几个环节都能对学生的信息探索能力、想象力、动手能力、沟通交流能力、表达能力进行考验，学生在参与中潜移默化中提升自己的综合素养。另外，现场让观众欣赏同学们的精美作品和精彩答辩，提升观众的艺术审美修养，也能激励他们多参与各种实践活动，锻炼自我。目前“国韵文化节”（即“你不知道的传统文化”）已经成功举办两届，面向全校学生，征集了多份优秀作品，线上投票访问量上万人次，参与学生数量超过 500 人次，现场观众达 800 余人，传播和弘扬优秀传统文化效果良好。

五、育人评价

平均评分：4.9 分

1．学生评价

陈同学：习近平总书记强调，我们要善于把弘扬优秀传统文化和发展现实文化有机统一起来，紧密结合起来，在继承中发展，在发展中继承。而“你不知道的传统文化”这个活动让我欣赏到许多的优秀作品，我也通过观看同学们的分享了解到不同地区的特色文化，开阔了视野。我在活动中感受到不同地区、不同民族热爱生活、热爱国家的良好精神氛围。另外，这个活动也激发了我对于传统文化的强烈兴趣，让我产生了去了解自己家乡传统文化的想法。我们身为当下青年，也应该承担起传承传统文化的重任，为建设社会主义文化强国添砖加瓦。

于同学：作为新时代的青年，在习近平总书记的教诲下，我们要为坚定“四个自信”而努力，其中提高文化自信又是当今提高我国文化软实力的重中之重。通过本次活动，我们认识了不同地域的传统文化习俗，宣传并发扬了中华文明五千年来的艺术精髓，和同学们一起了解了广阔中华大地上不同民族、不同地域的优秀传统文化，增强了我们作为一个中国人的文化自信，同时也激励着我们能更好地将我们的文化传播出去，让中国传统文化被更多人所了解！

2. 老师评价

张老师：本门课程通过让学生参与到中华优秀传统文化的研究、学习、创作中，提升其艺术实践能力、文化素养和表达交流能力等，能够更好地引导学生成长成才、热爱中华民族优秀传统文化、弘扬人文精神和中国精神。

3. 第三方评价

学生家长郎先生：作为家长，看到孩子能在这样寓教于乐的活动中，学习体会到传统文化知识的魅力，就足以说明活动的成功。希望该类型的活动能多多举办。

【3】劳育美育双结合
——西南交通大学在融媒体实践中提升审美修养系列活动

一、基本信息

项目名称	劳育美育双结合——西南交通大学在融媒体实践中提升审美修养系列活动		
项目类别	艺术体验与审美修养	项目内容	交通+
项目容量	300人/期	开课单位	电气工程学院
面向对象	全校学生	授课方式	活动

二、育人目标

习近平总书记给中央美术学院老教授回信中明确指出，要全面加强和改进学校的美育，坚持以美育育人，以文化育人，提高学生的审美和人文素养，要做好美育工作，弘扬中华美育精神。此外，习近平总书记多次谈道“做好宣传思想工作，比以往任何时候都更加需要创新”“要推动融合发展，主动借助新媒体传播优势。要抓住时机、把握节奏、讲究策略，从时度效着力，体现时度效要求”。融媒体时代为高校思政教育创新提供了有力的技术支持，但也给高校思政教育提出了新挑战。加强对大学生艺术传播、劳育实践（艺术实践）、艺术美育和创新认知教育，以劳育人、以美育人是当下应当关注的重点。

本项目主要通过运用融媒体技术使思想政治教育工作活起来，营造良好的育人氛围，占领网络主阵地，让同学们体验新媒体运营模式，关注官方平台发声，在实践中提升个人审美修养。培养一批政治立场坚定、能够在网络上正确发声的优秀青年，引导广大学生始终同以习近平同志为核心的党中央保持高度一致，增强“四个意识”、坚定“四个自信”、做到“两个维护”，为夺取新时代中国特色社会主义伟大胜利、实现中华民族伟大复兴中国梦汇聚起磅礴的青春力量。

三、育人措施

1. 以劳育人——理论结合实践，走进新闻现场

项目实施过程中，在报名的同学完成统一学习媒体技巧、熟悉新闻流程、掌握一定新闻能力后，参与新闻部日常工作，和媒体社团成员一道体验人物采访、新闻稿撰写、平台推送等媒体工作，处理日常部门事务，细大不捐地接触媒体工作的方方面面。在实践中了解媒体工作相

关情况，以完整的新闻生产流程代替高头讲章，让参与者身临其境地了解新闻报道的台前幕后，以采访写作任务切实锻炼参与同学的人际沟通能力与突发事件处理能力，使参与感、满足感、获得感伴随着参与同学。在严肃紧张的新闻实践中，在指导老师与社团成员的言传身教中，发扬求真求实的新闻精神、传递新闻人的初心与使命，真正理解新闻宣传工作的重要意义。

2．以美育人——锻炼融媒体工作能力，提升审美修养

训练媒体人技能。不断掌握新知识、熟悉新领域、开拓新视野。以笔为武器，打好媒体时效抢夺战；以文为载体，积极弘扬校园正能量。从图库、视频、排版、海报等方面力求创新，从宣传、运营等方面力求塑造传媒品牌特色。

培养媒体人素养。不忘初心，牢记使命，坚持对校园媒体工作的热爱，完善融媒体行业的专业知识，加深对各种传播载体的客观的见解和认知。增强新闻意识，做有高度、有温度、有深度的新闻报道。

建立媒体人思维。结合融媒体时代特点，挖掘校园背景下新闻价值。积极探索新时代融媒体运营模式，力求做出精致而富有生命力的作品，建设具有特色且多元化的融媒体平台，释放媒体人的无限创造活力。

3．携手川渝高校电气类媒体联盟，开展融媒体运营分享论坛

西南交通大学电气工程学院媒体事务中心（EMC）坚持讲述电气好故事，传播学院好声音，联合学校媒体社团，邀请川渝地区兄弟高校媒体组织代表，开展媒体运营经验分享论坛，共同探索融媒体时代官方媒体组织的运营模式以及在劳动教育中提升审美修养，让学生体会不同学校的管理特色和文化氛围，在思想的碰撞中突破创新。

四、育人实效

1．依托媒体社团开展媒体技能训练，增强沟通与交流分享

本项目的策划主体即电气工程学院媒体事务中心（EMC）创办十四年以来，累计开展媒体技能训练 200 余次，近年来打造的特色项目“记者体验周”活动累计参与人次达 1000 人次。2019 年，EMC 成员到其他高校交流 2 次，其他高校学生组织到西南交通大学交流 3 次，拓宽了 EMC 成员的视野，有效加强了川渝高校电气类媒体之间的沟通和交流，促进了媒体间的资源资讯共享、共同进步。

2．劳育美育双结合，在实践中提升审美修养

面向全校的一系列媒体技能培训和“记者体验周”的举办，让所有学生都有机会接触台前幕后，走出寝室，走入操场、走入图书馆，通过劳动体验，在团队协作、服务他人中增强劳动积极性，懂得劳动最光荣、劳动最崇高、劳动最伟大、劳动最美丽的道理，形成尊重劳动、热爱劳动的共同认知。在此基础上，以“提高学生审美与人文素养”为目标，以体验式过程性评价为主导，充分把握融媒体特点，并伴随美育实施，促进学生全面发展。

3．培养“网宣骨干”队伍，引导学生正向发声

习近平总书记高度重视新媒体平台的建设与健康发展，曾在不同场合指出“新媒体思想舆论工作的正道，在于化解负效应，激发正能量，成为治国理政、凝聚共识的助手”以及“加快媒体融合发展，占领信息传播制高点”等。通过培养“网宣骨干”队伍，构建积极正向的网络

舆论场。学院已经建立起一支能够发表正向且具有影响力观点的“网络宣传”骨干力量，做好新媒体时代大学生网络表达的正向引导，引导大学生就热点时事进行正确的网络意见表达，发挥“意见领袖”的作用。通过电气工程学院媒体事务中心的专业技能培训及思想政治教育，能够让学生建立观点阵地，以实事求是的态度，通过客观理性的分析，树立自有的新媒体公信力。

五、育人评价

平均评分：4.8 分

1. 学生评价

王同学：作为一名毫无经验的外行，在这次活动中，我锻炼了自己的能力，包括如何运营新媒体账号、如何排版、如何推送等，了解到许多相关的专业知识。这次活动对于我们来说有很大的帮助，拓宽了我们关于新媒体的视野。

赵同学：在参加这次活动，与各位同学进行交流的过程中，我接触了很多以前没有了解的地方，帮助我们寻找到以后重点发展的方向，对于各个媒体社团来说有着非常重要的意义。同时，我们交流的一些经验，将在以后我们运营社团的过程中起到很大帮助。

杨同学：这次活动是一个很好的交流机会，加深了我们对于专业技能的掌握，对于媒体人的专业能力有着很大的帮助。在以后的工作中，我们能够更加熟练地使用各种工具来完成我们的新闻任务，让我们的新闻更有魅力，让我们的新闻更加出色。

2. 教师评价

张老师：这次活动是很有价值的。通过这次活动，学生们能够收获相关的知识与技能，能够加深各个高校之间的联系，互相交流媒体社团运营经验，帮助自身以及社团能够更加顺利地成长与发展，同时能让他们了解到媒体作为宣传手段的重要性，特别是在党政宣传方面的影响力。

3. 第三方评价

推送评论：这个活动看起来很有意思。对学生进行专业技能培训，让他们互相交流媒体运营的经验，这些都是能够有效帮助学生提升个人能力的途径。这种活动是值得赞扬和推广的，各个高校间也应当多多举办类似活动，加强高校间交流、实现共同进步。

学生家长李女士：孩子从小就对摄影和构图感兴趣，学校开设这门课程让孩子的兴趣得到满足，看得出来活动中的工作人员技术都比较专业，学生能从中学到很多有用的技能，我们作为家长也十分支持。

【4】体验传统文化之美
——西南交通大学“传统艺术系列活动”

一、基本信息

项目名称	体验传统文化之美——西南交通大学“传统艺术系列活动”		
项目类别	艺术体验与审美修养	项目内容	专业+
项目容量	500 人/期	开课单位	建筑与设计学院
面向对象	全校学生	授课方式	活动

二、育人目标

我国社会主义学校的美育是为建设社会主义精神文明和培养学生心灵美、行为美服务的。通过美育促进学生的德、智、体的发展，培养学生认识美、爱好美和创造美的能力。建筑与设计学院青年志愿者协会以习近平新时代中国特色社会主义思想为指导，秉持“以文化人、以美育人”理念，立足校本、立足课程、立足教材，结合实际，以“扎染初体验，非遗零距离”为主题，开展传统文化进校园活动，把美育纳入全院各专业人才培养全过程。引导广大青年始终同以习近平同志为核心的党中央保持高度一致，增强民族文化自信和价值观自信。

三、育人措施

1. 专业指导老师介绍扎染的发展历史

项目指导老师和特邀嘉宾向同学们介绍扎染的发展历史，以及扎染这一传统文化的影响力，带领大家初步认识并了解扎染这一民间手工艺术。源远流长、精深厚重、高明悠久的中华优秀传统文化，凝聚着中华民族最深沉的价值追求和价值共识，传承着中华民族最根本的精神基因和伦理品质，是社会主义核心价值观的源头活水。在老师的讲述下，同学们了解到扎染在各地的流行氛围，了解到扎染是当下人们追随并弘扬的中华民族优秀传统文化之一，并对此艺术产生了浓厚的兴趣，深深地感受到中华民族的伟大，感受到传统文化的魅力，增强了民族自豪感，培养了爱国主义的情感。

2. 讲解制作流程，体验扎染传统工艺

活动负责人带领大家学习扎染传统手工艺术的制作流程，亲手体验扎染传统手工艺术，感受中国传统文化的魅力。中华民族有着五千年的文明史，而中国传统文化源远流长、博大精深，它作为一种积淀性文化，长期以来形成了一种具有相对稳定性的民族精神。扎染体验也是一个学习的过程，同学们自主创新，设计图案，搭配色彩，最终制作出属于自己的独一无二的扎染作品，尽管有些同学对自己的作品不是太满意，但在此活动过程中，收获了成果的喜悦感，培养了动手能力和创新思维，也提高了审美修养。

3. 展出扎染作品，宣传传统文化

扎染体验后，收集整理同学们的作品，开设展览，进一步达到宣传传统文化的目的。“文化是一个国家、一个民族的灵魂。文化兴国运兴，文化强民族强。”文化对于国家的兴旺、民族的发展具有重大作用。习近平总书记多次指出中华优秀传统文化的价值与作用，并将其作为治国理政的重要思想文化资源，深刻阐释了中华优秀传统文化是中华民族的根与魂，是最深厚的国家文化软实力，是中国特色社会主义根植的沃土，是我们坚定文化自信的力量源泉。弘扬中华优秀传统文化是我们每一个人的责任，新时代，我们要高扬中国特色社会主义文化自信，在校园内展出大家的活动作品，让扎染文化在校园兴起，促进传统文化在高校发扬光大，也让每一位青年大学生自觉担负起弘扬传统文化的责任。

四、育人实效

1. 中华传统技艺体验

“扎染初体验，非遗零距离”活动，积极贯彻落实教育部《关于切实加强新时代高等学校

美育工作的意见》和西南交通大学《“基于五育融合的美育工作推进”实施方案》相关文件精神，礼敬建党 100 周年，我们立足校本、立足课程、立足教材，结合实际，开展传统文化进校园活动，一起体验扎染工艺之美。

2．以美育人

以习近平新时代中国特色社会主义思想为指导，结合建设与设计学院“艺术底色、设计基础、专业厚度”办学理念，秉持“以文化人、以美育人”理念，活动基于社会主义美育，培养学生心灵美、行为美，建设社会主义精神文明，培育和践行社会主义核心价值观。引领广大青年学生领略艺术经典、塑造健全人格。

3．传承传统文化

此次活动为很多对扎染感兴趣的同学们提供了一个亲手实践的机会，使同学们了解到更多的与扎染相关的知识，同时也为对扎染感兴趣的同学们提供了一个能一起交流和学习的平台，激起大家对扎染的兴趣，对中华民族传统文化的传承与发展起到了积极作用。通过加强自身文化建设，增强民族文化自信心与自豪感。将中华优秀传统文化资源置于当代世界文化语境下加以重新挖掘与开发，积极主动地推动中华优秀传统文化走向世界，传播中国声音，讲好中国故事，彰显中华文明对世界文明发展的有益贡献。扎染体验活动的作品展出，增强了交大学子的民族文化自信心与自豪感，大家通过体验操作更是感受到先辈的工匠精神，不同的非物质文化遗产，技艺虽不一样，但都具备共同的特点或者说同一种态度，即对某样事物精益求精的工匠精神。这种精神也应是我们这一代人真正应该追求且传承的东西。很多事儿唯有亲自体验过、深刻了解过，才能真切地感受到那份追求完美的细致与坚持以及中国特有的非遗艺术带来文化底蕴的魅力。

五、育人评价

平均评分：4.9 分

1．学生评价

刘同学：传统文化是支撑中华文化的精神脊梁，成为推动中华文化发扬光大、绵延不断、生生不息的力量之源。中国传统文化是民族的瑰宝，要传承，要发扬，但它更需要我们去接受，去实践，去体悟。学古不泥古，我们要将传统文化结合时代精神，融入我们的工作、学习、生活中去。以传统文化规范自己的言谈举止，用传统文化宽慰我们的内心，让传统文化促进社会的和谐。

张同学：身为青年大学生的我们，担负民族复兴的使命，扎染体验活动增强了我们对于传统文化传承的责任感和使命感，弘扬了民族文化，普及了扎染艺术文化，激发了大家对扎染艺术的兴趣，让大家感受到我国传统文化工艺的奇妙与伟大，也提高了大家的艺术修养和艺术表现才能。

吴同学：本次的扎染活动有趣且富有意义。在主持人的主持及工作人员的指导下，活动有序展开，运用桌上提前准备好的白布及各种不同色的染料，通过自己的联想自由发挥创作，染色完成后静放半小时左右再拆开晾干便完成了作品。总的来说，本次活动是一个富有情趣、能收获快乐和成就感的体验活动。

2．教师评价

李老师：这次活动是很棒的传统文化体验活动，能够给学生一个机会深度体验扎染技术，提高了学生们的动手能力，也培养了创新思维，对中国传统文化的传承有着不可或缺的意义。

3．第三方评价

学生家长赵先生：作为家长，我很高兴能看到这样的活动。寓教于乐，让孩子可以有机会体验优秀传统文化，希望这样的活动越多越好。

【5】西南交通大学“青矜行远诵诗书”中华传统文化主题活动

一、基本信息

项目名称	西南交通大学“青矜行远诵诗书”中华传统文化主题活动		
项目类别	艺术体验与审美修养	项目内容	其他——传统文化
项目容量	600 人	开课单位	交通运输与物流学院
面向对象	全校师生	授课方式	活动

二、育人目标

（1）继承并弘扬中华传统文化，激发大学生民族责任感，启发并鼓励大学生以正确的态度继承和弘扬传统文化，努力培养自身的人文精神。

（2）作为以工科为主的高校，借弘扬传统文化的新浪潮，大力推进学校的传统之风、文化之风，提高学校的软实力。

（3）响应国家关于复兴传统文化的号召，借传统文化复兴之势，在交大校园开展相关主题活动，提升交大文化底蕴。

（4）响应习近平总书记关于继承和弘扬中华传统文化的号召：“中华传统文化博大精深，学习和掌握其中的各种思想精华，为树立正确的世界观、人生观、价值观奠定基础。”

（5）作为交大“传承创新中华优秀传统文化”主旨下创新式推出的活动，寓教于乐，将文化知识以游戏、竞赛的形式进行传播，使其趣味性与教育性共存。

三、育人措施

1．活动前期准备及活动正式举办，锻炼主办人员的策划和组织能力

活动的举办完全由院团委的同学们负责。从寒假开始构思现场游戏以及策划的撰写工作，开学后 4 月份完善游戏题库，制作活动海报、传单、系列推送等宣传资料，5 月份完成人员的分工，再到道具的制作等准备工作，充分锻炼了院团委同学的活动策划和组织能力。

2．线上活动，丰富同学们文化常识

线上活动灵活方便，拓展面广，形式多样。利用微信小程序，搭建线上答题平台，根据

每学年的活动主题，筹备不同的题型，如选择题、填空题等，采取有奖答题的方式，鼓励同学们积极参与，在答题的过程中极大地丰富同学们的文化常识。同时，还采取如征文、摄影作品投稿等形式，并邀请老师对作品进行评分，丰富线上活动。

3．线下游戏，寓教于乐

线下游戏是活动的主要部分。活动现场将提前进行现场布置工作，营造活动的氛围，并设置各具特色的游戏摊位，各个摊位设置有精心准备的活动现场游戏，将博大精深的中华传统文化融入游戏中，使同学们在参与游戏的过程中感受到传统文化的熏陶。

四、育人实效

“青衿行远诵诗书”中华传统文化主题活动主要以弘扬传统文化为主，截至 2021 年 6 月，活动已经成功举办四届（每学年举办一次），每届参与人数逐年上升。今年线下活动参与人数达 300 人次，线上活动参与人数达 200 人次。

线上线下活动均开设了第二课堂，面向全校师生。线下活动的举办不仅对同学们有很大的吸引力，连周围的居民、老师也驻足观看。参与活动的同学不仅能在活动中感受到传统文化的魅力，还能根据游戏情况领取到主办方准备的与传统文化相关的礼物。中华传统文化主题活动就像源远流长的中华传统文化一样，耐人寻味，活动现场氛围良好，不少同学反映活动后依旧记忆深刻，期待下一届活动的举办。

五、育人评价

平均评分：4.9 分

1．学生评价

李斌同学：“知之深而爱之切。”对我国悠久的文化底蕴的认识无疑是熏陶我们学生爱国主义情感的有效途径。因此从更重要的意义上而言，通过游园活动使我了解祖国灿烂悠久的文化来达到热爱祖国、树立民族自豪感的目的应该是我在该活动最重要的收获。尽管自己领悟还不够深刻，但这次游园活动是很好的一次交流机会，令我受益匪浅。

2．教师评价

李老师：通过这次游园活动，学生能感受到中华优秀传统文化是中华民族安身立命之本。中华民族在五千多年绵延不断的文化发展过程中，创造了博大精深的优秀文化。这是中国人的基因，是中国人的根和魂，生生不息地流淌在我们的血液当中。

3．第三方评价

李先生：随着社会的快速发展，在 21 世纪谈起中国传统文化似乎是一件很遥远的事情。但是中国传统文化博大精深，在新时期应该更好地弘扬。传统文化中的核心思想、基本价值原则和生活方式也是我们获取智慧与能力的重要渠道。作为社会主义建设的接班人，大学生群体更需要有好的文化的熏陶。而这次游园活动正是一次难得的机会，令我对此深刻理解，受益匪浅。

【6】西南交通大学“声音图书馆——让温暖在声音中脉动”活动

一、基本信息

项目名称	西南交通大学“声音图书馆——让温暖在声音中脉动”活动		
项目类别	艺术体验与审美修养	项目内容	专业+
课程容量	500人/期	开课单位	经济管理学院
面向对象	全校学生	授课方式	活动

二、育人目标

声音是“美育”的素质定位之一，具有一种独具魅力的力量，每个人的心中都充满了独特而纯洁的声音，聆听正能量的声音可以净浮躁之心、抛去杂念，从而获得振奋人心的力量。

“声音图书馆”系列活动聚集不限于说话、朗诵、唱歌等形式的声音，或是源远流长的诗词朗诵，或是古今美妙的器乐弹唱，抑或是激昂奋进的朗诵、今日校园趣事的侃侃分享，选拔、鼓励一批善于传播正确政治立场、思想文化信念的正能量“发声者”，营造正能量的校园氛围。通过发出这些声音，激励选手充分发挥自己的特长和优势，在竞争中培养良好的心态和竞争意识；通过聆听这些声音，激发学生对艺术、生活的热情，提高其艺术鉴赏能力，还能在声音中获得激励自己奋进的力量，从而推动校园精神文明建设。

灵感来源于生活，驻足疫情防控时代大背景，本次活动以多元的角度，讲述了疫情防控期间全国上下一心，党的正确领导和人民英雄不断涌现的感人事迹，激发学生的爱国之心，为人们传递温暖和力量，倡导同学们积极“发声”，用声音的力量鼓舞处在迷茫中的我们，激励处在顺境中的我们，不忘初心，砥砺前行。

三、育人措施

1. 做学生发现美、记录美、剪辑美的引导者

“声音图书馆”受众是全体在校本科和研究生，用独特形式引导学生在生活中发现美、记录美、剪辑美，用听觉充分激发学生对身边美与艺术的向往和欣赏。与此同时，培养学生使用工具美化音频视频的基本能力。

2. 健全遴选机制，客观严格

“声音图书馆”按照初赛、决赛甄选程序发掘优秀作品，初赛部门专人负责筛选、过滤，初步提升整体作品质量，决赛采用“评委+热度”的客观评选方式，评委由专业评审加大众评委组成，热度由选手各自的推文浏览量、点赞量、评论量组成。评审人员均具有较高的美育素养，认真严谨对待工作。

3. 建立完善工作机制，保障工作有序进行

多渠道宣传推广机制。前期依托各类媒体渠道对“声音图书馆”系列活动进行宣传报道，充分扩大宣传力度和学生知晓面。后期采用选手推文的形式，通过选手的转发扩大宣传力度。

赛后馆藏收录机制。创立“声音图书馆”系列馆藏公众号专题，收录优秀的声音，通过

媒体以推文的形式发布作品，扩大声音艺术的影响力。

四、育人实效

1. 赋声音以生命，用声音传递力量

“声音图书馆”以“让温暖在声音中脉动”为主题，充分体现后疫情时代一切不平凡现象的背后，都涌动着振奋人心的力量。本次活动共分为四个阶段，即活动宣传及前期准备、初赛阶段、决赛阶段、赛后完善阶段，共计 497 人参与选课，提交作品 412 份，在活动中同学们通过声音的分享，进行着心灵间的交互。在疫情防控期间，让同学们感受到声音传递而来的力量与温暖，将内心的希望点燃。

2. 锻炼展示表达能力，发现美、欣赏美、创造美

“声音图书馆”收录来自同学们的录音，有流传千古的诗韵文化，有治愈心灵的器曲音乐，还有激昂奋进的党史故事、鼓舞人心的红色歌曲，同学们通过说话、唱歌、朗诵等多样化形式录音剪辑成音频或视频，锻炼同学们的展示表达能力，实现自我能力的提升，丰富校园生活，同时在发声与聆听的双向过程中，让同学们发现美、欣赏美、学会去创造美，激发同学们对艺术的向往和对生活的热情。

3. 采用创新赛制，作品风格多样

“声音图书馆”采用“评委+热度”的评分机制，根据评委分数 50%+热度分数 50% 得分进行排名（个人推送热度分数=推送留言量 ÷ 最高留言量 × 50%+推送点赞量 ÷ 最高点赞量 × 30%+推送浏览量 ÷ 最高浏览量 × 20%）。这种评分制度打破了原有方式的局限性，专业评委从专业角度打分并给予评价，大众评委从大众审美的角度打分，更体现赛制的公平性。

参赛作品类型也趋于多样化，不限于说话、朗诵、唱歌等形式的声音，或是源远流长的诗词朗诵，或是古今美妙的器乐弹唱，抑或是激昂奋进的朗诵、今日校园趣事的分享。这一现象也体现出选手们在参加比赛时能够积极发挥创新思维，不局限于传统形式，选手们的创新能力有所提升。

4. 设馆藏收录制度，记录属于青春的声音记忆

将参赛作品中优秀以及特别的声音通过推送的方式收入馆藏，不仅切合声音图书馆的活动主旨，也给为进决赛的选手展现的机会，同时增加了活动的丰富度。本次共推出七期声音图书馆馆藏展示，展出的作品共计 35 个，记录属于交大人青春的声音记忆。

五、育人评价

平均评分：4.9 分

1. 学生评价

李同学：我觉得这次活动很有意义！因为我是一个对声音有特殊情结的人，我相信声音能够创造出不一样的感动和奇迹。这次活动让我看到了原来还有那么多人和我一样相信声音的力量。感谢这次声音图书馆活动的举办，能够让更多的人听到我的声音，听到我的朗诵，

让我有一种被肯定的感觉，喜悦之情不言而喻。

刘同学：参与声音图书馆的活动，让我知道这个世界上还有很多人和我一样热爱用声音去表达，这让我自己更加坚信好听的、有意义的声音可以治愈一切。这次活动的最大意义就在于，让参赛者们知道，声音作为一种信息表达的媒介，它表现的方式不同，起到的效果也是不同的。这次比赛通过搜集各种不同的声音，把好听的声音传递出去，让更多的人感受到声音的力量。

2．教师评价

张老师："声音图书馆"系列活动很好地把思想政治教育与声音艺术结合起来，形式新颖不枯燥，能够有效地选拔、鼓励一批善于传播正确政治立场、思想文化信念的正能量"发声者"，同时也能使学生在聆听中受到思政教育，提升艺术欣赏等各方面的能力，树立起正确的人生观、价值观，给予他们力量，值得推广。

3．第三方评价

学生家长李女士：这个活动形式很新颖，让孩子在参与过程中选题开始时就能够自主思考，制作时又锻炼了自己的技术能力，在竞争中能培养自己的竞争意识和心态。同时因为声音是孩子们的内心表达，我们可以通过这些作品了解孩子们的内心世界，知道孩子们在关注什么、喜欢什么，以及他们想要表达什么，拉近了孩子们与家长的心理距离。很多孩子的声音作品，也让我们自己从中获得了力量和温暖。

【7】不一样的心理课
——西南交通大学"话响交大"主题演讲比赛

一、基本信息

项目名称	不一样的心理课——西南交通大学"话响交大"主题演讲比赛		
项目类别	艺术体验与审美修养	项目内容	思政+
项目容量	300人/期	开课单位	心理咨询与研究中心
面向对象	全校学生	授课方式	竞赛

二、育人目标

习近平强调，我们的高校是党领导下的高校，是中国特色社会主义高校。办好我们的高校，必须坚持以马克思主义为指导，全面贯彻党的教育方针。要坚持不懈培育和弘扬社会主义核心价值观，引导广大师生做社会主义核心价值观的坚定信仰者、积极传播者、模范践行者。要坚持不懈促进高校和谐稳定，培育理性平和的健康心态，加强人文关怀和心理疏导，把高校建设成为安定团结的模范之地。"话响交大"主题演讲比赛依托心理咨询与研究中心，在"3·25"大学生心理文化节期间，以演讲为载体，以培养学生的心理素质为核心，围绕学生、关照学生、服务学生，不断提高学生思想水平、政治觉悟、道德品质、文化素养，让学生成为德才兼备、全面发展的人才。

三、育人措施

1. 继续扩大受众范围，持续推进演讲育人

"话响交大"主题演讲比赛是由校团委、心理研究与咨询中心和社团联合会为主办方，演讲与口才协会为承办方，以"善爱青春之我，做新时代的奋斗者"为主题的系列演讲比赛。活动分为初赛、复赛和决赛，通过演讲的形式，设置擂台赛、团队赛等一系列新颖的赛制和有趣的比赛方式，旨在给大家提供充分展示自我的宽广平台，提高大家的口才与演讲水平，鼓励大家走上舞台，积极发扬西南交通大学"竢实扬华，自强不息"之精神，展现新时代大学生的精神风貌。

2. 健全比赛机制，公开公平公正

"话响交大"主题演讲比赛，旨在为在校学生中有志于演讲的同学提供平台，选手应当具有坚定的政治立场、较高的演讲技巧、热爱演讲、熟悉时代语境，能够积极地在舞台上展现当代青年的风采。比赛严格遵循初赛——复赛——决赛的比赛流程，本着公开公平公正的原则，决出最终胜者，并予以奖励和校级证书。

3. 建立完善工作机制，保障工作有序进行

建立安全监管机制。针对当下疫情形势，根据比赛需要，在比赛前充分准备防疫物资，观众入场时检查体温，发现异常情况立即上报，定期对协会工作人员进行安全培训。

建立宣传推广机制。依托各类新闻媒体对比赛的工作情况、明星选手、先进个人进行宣传报道，吸引观众，扩大受众面。同时比赛期间利用直播软件进行同步直播，扩大影响，给未能来到现场的同学们提供观赛的机会。

建立激励考核机制。做好宣讲效果评估工作，从宣讲时间、宣讲效果、组织贡献等多方面对工作人员进行考核，对于优秀先进个人给予实物奖励和名誉表彰。

四、育人实效

1. 比赛形式新颖，深化建设青年心理

"话响交大"主题演讲比赛，依托心理咨询与研究中心"3·25"大学生心理文化节，重点围绕学习贯彻新时代青年奋斗精神，以青年发展和心理建设为主要目的，着力将比赛打造成交大心理文化建设的主要窗口。截至 2021 年 4 月，"话响交大"主题演讲比赛已经举办了十届，充分发挥自身育人特长，持续深入青年师生，覆盖青年学生超过 30 000 人次。

2. 加强青年理想信念教育，引导学生建立积极向上的价值观

"话响交大"主题演讲比赛参赛选手们为我们的青年学子，他们是当代大学生群体的代表，通过他们的激情演讲，以他们盎然向上的奋斗热情激发出同学们的向上动力，同学们自然会参与到比赛当中来。语言的交锋实际上是思想的碰撞，抽象枯燥的青年心理教育变得生动活泼起来，让青春的奋斗真正扎根于学生心中。

3．策划线上比赛，凝聚抗疫力量

2020年疫情防控形势依然严峻，在“话响交大”主题演讲比赛中，心理咨询与研究中心团委和演讲与口才协会研究决定将比赛搬到云端，是学校在疫情防控期间第一个举办的大型线上活动，吸引了国内多家媒体的报道，冲上微博热搜，以演讲的形式凝聚力量，积极应对新冠肺炎疫情，为在家学习的同学们提供了心理疏导。

五、育人评价

平均评分：4.8分

1．选手评价

赵同学：一代人有一代人的使命，一代人有一代人的担当。国家的希望在青年，民族的未来在青年。党的青年工作的重要任务是引导青年健康成长，培育出能够担当起民族复兴大任的时代新人。中国青年应具备树立远大理想、担当时代责任、勇于砥砺奋斗、练就过硬本领、锤炼品德修为。青年的理想信念和国家紧密相连，也关乎着未来青年的成长。青年应树立大局意识，为祖国需要和人民利益而奋斗拼搏，才能有更为广阔的人生舞台。

黄同学：担当时代责任是青春中最靓丽的颜色，青春时代要有奋斗和担当。在历史中，一代代的中国青年前仆后继，做时代的开拓者、奋进者，才造就了今天美好的中国。随着时代发展，技术、知识也在不断更新，这对青年提出了更高的要求。中国青年必须努力学习，提高自身综合素质，不断完善自我。

吴同学：青年应练就过硬本领、锤炼品德修为，树立正确的人生观、价值观，扣好人生中的第一粒扣子，只有把正确的道德认知、自觉的道德养成结合起来，修身立德，才能将社会主义的核心价值观内化为自觉精神追求，为完成民族大业奠定基础。

2．教师评价

冯老师：要教育引导学生正确认识世界和中国发展大势，从我们党探索中国特色社会主义历史发展和伟大实践中，认识和把握人类社会发展的历史必然性，认识和把握中国特色社会主义的历史必然性，不断树立为共产主义远大理想、中国特色社会主义共同理想而奋斗的信念和信心；正确认识中国特色和国际比较，全面客观认识当代中国、看待外部世界；正确认识时代责任和历史使命，用中国梦激扬青春梦，为学生点亮理想的灯、照亮前行的路，激励学生自觉把个人的理想追求融入国家和民族的事业中，勇做走在时代前列的奋进者、开拓者；正确认识远大抱负和脚踏实地，珍惜韶华、脚踏实地，把远大抱负落实到实际行动中，让勤奋学习成为青春飞扬的动力，让增长本领成为青春搏击的能量。本门课程通过演讲的宣传作用，以更加活泼的形式进行思政教育和大学生心理建设，值得推广。

3．第三方评价

观众罗同学：通过本次活动，选手们以激情的演讲告诉我，要有坚定的理想信念 ，有高强的本领才干，有为国为民的担当精神，要做具有高度的责任感、强烈的使命感和敢于负责的担当意识的，具有坚定理想信念和脚踏实地行动的有机统一者，立足于中国，又面向世界。

【8】“丹青吐彩·翰墨飘香”成都高校优秀传统书画作品巡展

一、基本信息

项目名称	“丹青吐彩·翰墨飘香”成都高校优秀传统书画作品巡展		
项目类别	艺术体验与审美修养	项目内容	思政+
项目容量	400 人/期	开课单位	图书馆
面向对象	全校学生	授课方式	活动

二、育人目标

选取优秀的书法和绘画作品，在学校学生流动较大的区域进行展示和讲解，如图书馆展厅。通过这种活动方式，首先，让同学们了解朋辈学生中的优秀书画创作者昂扬的精神面貌和深厚的文化底蕴，以此形成同龄时代青年在传承中华优秀传统文化过程中的交流与鼓舞，激发同学们学习和传承中华优秀传统文化的热情与信念，使同学们能够在日常生活中自觉养成学习、继承和发扬中华优秀传统文化的习惯与美德。其次，让同学们了解书画艺术的历史发展、创作技巧、作品内涵等，从具体的书画作品中了解抽象的美的内涵，获得精神和心灵的双重滋养，使其文化修养得到提升、文化底蕴得到积累、文化情操得到陶冶，自觉寻求了解与继承中华优秀传统文化的机会，激发创作热情与灵感。最后，拓展书画艺术的受众范围，带动更多的学生积极参与到创作书画作品的活动中来，丰富同学们的课余文化生活，在活动的参与中增强同学们对书画艺术、中华优秀传统文化的理解与认同，进而开阔视野，增强对各类优秀文化的包容与理解，最终在校园中形成丰富多彩的校园文化和活泼浓郁的文化氛围，实现以文化人、以文育人，为培养德智体美劳全面发展的大学生托举助力。

三、育人措施

书法征集巡展：通过线下及线上宣传的方式，向全校师生征集优秀作品，并请专业指导老师评选入展作品。展示四十余幅书画作品，线下召开开幕式，安排同学进行现场书法讲解，邀请全校师生参与参观，并开设第二课堂。拟初步评定征集优秀获奖作品（如下）。书法类：一等奖 2 名，二等奖 6 名，三等奖 10 名左右，优秀奖若干名；国画类：一等奖 2 名，二等奖 4 名，三等奖 8 名左右，优秀奖若干名。

线上宣传（传统文化普及）：以微信推送等新媒体形式，在展期内定时推送作品的相关介绍，进行传统书画知识、文化的普及。

现场电子屏插放书画创作视频：全方位立体展现中华优秀书画文化的魅力，并邀请各学院志愿者或学生党支部组团参观，进一步扩大书画的传播力和影响力。

四、育人实效

活动顺利展开，展览如期进行，顺利收官后进行后续场地还原以及作品整理，完成项目成果展示册。展览开幕式超过 100 人参加，后续参观人数超过 500 人。本次展览积极弘扬中华美育精神，让同学们懂得以更为包容的心态欣赏各类文化，并且将优秀的传统艺术以具体的形式呈现给广大同学，为各位同学带来更为真切的体会，从而达到以文化人、以美育人的效果，增强同学们的文化自信和民族自豪感，进一步提升大学生人文艺术修养与审美。

五、育人评价

平均评分：4.9 分

1. 学生评价

张同学：2021 年是党的 100 周年生日，中国共产党仍将带领中国人民在百年未有之大变局中前行。庆祝中国共产党成立 100 周年，引导大学生更好地继承和发扬爱国主义精神，继承和弘扬先辈建树的优良传统，我们开展了本次书画展览。通过此次画展，我更好地理解了一些与党相关的知识，也希望将来能为国家发展贡献一份绵薄之力。

李同学：本次书画展览可以提高大学生人文素养和综合素质，拓宽知识领域，增加知识广度，提高审美水平。看了这些同学创作的优秀作品后，才知道我们学校也是卧虎藏龙。此外，观展后我对中国传统文化有了更加深刻的认识，不仅更加欣赏中国传统文化，而且深知保护我国文化是青年人义不容辞的责任。

王同学：本次书画展览让更多同学有机会近距离接触书画，并且还了解了学校有专门的书画组织，就像是伴随这里书画得以保护而日益成长，是一种不错的体验。随着科技的发展，人们越来越多地使用电子产品打字，很少会亲笔写字，本次书画展览激发了同学们的主动性和创造性，让更多同学积极参与进来，参与到书法绘画的过程中。

2. 教师评价

刘老师：我们希望以更加丰富的形式培养更加多元的人才。而书画作为中华民族传统文化，底蕴深厚。将书画与思政教育相结合是一种比较理想的模式，同学们在接受文化熏陶的同时也会增强文化自信，而通过同学们喜闻乐见的方式进行思政教育，同学们也会更加容易接受，在一定程度上增加了活跃性。这种方式值得推广。

3. 第三方评价

学生家长王先生：学校的展览还是做得很不错的。平时这些青年人比较忙，可能没有太多心思专门去看一些展览，学校做一些展览的话就会方便很多。据了解，很多作品都是学生们围绕主题自己创作的。首先，这些主题对青年人的思想有一定的引导作用，因为现在的年轻人可能都没经历过老一辈的艰辛，对很多东西的理解可能没那么充分，所以一些思想上的教导还是有必要的。其次，同学们自己创作也能丰富课外生活，而且类似这种放松方式比较有深度。

【9】“蜀韵”西南交大大学生书画大赛

一、基本信息

项目名称	“蜀韵”西南交大大学生书画大赛		
项目类别	艺术体验与审美修养	项目内容	思政+
项目容量	500 人/期	开课单位	图书馆
面向对象	全校学生	授课方式	竞赛

二、育人目标

（1）丰富校园文化生活，营造浓厚的校园文化氛围，展现中国文化的博大精深，弘扬传统文化风韵。

（2）通过现场书画活动，让大学生领略汉字文化和书法艺术崇高、深广的哲思情理，同时激发其民族自豪感和培养其爱国主义思想情感，塑造完美人格。

（3）增强大学生对美的感受力、感悟力、分辨力以及创造力，提高对书法的艺术美、精神美的鉴赏能力。

（4）激发大学生对书画传统艺术的兴趣，丰富学生课余生活，提高我校学生的艺术修养、审美情趣。为书画爱好者提供展现自我价值的平台，促进书画爱好者之间的交流，培养学生各方面的素质，为学生活动增添生气。真正发挥书画协会在传承和弘扬优秀传统文化技艺方面的优势。

（5）增进相关合作协会之间的友好交流，扩大书画协会在相关事项的影响力，有利于社团的共同进步。

三、育人措施

（1）收集创作题材和书画作品，向全校全体师生发出宣传，由西南交通大学书画协会创作部主要负责，全体成员共同参与，通过线上线下实时宣传（线上的宣传主要包括各大社交平台上的推送文章，线下包括发传单宣传）。

（2）宣传物品的制作设置两大板块，分别放在南区的二食堂和北区的四食堂门口，并制作若干张鲜明主题的海报，在醒目处张贴宣传该活动。

（3）活动记录：由西南交通大学书画协会宣传部和新媒体部门进行一系列的摄影、拍照、推送记录。

（4）现场报名：在展板前接受广大同学们的现场报名，并留下个人基本信息。

（5）书画作品的准备：本次活动作品的主要来源除了全校师生收集到的优秀书画作品之外，大部分由退任的协会优秀成员的作品、现任的协会优秀成员的作品组成。

四、育人实效

（1）此次活动给全校书画爱好者提供了一个展示自己的机会，让书画爱好者能够通过此活动切磋交流、互相欣赏，从而进一步提升自己的书画技艺。参赛人数达 200 人，后期展览参观人数约 1 000 人。

（2）观赛者能够通过观看书画的创作过程，进一步了解书法与绘画这两门艺术，并真正地欣赏与热爱它。

（3）此次活动在全校范围内宣扬书画艺术，让更多的师生了解中华优秀传统文化，从而自觉主动地继承和弘扬中华优秀传统文化。

（4）此次活动丰富了同学们的校园生活，同时加强美育，促进同学们德智体美劳全面发展。

五、育人评价

平均评分：4.9 分

1．学生评价

张同学：我有幸参与到此次现场书画大赛的组织工作中。从前期准备、比赛期间的作品登记、赛场布置安排到赛后的作品评选一系列工作中，我深刻感受到，学校和社联对同学们动笔能力的重视与培养，以及对书法和国画为代表的传统艺术的发扬与宣传。比赛期间，从上到下全体工作人员紧密配合，互相支持，百余名参赛者得以有序顺利完成比赛。这是一届圆满成功的现场书画大赛。

李同学：现场书画大赛作为书画协会举办的一次公开书画比赛，为我们提供了一个展示自己的优秀平台。作为一名软笔书法的兴趣爱好者，此次比赛我积极报名参与其中，希望可以通过这次机会结识更多的书画爱好者，并同他们切磋技艺。我十分享受比赛过程，比赛期间，虽然参赛者众多但赛场秩序井然，工作人员也为我们免费提供了高品质的笔墨纸砚等书画用具。虽然我并未获奖，但我依旧希望能够有机会再次参加这类活动。

王同学：虽然自己并不会书法，但我十分羡慕那些擅长书法绘画的同学。这次举办的现场书画大赛让我有机会能够亲自近距离观摩选手们的创作。通过这次比赛，我除了惊讶于选手们高超的书画技艺外，发现自己提笔忘字的情况严重。通过参观此次比赛，我下定决心向选手们看齐，努力练字，争取下次比赛我也能够上场。

2．教师评价

李老师：本次书画大赛中同学们的积极性很高，我看到了很多优秀的书画作品，也感受到同学们对书画的热爱。举办书画大赛，对陶冶大学生艺术情操、培养大学生美学修养具有重要意义。书画作为中国优秀传统文化的一部分，应该被更多人所认可和欣赏，希望同学们能够利用己之所长，弘扬书画文化，坚定文化自信，为中国特色社会主义文化事业添砖加瓦！

3．第三方评价

学生家长张先生：这次书画大赛的举办十分有价值而且有必要，书画作为传统文化的精髓，对人的心性和修养的提升具有重要作用。对大学生来说，它不仅丰富了校园文化生活，而且为广大的书画爱好者提供了一个交流的平台，可以让彼此的技艺更加精进。学校举办这样的活动，有利于学生个人的全面发展和浓厚学风的形成，值得提倡！

【10】坚定理想信念，传承红色基因
——西南交通大学优秀建筑工程主体摄影比赛

一、基本信息

项目名称	坚定理想信念，传承红色基因——西南交通大学优秀建筑工程主体摄影比赛		
项目类别	艺术体验与审美修养	项目内容	交通+
项目容量	500人/期	开课单位	土木工程学院
面向对象	全校学生	授课方式	竞赛

二、育人目标

根据《关于全面加强和改进新时代学校美育工作的意见》《高校思政工作质量提升工程实

施纲要》相关工作要求和习近平总书记在全国高校思想政治教育工作会议上的讲话精神，为营造文化育人的良好氛围，坚持以文化人、以文育人，培育有人文情怀、审美素养、艺术体验的交大学子，展现我校师生的青春风采和精神面貌，发扬交大人不屈奋斗的精神，涵养文化情感，潜移默化地加强爱国主义教育，不断宣传弘扬工匠精神，助力学生丰富想象力和创新意识的培养，提升审美素养、陶冶情操、温润心灵、激发创新创造活力。同时展示参赛者的摄影技术、观察和审美能力，为培养德智体美劳全面发展的社会主义建设者和接班人奠定坚实基础。

三、育人措施

1. 坚定理想信念，传承红色基因

优秀建筑工程主体摄影比赛以国内优秀的建筑工程为拍摄主体，鼓励学生走向工程实际，走到实践中，走进工程里，实地体会感悟中国工程的浩瀚磅礴，通过实地感悟、构图拍摄做好学生爱国主义教育，不断坚定学生的理想信念。

2. 加强文化辐射，提升审美素养

优秀建筑工程主体摄影比赛通过竞赛的形式，要求学生拍摄相关土木工程，同时进行竞赛评比，从光影、构图、色彩等多种角度，考查和提升学生审美素养，不断激发学生创新创造能力，提高学生的摄影技术。

3. 注重文化熏陶，夯实人文精神

优秀建筑工程主体摄影比赛在评比结束后开展摄影作品展览，进一步宣传中国工程和工程背后默默付出的人，大力弘扬工匠精神，通过作品展览的形式，将以文化人、以文育人的影响力从参赛学生中辐射到全校师生，进一步提高学生对工匠精神和人文情怀的感召力。

四、育人实效

1. 打造特色鲜明品牌活动，加强文化育人影响广度

优秀建筑工程主体摄影比赛的宣传力度逐年增加，文化底蕴不断积淀，活动细节进一步优化，逐渐形成了一整套严谨的活动举办体系，打造了特色鲜明的品牌活动。截至 2020 年，摄影比赛已开展四期，每期参与人数均达 500 人。

2. 做好青年理想信念教育，注重工匠精神文化引领

优秀建筑工程主体摄影比赛从工程类、人文类两大类别，记录展示优秀的土木工程，以及在这些伟大工程背后默默付出的一代又一代土木人，让土木精神得以不断传承和发扬，让后人能够铭记，使晚辈永存热忱。

3. 助力体悟工程文化内涵，培养全面发展时代新人

优秀建筑工程主体摄影比赛通过评比、展览，用直观的视觉体验帮助学生讲好中国工程的内在故事，启发学生思考中国工程的文化内涵，帮助学生陶冶情操，从工程中发现美、感悟美，坚持把中国特色社会主义文化作为文化育人的底色，助力构建“是非明、方向清、路子正”的文化育人内容体系，培养学生德智体美劳全面发展。

五、育人评价

平均评分：4.9 分

1. 学生评价

张同学：我们见证了无数个优秀青年为祖国所做出的贡献。身为大学生的我们，新一代的有力的青年，在现在的道路上，一定要做到崇尚科学、追求科学，这正是我们这个国家、我们这个社会所需要的，也是我们自我实现道路上必经的道路。将追求科学作为自我追求，这样才能让我们在求学道路上有动力，有目标，不会迷惘。

2. 教师评价

李老师：结束该次活动后，我有深刻的体会，青年学生身处时代的风口，我们不求他们如此伟大，但求有益社会与民众。“今日之责任，不在他人，而全在我少年。少年智则国智，少年富则国富；少年强则国强，少年独立则国独立；少年自由则国自由，少年进步则国进步……”通过此次锻炼，相信能增强同学们的爱国信念。

3. 第三方评价

校友王先生：作为新时代青年的我们正处于一个伟大的时代，我们有很多压力也有很多机遇，我们才是实现中华民族伟大复兴的中国梦的主力军。就像活动内涵所展示的那样，青年正处于人生的积累阶段，需要像海绵吸水一样汲取知识。我们应该担起历史的责任，好好规划自己的成长途径，树立正确的青年观，为国家复兴、社会发展添砖加瓦。

【11】“凝心聚力”——西南交通大学社会主义先进文化体验系列活动

一、基本信息

项目名称	“凝心聚力”——西南交通大学社会主义先进文化体验系列活动		
项目类别	艺术体验与审美修养	项目内容	思政+
项目容量	300 人/期	开课单位	党委学生工作部
面向对象	全校学生	授课方式	活动

二、育人目标

贯彻落实习近平总书记在全国高校思想政治工作会议上的讲话精神和党的十九大精神，加强高校思想政治工作，坚守高校在意识形态领域的指导地位，通过开展形式多样、健康向上、格调高雅的校园文化活动，以文化人，以文育人。以文化滋养学生心灵，以文化涵育学生德行，以文化引领校园风尚。提升校园文明程度，创造良好育人环境，指导和推动校园文化建设。

三、育人措施

1. 精心构建活动平台，拓宽文化自信实践渠道

以党委学生工作部推出的“大学生文化艺术节”为平台，依托学院，以学生为主体，面

向成都、峨眉两地三校区，通过举办高品质的社会主义先进文化类系列美育活动，致力于在学校弘扬中华美育精神，引导学生树立文化自信，激发学生文化自觉和主动担当意识。

2．完善活动实施机制，合理统筹资源

党委学生工作部在学生工作中坚持探索美育与思政相融合的育人模式，以社会主义核心价值观为引领，把握正确的育人导向，面向全校征集精品项目，以学院为单位层层选拔优质项目，整合校内外优质活动资源，面向成都、峨眉两地三校区师生，开展“展览、讲座、主题活动”等丰富多彩的高品质的社会主义先进文化类系列体验与探究活动项目，在校园积极传播社会主义先进文化。从遴选到立项申报等环节，对项目的形式、内容和方案进行全程把关指导，对项目开展进行精心设计布局，在时间上贯穿全年，在空间上融入校园基层，坚持面向校园开展高品质的社会主义先进文化类系列学生活动，坚持将活动做扎实，出精品，出成效，寓教于乐，深入人心，从项目指导、经费、场地等方面予以大力支持与有效保障。

3．加强校园宣传推广，提升活动可持续影响力

合理规划已立项的活动项目，根据活动形式类别确定篇章、主题和版块，在活动前期在校网主页和微信公众号平台进行统一预告宣传推广，制作活动指南，让师生事先了解本学年即将开展的活动相关信息，如时间、地点、形式、内容等，积极培育精品活动项目，力求开展的活动出亮点，出创新，出成效。

四、育人实效

1．以社会主义核心价值观引领校园：精神文化建设

“凝心聚力”社会主义先进文化体验系列活动是西南交通大学“大学生文化艺术节”系列项目的重要组成部分。它依托学院和各类大学生社团，以师生文化活动为载体，开展丰富多彩、健康向上、格调高雅的社会主义先进文化活动，践行社会主义核心价值观，形式内容灵活多样，如讲座、展览、音乐会等，力求通过推广高品质的社会主义先进文化校园活动，提升师生精神文明素养，落实“立德树人”根本任务，增强师生爱党、爱国和爱校情怀。自2014年第一届大学生文化艺术节以来，“凝心聚力”社会主义先进文化体验系列活动持续深入校园，开展活动30余个，累计覆盖师生超过10 000人次。

2．为推动校园文化建设提供价值遵循和内涵支撑

社会主义先进文化的核心引领就是社会主义核心价值观，项目的开展实施坚持以社会主义核心价值观引领大学校园文化建设，以文化人、以文育人，把价值观自信作为引领我校师生树立文化自信的根本，倡议引导广大师生树立良好的道德情操和正确的价值观念。例如“中国梦，劳动美”劳动文化节、“镜头下的红色印记”主题摄影大赛、艺术中的数学、“音海徜徉，青春畅想”校园音乐会、“经典永流传”主题电影展播等，通过影像、音乐、文创作品等，深入挖掘“中国精神”的深刻内涵和学校的深厚文化底蕴，引发师生的心灵共鸣。

五、育人评价

平均评分：4.9分

1．学生评价

何同学：大学生的学习和生活大部分是在学校度过的，校园文化具有强大的育人作用。社会主义先进文化与德育思政紧密相连，在校园弘扬社会主义先进文化，也是践行社会主义核心价值观，这对于加强师德师风，潜移默化地引导学生树立正确的人生观、价值观和世界观，有着深远的影响。

2．教师评价

高老师：高校加强建设社会主义先进文化，是践行社会主义核心价值观的重要途径，广大学生是受众的主体，将社会主义先进文化教育融入各种学生实践活动中，让理想和信念教育鲜活生动起来，也是对高校思想政治教育工作的一种发展和创新。

3．第三方评价

学生家长刘女士：社会主义先进文化教育，其本质就是德育，既蕴含个人的德，也蕴含国家的德、社会的德等。当今面临世界多极化、经济全球化、文化多元化等发展趋势，大学生的价值观念呈现出多样化的特点，学校时刻关心着学生的身心成长，始终把握着正确的育人导向，学生在专业学习之余，通过参加各种学生活动实践、第二课堂等方式，增长了见识，提升了格局和境界。大学生处于三观正在形成却不稳定坚固的时期，社会主义先进文化的教育就像及时雨，为学生指点迷津，是大学生健康成长的需求。

【12】"扬文欣艺"——西南交通大学原创校园文化艺术作品创作讲座沙龙

一、基本信息

项目名称	"扬文欣艺"——西南交通大学原创校园文化艺术作品创作讲座沙龙		
项目类别	艺术体验与审美修养	项目内容	思政+
项目容量	300 人/期	开课单位	党委学生工作部
面向对象	全校学生	授课方式	讲座

二、育人目标

以"扬文欣艺"——大学生文化艺术审美与创新训练计划（SCTP）项目为平台，切实贯彻习近平新时代中国特色社会主义思想和教育部《关于切实加强新时代高等学校美育工作的意见》文件精神，充分发挥校园文化艺术创作在弘扬中华美育精神和践行社会主义核心价值观等方面的育人功能，繁荣校园文化艺术创作、滋养师生心灵、涵育师生品行、引领社会风尚。通过"校园原创文化艺术"和"中华优秀传统文化传承与创新"两个类别的研究创作与研讨交流，引导我校学生主动寻找中华优秀传统文化基因，持续推动校园原创文化艺术的创新性发展，积极推动校园原创文化艺术创作，发掘并涌现出思想精深、艺术精湛、制作精良相统一，有推广价值的原创校园文化精品力作，增强了我校师生爱党爱国爱校情怀和文化认同感。

三、育人措施

1．精心构建研究平台，提升校园文化建设内涵

以党委学生工作部推出的“扬文欣艺”—— 大学生文化艺术审美与创新训练计划（SCTP）项目为平台，依托学院，以学生为主体，面向成都、峨眉两地三校区，通过研究项目的实施与推广，致力于在学校弘扬中华美育精神，繁荣校园文化艺术创作，引导学生树立文化自信，激发学生的文化自觉和主动担当意识。

2．完善项目研究的推动机制和保障机制

探索美育与思政相融合的育人模式，以社会主义核心价值观为引领，把握正确的育人导向，党委学生工作部面向全校征集精品项目，以学院为单位层层选拔优质项目，整合校内外优质活动资源，面向成都、峨眉两地三校区师生，开展“扬文欣艺”— 大学生文化艺术审美与创新训练计划（SCTP）项目。在项目开展的征集、遴选、立项、经费等工作环节，在项目的研究意义、主题形式和研究成果等方面予以细心指导审核，力求项目以质量为本，做扎实，出精品，出成效，让项目成果对社会现实具有积极的指导意义，提升团队师生的合作能力、研究能力和创新能力。在往期 SCTP 项目工作开展的基础上不断改进，对项目研究的范围进行进一步细化，对指导老师、项目参与学生、项目答辩与结题等方面提出了更加规范的要求。

3．加强校园宣传推广，提升项目品牌效应

SCTP 项目开展前期，均在校网主页和微信公众号平台进行统一预告宣传，在工科背景的校园融入更多的人文气息，鼓励学生积极参与，既要重视专业素养，也要重视人文素养，更要将“文化艺术的传承创新”的责任使命内化于心，力求每一个项目研究稳步扎实，出创新，出成效，具有积极深远的指导意义和推广价值。对于优秀的项目研究成果进行统一宣传推广，项目结题后，获得优秀结项成果的项目团队将以沙龙的形式，与我校师生分享创作初心和研究经验。

四、育人实效

1．探究中华优秀传统文化基因

SCTP 项目已经连续开展三届，自项目开展以来，依托学院，扎根校园，积极调动师生参与文化艺术类研究项目的积极性，参与项目研究的师生既有工科也有文科，动力源于他们对中国文化以及艺术的热爱以及心中的一份责任。

项目的开展有效地引导学生主动寻找中华优秀传统文化基因，他们走进家乡、深入藏区，寻找和挖掘具有地域、历史特色的中华优秀传统文化，研究领域涉及建筑、节气文化、非遗文化、古诗词研究、竹麻号子、瓷器、宗教壁画等，持续推动校园原创文化艺术创新发展，为具有创作才华的师生搭建施展舞台，创作领域涉及音乐、舞蹈、文创产品、书画创作、微电影、广播剧等，作品在“思想、艺术和制作”上体现出鲜明的时代性和特色，繁荣了校园文化艺术创作，提升了学生对文化艺术的感知能力、实践能力和创新能力，推动了校园文化建设，产生了原创歌曲《一抹交大蓝》、原创校园民谣《遇见犀安路》《峨眉山月歌》组曲、全面建成小康社会广播剧，创作了以交大元素为素材的系列书画作品、“红小土”系列文创产

品以及“马克杯、鼠标垫、手机壳、环保袋”等系列原创文创产品。

2．繁荣校园文化艺术创作

在中华优秀传统文化传承与创新方面，项目团队的学生们走访交大校史专家，依托当代 4K 技术承担起交大历史影像的修复工作，走访传统面人技艺传承者，创作了以我校杰出校友茅以升为原型的面人造型，微电影“平凡中的不平凡”记录着抗疫中的交大人的身影。第 2 期 SCTP 项目成果之一：由我校学生原创的校园歌曲“一抹交大蓝”，唱响在 2017 级毕业生典礼上。该歌曲以深情的旋律、温暖质朴的歌词，表达了对交大的情怀、对学业的勤奋、对理想的追求，令师生为之动容，引起了极大的情感共鸣。项目实施以来，已有 32 个研究项目结项，覆盖人数超过 1 万人次，每个项目研究的背后，是师生对交大的爱、对国家的爱，是对中华优秀文化的自信和认同，更是发扬和传承中华优秀传统文化的信心和责任。

五、育人评价

平均评分：4.9 分

1．学生评价

杨同学：我对中国传统文化非常喜爱，中国传统的建筑、文学诗词、风土人情深深地吸引着我，仿佛为我打开了胸怀，也为我打开了认知世界的另一扇窗，让我想要去寻找其中的源泉与方向。学校的 SCTP 项目，让我们有机会去了解和探究我的家乡潍坊风筝背后的文化内涵，研究传统风筝工艺的传承与创新发展之道，既可以助推中华优秀传统文化及工艺进校园，也可以提高大学生文化艺术审美与创新发展能力。

熊同学：我们几个来自工科的学生，出于对传统文化和音乐的热爱，依托 SCTP 项目平台，我们几个志同道合的同学走到了一起，共同完成歌曲创作，做自己喜爱的事情。通过歌曲创作，向大众宣传成都优秀的传统文化，提高科学文化修养和思想道德修养，让在校大学生领略传统文化之美，创新音乐教育和传统文化教育的形式。让越来越多的人喜欢上国风歌曲以及相关传统文化艺术，让同学们更加尊重热爱传统文化，增强民族自信心，树立正确的民族文化观，为传统文化的复兴与传播做出贡献。同时鼓励现代青年创作属于自己的原创歌曲，更好地宣传我们的国风，增加文化自觉和文化自信。

2．教师评价

张老师：在加强和改进高校美育工作的今天，推动中华优秀传统文化进高校已成为社会共识，如何引进，又如何推广，才能将优秀传统文化嵌入学生的脑子里，真正意义地感受到中华优秀传统文化的博大精深，需要作为教育工作者的我们不断开拓和创新工作思路与模式。

张老师：学校有很多多才多艺的学生，平时忙于专业课程学习，面临就业考研等压力，很多同学暂时将自己的喜好搁置下来，无形中缺失了一些美育的滋养，学校开展“扬文欣艺”——大学生文化艺术审美与创新训练计划（SCTP）项目，就是提供多渠道、全方位地激发学生潜力的机会，让学生敢于尝试和创新，用自己的情怀、智慧和努力，用实际行动去传承中国传统文化、讲好中国故事，在项目实施的过程中，涌现出很多精彩的富有创意的艺术创作，也发现同学们对传统文化非常有兴趣，他们愿意跋山涉水去了解具有地域特色的建筑、传统工艺、服饰和当地风俗，愿意行走在诗词文学的字里行间，去寻找启迪人心的智慧和力量。

3．第三方评价

学生家长许先生：学校开展“扬文欣艺”—— 大学生文化艺术审美与创新训练计划（SCTP）项目，认真落实和践行“弘扬中华美育精神”，激发了学生学习的潜力和动力，拓宽了他们的人生舞台，我感谢学校对他们的培养。

【13】“溯源启新”——西南交通大学中华优秀传统文化传承与创新系列活动

一、基本信息

项目名称	“溯源启新”——西南交通大学中华优秀传统文化传承与创新系列活动		
项目类别	艺术体验与审美修养	项目内容	思政+
项目容量	300 人/期	开课单位	党委学生工作部
面向对象	全校学生	授课方式	活动

二、育人目标

通过“溯源启新”中华优秀传统文化传承与创新系列学生活动项目，切实贯彻习近平新时代中国特色社会主义思想和教育部《关于切实加强新时代高等学校美育工作的意见》文件精神，通过丰富多彩的中华优秀传统文化系列活动，弘扬中华美育精神，践行社会主义核心价值观，提升我校学生的人文素养，引领学生逐步认识到中华优秀文化的博大精深、蕴涵的思想智慧，进而树立文化自觉与担当意识。

三、育人措施

1．精心构建实践平台，多维度弘扬中华优秀传统文化

以校党委学生工作部推出的两个大学生文化素质平台——“大学生文化艺术节”与“大学生文化艺术审美与创新训练计划”（Student Training Program of Culture and Art Aesthetic and Innovation，简称 SCTP）的系列活动项目为载体，依托学院，以学生为主体，面向成都、峨眉两地三校区，征集遴选“溯源启新”中华优秀传统文化类学生活动和研究项目，整合校内外优秀资源，拓宽渠道，引进来，如引进高雅艺术进校园、戏曲进校园、展览等，走出去，进行实地采风，体验地域文化艺术并从中得到启示，师生共同努力，以不同的形式、内容、空间和时间，在校内外多维度体验和推广中华优秀传统文化，以高校为阵地，推动中华优秀传统文化创造性转化、创新性发展。

2．完善项目实施机制和保障机制

校党委学生工作部面向全校征集精品项目，以学院为单位层层选拔优质项目，整合校内

外优质活动资源，面向成都、峨眉两地三校区师生，在项目开展的征集、遴选，立项、经费等工作环节予以全面审核，以社会主义核心价值观为引领，把握正确的育人导向，在活动项目的开展形式、主题意义和成果推广等方面予以细心指导，力求项目以质量为本，做扎实，出精品，出成效，能够真正意义起到“弘扬中华美育精神”和“立德树人”的育人成效。及时总结经验和不足，不断改进，提出更高的工作标准，让“溯源启新”中华优秀传统文化传承与创新系列项目开展能够在规范的实施机制和保障机制下得以顺利实施。

3．加强校园宣传推广，提升项目品牌效应

“溯源启新”项目开展前期，均在校网主页和微信公众号平台进行统一预告宣传，在工科背景的校园融入更多的人文气息，鼓励学生积极参与，既要重视专业素养，也要重视人文素养，更要将“推动中华优秀传统文化创造性转化、创新性发展”的责任使命内化于心，力求每一个项目研究稳步扎实，出创新，出成效，具有积极深远的指导意义和推广价值。

四、育人实效

“溯源启新”中华优秀传统文化传承与创新系列自开展以来，依托学院，扎根校园，来自不同专业的师生共同努力，凝聚智慧和力量，源于心中对中华优秀传统文化的热爱和心中矢志不移的弘扬责任。为了在校园里传播中华优秀传统文化，发挥其持续的美育效应，采取丰富多样的活动形式，如古风晚会、音乐、舞蹈、传统节日手作体验、扎染体验、陶艺体验、文化艺术类讲座、戏曲类讲座、诗词诵读比赛、摄影等活动，在诗词画卷的字里行间寻找文化的底蕴，在音符舞韵的悦动中寻找生命的力量，在流光转盈的历史璀璨里寻找人类的优秀传统文化。面向不同的受众学生，合理遵循学生的喜好和需求，让我校师生感受到中华优秀传统文化在学校的持久浸润，提升了校园文化的文明高度。到目前为止，“溯源启新”中华优秀传统文化传承与创新系列顺利举办了 30 余个项目，覆盖师生人数 2 万人次以上。

五、育人评价

平均评分：4.9 分

1．学生评价

李同学：大学是青年价值观形成的关键时期，大学生是国家未来建设的栋梁，是中华民族复兴的中坚力量，我参加了“中华优秀传统文化体验日”活动，在汉字印刷、书法、茶艺和中医药等体验区域，我感受到了中华文明的博大精深和源远流长，岁月沉淀下来的哲思与智慧，当代大学生应当以中国优秀传统文化塑造价值观，才不会在这个文化多元、泥沙俱下的时代迷失了自我。

2．教师评价

张老师：中华优秀传统文化走进高校，绝不仅仅是停留在活动形式的层面上，而是将活动所承载的中华美育精神外化于行，内化于心，才能在我们的成长中留下深深的印记，起到润物无声的育人效果。

3．第三方评价

学生家长：中华优秀传统文化是每一个人成长的必修课，让孩子的成长过程中得到文化浸润，礼敬中华文明，让传统文化走出课本，真正走进学生的心中。

【14】艺术美心 ——西南交通大学“歌舞青春”系列鉴赏活动

一、基本信息

项目名称	艺术美心——西南交通大学“歌舞青春”系列艺术鉴赏活动		
项目类别	艺术体验与审美修养	项目内容	其他——文化艺术
项目容量	800 人/期	开课单位	党委学生工作部
面向对象	全校学生	授课方式	活动

二、育人目标

以习近平新时代中国特色社会主义思想和党的十九大精神为指引，坚持“以美育人，以美化人，以美培元”的工作准则，在文化艺术演出活动中，植根中华优秀传统文化、植根学校历史以及“爱国爱校、严谨治学、严格要求”的深厚文化土壤，立足校园生活，全面、立体、真实地讲好交大故事，展示学子风采，唱响主旋律、弘扬正能量。丰富校园文化生活，弘扬中华美育精神，提高学生审美和人文素养，让祖国青年一代身心都健康成长。

三、育人措施

（1）以大学生艺术团、人文学院音乐系、建筑学院师生为重要载体和着力点，开展校园文化艺术活动，提高学生艺术实践能力，促进学校美育工作发展。

（2）以大学生艺术团这个“小众群体”为着力点，面向全校师生，甚至面向广大社会这个“大众群体”传递新时代交大的文化艺术魅力，弘扬交大精神，通过美育让交大学子身心都健康成长。通过观赏文艺演出活动，发挥美育辐射效应，提高在校学生审美能力和艺术鉴赏能力。

四、育人实效

1. 艺术美心，通过文化艺术活动丰富学生精神生活

“歌舞青春”系列文化鉴赏活动重点围绕社会主义核心价值观、中华优秀传统文化、爱国爱校题材，立足校园生活，全面、立体、真实地用文艺作品讲好交大故事，展示学子风采，唱响主旋律、弘扬正能量。2019 年，“歌舞青春”系列文化鉴赏活动，持续开展文艺演出活动 9 场，第二课堂选课人数达 6916 人次。

2. 加强青年学生艺术鉴赏教育，提高学生审美和人文素养

让全体新生一起听一场交响音乐会，了解交响乐，学会欣赏交响乐，提高艺术修养；通过欣赏《红旗颂》等一系列红色音乐作品，加强学生爱国主义教育；通过学生排演原创话剧《茅以升》，让学生了解伟人生平，传承竢实扬华精神。用文艺演出启发学生思想，滋润学生心灵。

五、育人评价

平均评分：4.9 分

1．学生评价

杨同学：我觉得这是一件很有意义的事情，活动确实是围绕“立德树人”的根本任务，以美育人、以美化人、以美培元来展开的，这对于提升我们的综合素质十分有意义，希望学校能继续办下去。

周同学：丝竹长青，国韵依旧。表演中场环节，赵思智老师为观众介绍了众多国乐乐器。弹拨乐器有古筝、阮、琵琶等，拉弦乐器有二胡、三胡、板胡、高胡等，还有一些吹奏乐器，如笛子、箫、排箫等，当然还有一些打击乐器，赵老师一一进行了区别讲解，这场音乐会的震撼效果实在是无以复加。近距离感受每一场精心华美的演出，让人受益匪浅。

董同学：通过参与活动，我收获了许多，尤其是艺术与生活的关系。如果说乐团的演出让我从心底开始感受到中国文化不一样的魅力，那么不论是演讲与口才训练还是舞蹈形体训练，都给我提供了一种切实可行的方法，从日常生活中改变我的观念。很感谢学校及老师们给我这个机会，我也会带着我所学习到的知识和感受，继续靠近一切与美有关的事情，不断提升自己。

2．教师评价

赵老师：美是纯洁道德、丰富精神的重要源泉。学校美育是培根铸魂的工作，提高学生的审美和人文素养，全面加强和改进美育是高等教育当前和今后一个时期的重要任务。本门课程通过高质量的校园文化艺术演出等活动向广大师生进行艺术的、美的引导、辐射和带动，以更加活泼的形式进行思政教育，值得推广。

3．第三方评价

学生家长王先生：这门课程以社会主义核心价值观为引领，弘扬中华优秀传统文化，继承革命文化，发展社会主义先进文化，努力以文化艺术的形式促进高校学生形成自觉增强文化主体意识、强化文化担当的新面貌。让青年有更多的途径去接触美、感受美，在学习之余能陶冶情操、滋润心灵，提高审美能力，还能以艺术的方式展示交大风采，增强文化自信。我们作为家长也可以从中获得属于自己的感悟。

【15】美育传统引入思政实践
——西南交通大学红色文化艺术作品节

一、基本信息

项目名称	美育传统引入思政实践——西南交通大学红色文化艺术作品节		
项目类别	艺术体验与审美修养	项目内容	思政+
项目容量	1 500 人/期	开课单位	建筑与设计学院
面向对象	全校学生	授课方式	展览（线上/线下）

二、育人目标

美育关乎整个社会和国民的素质，并且在培养高端艺术人才、提升全民审美素养、塑造青年一代美好心灵、激发全社会创新活力等方面都具有不可替代的重要作用。建筑与设计学院以习近平新时代中国特色社会主义思想为指导，以立德树人为根本，以社会主义核心价值观为引领，以提高学生审美和人文素养为目标，立足学院学科特色与优势，把美育纳入全院各专业人才培养全过程。通过打造品牌化、系列化、传统化艺术文化展览活动，上承中华民族优秀传统文化，下启美育教育创新方式，使文化浸润学院、艺术点缀校园，引导学生近距离感受美、创造美、传递美，培养德智体美劳全面发展的社会主义建设者和接班人。

三、育人措施

1. 加强美育教育组织建设

结合建设与设计学院“艺术底色、设计基础、专业厚度”办学理念，切实加强组织领导，由学院党委牵头、行政协同，探索和构建“党建思政与学术教学共进、美育与专业共融”的双向互动美育途径，进一步完善“以文化人、以美育人”体系建设。

2. 落实美育教育“三全育人”

以“美育”为核心，抓好美育教师源头培养，着力构建“美育链接、美育内涵、美育氛围、美育环境”的“四美工程”，动员全院师生参与，扎实推进美育教育全员育人、全程育人、全方位育人，追求工作实效，用中华民族优秀传统文化浸润学生心田。

3. 发挥美育教育品牌引领

以艺术文化展览为美育教育主要形式，持续推进高雅艺术进校园，打造建筑与设计学院知名美育品牌。引领广大青年学生领略艺术经典、塑造健全人格，通过全媒体向社会展现校、院美育传承中华优秀传统文化的成果。

4. 引导学生加强红色文化理解

红色文化艺术作品节是用丰富的艺术手法表现在中国共产党的领导下国家社会建设成就、经济文化发展成果等方面的变迁与成就，弘扬社会主义核心价值观和社会主义先进文化建设,并在活动过程中引导同学们对建党百年艰辛历程有更加全面的诠释与自己独特的见解，自觉接受红色文化的熏陶。

四、育人实效

1. 作品内涵与时俱进

在传承中华民族优秀传统文化的同时，文化艺术作品展与时俱进，展现时代发展、体现时代精神，围绕习近平新时代中国特色社会主义思想、国内形势政策（共同战疫、“十四五”规划等）、爱校荣校精神（铭记校史主题、建校 125 周年主题等）、红色文化（抗美援朝 70 周年专题、廉洁主题、建党 100 周年等），分别开设“共抗疫情，爱国力行”大学生红色文化作品展、“岁月如歌，交大筑梦”艺术作品展等系列展览，紧跟时政热点，打造文化美育。

2．作品载体形式多样

展览作品形式不局限于特定形式，呈现载体多种多样，现代传统相结合，包括毛笔字、版画、插画、油画、雕塑、模型、摄影、视频创作、动画等，满足不同专业方向、不同美育基础的师生需求。

3．体验方式层次丰富

有别传统作品展中只供参观的单一形式，本次课程中，分别设置参观、参赛、自由创作的不同梯度层次：①参观——以观众身份浏览各种作品展；②自由创作——提供石头、叶脉等材料，观众在参观之余可亲自参与涂鸦、叶脉书签绘制等的自由创作；③参赛——红色文化艺术作品展、廉洁文化作品展、红色文化摄影展等面向全校师生收集主题艺术作品，带动师生从欣赏美到创造美的实践活动中，增强师生的体验感。

4．“动静结合”立体呈现

在文化艺术作品展课程中，作品呈现形态分为动态和静态：静态展主要表现为画展、摄影展等，为全校师生提供参观当代艺术的平台、接受美育熏陶的静谧空间；动态展主要以引入行为艺术、红色主题短视频大赛、VR 技术等为主，在极短时间内直接传递作品信息，立体呈现作品艺术内涵。

5．动员师生积极参与

构建美育与专业共融的双向互动美育途径，准备过程中积极动员校、院师生参与，截至 2021 年 3 月，文化艺术系列展共开展 10 余场，线上线下展览参与人数共 15 000 余人次。特别动员和邀请我院专业老师担任观展嘉宾、赛事评委等，给予文化艺术作品展专业指导，最终展出能体现时代精神、交大水准、建院特色的高水准作品。

6．观展心得交流分享

在每场文化艺术作品展中，线下设置摆放观众留言板，线上设置观众留言墙，每场文化艺术作品展后开展座谈会，引导创作者与观众面对面、老师与学生面对面，分享和交流作品心得，潜移默化引导学生对美育实践的兴趣、热情，加深活动的影响力。

7．云端展览亮点纷呈

2020 年初，本课程响应国家号召，疫情防控期间也不忘凝聚力量、鼓舞人心。本课程隆重推出线上展览新形式，通过“线上+线下”展览引导和动员师生参与美育实践，多方位、全角度育人。在云端文化艺术作品展中，运用 VR 技术，探索虚拟体验向真实体验的延伸，为观众提供三维沉浸式体验，带给观众深刻的感官体验。3 场次云端红色文化艺术作品展中，覆盖约 8 000 人次的师生，以创新型的“思政+美育”方式创造出了优秀先例。

五、学生评价

平均评分：4.9 分

1．学生评价

王同学：走进西南交通大学美术馆，近距离欣赏“共抗疫情，爱国力行”大学生红色文化作品展，我为交大师生炽热的爱国情所感动。展览作品种类繁多，不仅有传统书法作品，也有现代创意新作，展示了交大人尽情讴歌新时代，凸显新作为、唱响新篇章的雄心和伟力，鼓舞人心。在中华民族伟大复兴的征途中，更需要我们凝聚爱国情怀，为民族复兴贡献自己的一份力量。

2．教师评价

李老师：中华优秀传统文化博大精深、源远流长。红色文化作品展、毕业作品展等艺术文化展览活动，表达了交大师生对祖国的热爱，对传统的继承，对抗疫的坚决，这对进一步提升学生的家国情怀、强化报效国家的担当精神有着深远的意义。作为新时代的青年学生，要自觉肩负起传承弘扬中华优秀传统文化的历史责任，实现中华优秀传统文化的创造性转化和创新性发展，做中华优秀传统文化的忠实传承者和弘扬者。

3．第三方评价

校友钱先生：作为曾经的建院学子，学院开设的每场“红色文化艺术展”以及毕业作品展我都有参加。看到疫情防控期间学院贴心地为学生准备的线上“共抗疫情，爱国力行”红色文化作品展和 VR 毕业作品展，不仅通过参赛绘制出自己眼中的“共同战疫”，也展出了许多富有红色精神、时代使命的作品，让我感慨万分！VR 毕业作品展也带来了许多优秀作品，这一系列作品展不仅带给学生精神上的升华，还带给学生专业技能上的提升。

【16】大学生文化艺术节之西南交通大学中华优秀传统文化体验周

一、基本信息

项目名称	大学生文化艺术节之西南交通大学中华优秀传统文化体验周		
项目类别	艺术体验与审美修养	项目内容	其他
项目容量	300 人/期	开课单位	人文学院
面向对象	全校学生	授课方式	活动

二、育人目标

习近平总书记明确指出：“中国传统文化博大精深，学习和掌握其中的各种思想精华，对树立正确的世界观、人生观、价值观很有益处。学史可以看成败、鉴得失、知兴替；学诗可以情飞扬、志高昂、人灵秀；学伦理可以知廉耻、懂荣辱、辨是非。”加强中国传统文化教育，提升大学生的中国传统文化素养，是当代大学功能的题中应有之义。传统文化的继承和发展应当以一种当下大学生所喜闻乐见的方式，将传统文化以互动性的宣讲交流和实际体验的形式传播给广大青年，增强交大师生对中国传统文化的认识和理解，提高文化认同感和自豪感，进而培养学生学习优秀文化的思想，提高爱国热忱。引导广大青年始终同以习近平同志为核心的党中央保持高度一致，增强“四个意识”、坚定“四个自信”、做到“两个维护”，为夺取新时代中国特色社会主义伟大胜利、实现中华民族伟大复兴中国梦汇聚起磅礴的青春力量。

三、育人措施

1．实现院校联动，持续深入弘扬传统文化

“赓载”中华传统文化体验活动坚持在校团委的指导下开展，院校联动，继承和发扬中华优秀传统文化。本次重点面向全校学生，立足中国情怀，坚持中华传统文化的传承与创新，创新活动开展形式，契合当下年轻人的审美取向，让传统文化“活”起来，促进文化的交融与互动，激发广大学生的文化自信与文化自强。

2．发挥人文学院的学科特点和优势

“赓载”中华传统文化体验活动重点在于弘扬传统文化，人文学院充分结合学院学科特点，开展中华传统乐器、中华诗词以及传统礼仪的体验活动，邀请汉语言文学以及音乐表演专业的老师和同学带领大家进行深度体验，将趣味性和专业性结合起来，给参与师生带来沉浸式良好体验。在考虑活动项目多样性的同时考虑活动项目经典性、创新性、可行性，才能让传统文化体验活动办成精品。

3．建立完善工作机制，保障工作有序进行

建立动态管理机制。在“赓载”中华传统文化体验活动现场，安排工作人员进行活动前的场地划分与场地布置，同时在活动开展时安排人员进行现场秩序管理。

建立宣传推广机制。依托各类新闻媒体对“赓载”中华传统文化体验活动的活动目标、活动背景、体验项目等进行宣传报道，提高活动在同学中的知名度，增进同学对“赓载”中华传统文化体验活动这一活动的了解，同时在活动结束后对活动的开展情况进行总结，推动活动成果落实。

建立激励考核机制。做好活动效果评估工作，从活动项目、体验效果等方面对活动承办方和协办的各社团进行考核，并在荣誉奖励、形象宣传等方面给予重点倾斜，对于无法达到体验效果、无法达到弘扬优秀传统文化目标的社团进行淘汰调整。

四、育人实效

1．不一样的传统文化，持续深入提升体验

人文学院开展过众多与中华传统体验相关的活动，相关经验丰富，结合学科特点，让全校师生身临其境，以互动的方式亲身体验传统文化，并有同学进行专业讲解，让体验者全方位感受中华优秀传统文化。

2．引导学生立足中国情怀，加强文化自信

加强中国传统文化教育，提升大学生的中国传统文化素养，是当代大学功能的题中应有之义。西南交通大学作为工科高校，工科生的比例要多于文科生和理科生。此次活动中宣传中国传统文化，传承中华优秀传统文化，增强交大师生对中国传统文化的认识和理解，提高文化认同感和自豪感，进而培养学习优秀文化的思想，提高爱国热忱。

3．策划精品项目，凝聚优秀传统文化

人文学院音乐表演专业及汉语言文学专业的学科素养与中华传统文化联系紧密，活动开

展经验丰富。所设项目立足于传播传统文化，提供现场讲解并指导体验，让参与活动的师生对传统文化有更深入的了解，激发大家对传承中华优秀传统文化的热情。

五、育人评价

平均评分：4.9 分

1．学生评价

唐同学：通过本次活动，我对传统文化更感兴趣了。我想，在社会主义新时代，想要讲好中国故事，把中华传统优秀文化传播出去，我们自己首先就要更多地去了解它。因此，我认为这次活动非常有意义，我呼吁这样的活动能够多一些，让我们有更多有意思的渠道了解传统文化。

苗同学：传统文化体验周将美育带入学校内，让我们体验丰富多彩的传统文化活动。通过参加这类有意义的活动，使我们具有美的理想、美的情操、美的品格和美的素养，增强了我们的文化自豪感和文化自信。

王同学：此次活动的开展使同学们更多地感受到中国传统文化的魅力，激发了同学们的民族自豪感和爱国主义情怀。活动中，古乐器、古诗词等体验活动的开展，让同学们能够切身感受到中国传统文化的独特魅力，更感受到中华民族传统文化基因的传承。开展传统文化体验活动，用静态和动态相结合的形式，为传统文化注入了新的内涵。

2．教师评价

李老师：为弘扬中华传统文化，人文学院相关部门确定活动主题为“中华传统文化”，活动在进一步弘扬中华传统文化的同时，能够帮助同学们深刻认识传统文化丰富的形式与内涵魅力，增强当代交大学子的人文情怀与良好品格。本门课程通过传统文化类社团的引导、带动作用，以更加活泼的形式进行美育教育，值得推广。

3．第三方评价

学生家长王先生：中国传统文化是中华民族精神文明的重要组成部分，对中国人的行为习惯和思想活动有重要的指导作用，深刻影响着我们日常生活中的方方面面。本次课程有助于引导孩子们加强对传统文化的学习，深化对传统文化的认识，从而更好地了解中国传统文化，自觉成为中华优秀传统文化的传承者。这种活动十分有意义，值得传承。

【17】西南交通大学外语文化节系列活动

一、基本信息

项目名称	西南交通大学外语文化节系列活动		
项目类别	艺术体验与审美修养	项目内容	专业+
项目容量	300 人/期	开课单位	外国语学院
面向对象	全校学生	授课方式	活动

二、育人目标

以构建具有外语特色的文化育人体系为宗旨，以轨道交通文化特色为依托，以学院学生会为抓手，持续开展“外语文化节”系列活动，打造交大外语文化品牌，弘扬中华优秀传统文化、社会主义先进文化，推进“以文化人、以文育人”。结合外语学科优势，通过显性开展和隐性融入并进的方式，打造普及和推广中国特色社会主义先进文化的平台，融入“竢实扬华 自强不息”的交大精神，提升交大校园文化内涵，推进中国特色社会主义先进文化融入大学生思想政治教育，增强文化自信，努力实现“大思政”背景下的文化育人质量提升工程。

三、育人措施

1. 以活动促进外语学习，营造外语学习氛围

西南交通大学第二十一届外语文化节的活动形式丰富多样，主要包括日语卡拉 OK 大赛、外文书写比赛，以及外语话剧展演。通过线上公众号推送、交大之声以及二食堂门口喷绘摆展宣传，营造活动氛围，吸引校内学生参与，为热爱外语学习、有外语特长的同学提供展示舞台。其中，话剧展演主要包括英、日、德、法、汉五种语言的经典剧目演出，由参演学生改编剧本，翻译字幕，最终用自己选择的语种进行表演。此外，通过线上线下相结合的宣传形式，使更多同学能够了解所展演的话剧剧目，提高对外语以及相关文化的兴趣。

2. 用专业评审提升外语能力，丰富活动内涵与意义

在日语卡拉 OK 大赛和话剧展演现场，承办方邀请专业教师组成的评审团对参与学生的外语能力（听、说、读、写）进行点评与考核，发挥专业老师作用，提升学生外语能力，努力实现全员育人，让参与者在展现自我的同时，在外语学习方面，能够有所收获。

四、育人实效

1. 已举办 22 届，参与者数量多，范围广

外语文化节截至 2021 年 6 月已举办 22 届，已纳入第二课堂校级项目库。外语文化节系列活动包含丰富的活动形式，每届实际参与选手超 100 人，观众超 300 人，参与学生并不仅限于外语专业学生，外语专业与非外语专业学生互动与交流，更好地提升了参与学生综合素质。

2. 引导学生学外语、讲外语、用外语

日语卡拉 OK 大赛以及外文书写比赛中涌现了一批热爱说外语、热爱写外语的非外语专业学生积极参与，参加者需要在规定的主题内进行外文歌曲演唱、外文书写，这就要求参与者能够修改并翻译相关文本；话剧展演则需要演出团队选定语种相关的经典话剧剧目，并且将剧本修改为能够搬上话剧展演舞台的表演形式，参加者需要打磨原剧本，并自行修改外文台词，进行脱稿表演。此外，对于观看话剧展演的观众来说，能够通过一场外文经典话剧，了解相关文化背景知识，提升外语学习兴趣。活动锻炼了参与者的外语能力，同时也提升了观众的外语学习兴趣。

五、育人评价

平均评分：4.9 分

1. 学生评价

张同学：第一次自己修改外语剧本，真正将自己课堂上学习到的外语文化知识用于实际的生活之中，在明白自己不足的同时，也锻炼了自己的外语水平，深刻明白了语言是需要运用出来的。

李同学：第一次参加话剧展演，不真正讲外语的时候是没有办法真正了解自己的语言水平的。这半个多月同学们一起改剧本、一起排练，不仅同学之间的感情加深、自己的外语水平得到锻炼，同时也将“哑巴”外语真正变成了“能说”的外语，成就感强烈。

2. 教师评价

何老师：外国语学院的“外语文化节”已连续举办二十多届，内容精彩纷呈、呈现有声有色，通过开展演讲、辩论、配音、朗诵、写作、歌曲和话剧等一系列外语比赛，既展现了学院不同语种的学子奋发向上学习外语的风采，也激发了其他院系学生学习外语的兴趣，在一所以工科见长的综合性大学中营造了浓厚的外语氛围。

郭老师：通过内容丰富、形式多样的外语类系列活动，为热爱外语学习的同学提供展现自我的舞台，同时营造校内外语学习氛围，使同学们热爱外语学习，擅长运用外语，提升外语能力。

3. 第三方评价

学生家长：本活动将外语及文化知识融入同学们都能够参与的校园活动之中，积极发挥同学们的主动性和创造性，打造展现外语水平的平台。不仅营造了良好的校园文化氛围、活跃了大学生的课余生活，而且能提升外语水平和能力、增强交流与沟通能力，不失为一种外语学习的好方法。我们作为家长也可以通过观看展演，感受孩子们付出的努力。

【18】“少年同舟 声入华夏”
——西南交通大学爱音乐校园歌手挑战大赛

一、基本信息

项目名称	“少年同舟 声入华夏”——西南交通大学爱音乐校园歌手挑战大赛		
项目类别	艺术体验与审美修养	项目内容	专业+
项目容量	300 人 / 期	开课单位	经济管理学院
面向对象	全校学生	授课方式	活动

二、育人目标

中国古代哲人认为，音乐具有教化功能。孔子曰：“广博易良，乐教也。”“兴于诗，立于礼，成于乐。”音乐对学生在精神上能起到激励、净化、升华的作用。音乐是情感的艺术，它充分利用鲜明的节奏、优美的旋律、丰富的和声、美妙的音色来表情达意，因而能直接触动学生的情感中枢、震撼学生的心灵，对学生的情感世界、思想情操、道德观念的渗透和影响是很大的。

在比赛中，鼓励学生发挥特长、展现自我，培养学生积极的心态和良好的竞争意识，让广大同学在欣赏中提高自我鉴赏能力，激发广大学生对艺术的热爱、对青春的热情和对学习的动力，全面提高自身素质，推动校园精神文明建设，让同学们在爱音乐中收获梦想。

恰逢中国共产党成立100周年，爱音乐让广大青年通过音乐来学习党的精神，领略党的智慧。如选手们演唱的爱国歌曲《祖国》《我的祖国》《我爱你中国》等，让学生们感受到如今祖国的繁荣富强、人民当家做主离不开中国共产党的正确领导，从而引导广大青年始终同以习近平同志为核心的党中央保持高度一致，并激发学生树立远大的理想，为把祖国建成富强、民主、文明、和谐、美丽的社会主义现代化强国而不懈奋斗。

三、育人措施

1. 面向全校开展，推动精神文明建设

爱音乐校园歌手挑战大赛面向全校开展，从全校中选拔勇于展现自我、追逐音乐梦想的同学们。鼓励全校师生参与到活动中来，在音乐欣赏中提高自我鉴赏能力，陶冶道德情操，推动校园精神文明建设。

2. 建立完善工作机制，保障活动顺利开展

经济管理学院学生会是一支有着极强凝聚力的学生队伍，学生会成员分工明确，工作能力突出，组织经验丰富，具有完善的工作机制和考核方案。

一方面，我们健全统分结合的人才协调机制，各个部门分工合作，明确整体安排和具体任务，指导老师及主席团统筹规划、督促各项工作的落实等。另一方面，我们不断构建人尽其才的人才使用机制。在活动中发现、发挥同学们的闪光点，增强他们的主观能动性，积极参与到各项工作中去。在不断完善工作机制的基础上，我们已成功举办了十六届爱音乐校园歌手挑战大赛。

四、育人实效

1. 寓教于乐，让思政教育活起来

爱音乐校园歌手挑战大赛围绕学习贯彻习近平新时代中国特色社会主义思想开展，着重“寓教于乐”，通过音乐比赛这一形式用歌声讲述党的历史等，激发学生树立正确的理想信念，推动校园精神文明建设。

2. 鼓励突破自我，追逐青春梦想

爱音乐校园歌手挑战大赛为同学们提供了一个展现自我的舞台，鼓励同学们发挥特长，勇于突破，站上舞台，用歌声唱响梦想。在比赛中，注重培养学生积极的心态和良好的竞争意识。爱音乐让广大同学在欣赏中提高自我鉴赏能力，培养自身道德情操，并激发同学们对艺术的热爱、对青春的热情以及对学习的动力，提高同学们的思想道德水平，推动校园精神

文明建设，让同学们在音乐中构筑、追逐青春梦想。

3．唱响青春之声，献礼建党百年

2021 年迎来了中国共产党成立 100 周年，第十六届爱音乐校园歌手挑战大赛围绕“建党百年”的主题，青年学生用歌声为中国共产党百年诞辰献礼，让广大师生既能体会音乐的魅力，更能从中学习党的精神与历史，领略党的智慧。值此百年华诞，交大学子在爱音乐的舞台上以歌声致敬中国共产党，百年如一日，不忘初心，奠基立业。一曲《追寻》，既诠释了中国共产党永葆初心的纯真，也唱出了当代青年坚守自己信念的决心。年轻一代应向党看齐，永葆初心，追寻自己心中的火焰。一首《祖国》，淋漓尽致地表达了年轻一代对祖国的深沉情感。余音绕梁，三日不绝，伴随着动人的歌声，党史教育自入心田，爱国情怀深植胸间。

五、育人评价

平均评分：4.9 分

1．学生评价

张同学：参加完此届爱音乐后，我深刻地体会到中国共产党的不容易与伟大，选手们的歌声深深感染着我，作为当代青年，作为交大人，我感受到自己肩上的责任与使命，“今日之责任，不在他人，而全在我少年。少年智则国智，少年富则国富；少年强则国强，少年独立则国独立；少年自由则国自由，少年进步则国进步……”。

李同学：从歌声中我为中国共产党的不忘初心、砥砺前行而感动，百年大党凭着坚毅的决心建设了如今繁荣富强的祖国，作为新时代青年的我们正处于一个伟大的时代，站在新的历史起点上，我们应该担起历史的责任，努力学习，不断提升自己，树立正确的价值观，坚定自己的理想信念，为第二个百年奋斗目标的实现贡献自己的一份力量。

2．教师评价

薄老师：创新思政教育形式，增加学生主观能动性是目前进行思政教育所面临的难题。爱音乐校园歌手挑战大赛将音乐融入思政教育，改变了传统说教方式向学生灌输价值理念的状态，吸引学生学习兴趣，使学生真正接纳思政教育的内容，在感受音乐的过程中探索音乐中的品德和向上的价值观，其具有新颖性和丰富性，值得推广。

3．第三方评价

学生家长王先生：此活动有利于促进学生品质的健全、整体素质的提升。音乐作品通常是作者某方面情感的表达，种类多样，对其内涵的探索对学生思政教育意义重大。以音乐教育来促进学生思政水平在培养学生审美价值和鉴赏能力的同时，还可以使学生在潜移默化的学习中形成自主性，提升整体素质。此外，音乐作品的多样性满足了同学们不同的品质培养需求，通过不同类型的作品，探究作品中的情感表达，可以在这一过程中健全学生品质。

【19】与女生节的春日邂逅
——西南交通大学“女生节”嘉年华活动

一、基本信息

项目名称	与女生节的春日邂逅——西南交通大学“女生节”嘉年华活动		
项目类别	艺术体验与审美修养	项目内容	其他
项目容量	830 人/期	开课单位	材料科学与工程学院
面向对象	全校学生	授课方式	嘉年华（线下）

二、育人目标

进入新时代以后，为了彰显高校女生的青春活力，内容新颖、活动丰富的“女生节”应运而生。女生节的重要意义在于引导广大女生更多关注自身的道德修养、文化内涵、心理健康、从容自信等综合素质的提高，帮助女生正确看待和审视自己，帮助女生走成长、成才、成功之路，在未来的路中洋溢自信与热情，希望此次活动带给她们一些创新的、有价值的收获，让校园里因为有女生的存在变得格外绚丽。今年计划推出的“女生节”活动，在继承了往届活动的优秀传统的同时，又大胆改革、推陈出新，力求为每一位高校女性送上节日的祝福，让她们体会到当代社会“尊重女性、关爱女性”的风尚。

三、育人措施

1．高效联动宣传

悉心服务同学，扎实宣传工作，扩大活动受众，充分发挥各大媒体作用，提升活动影响力，真正实现为全校师生提供思想引领平台。多方联动，各学院与各组织协调配合，打造具有学院品牌的精品校级活动。

2．立足交大实际

充分考虑交大男多女少的现实状况，把握新时代女性精神需求，五育并举展现交大女性风采，以嘉年华为载体，传递尊重女生、关爱女生的风尚。娱乐与理念相结合，创新与传统相结合，在全校师生中弘扬自强自立的女性精神，帮助女生正确看待和审视自己，在未来的路中洋溢自信与热情。

3．精细策划实践

前期精准定位，中期合理规划，后期稳步实施。既注重丰富活动内涵，也充分发挥嘉年华活动灵活欢快的特点。从前期规划到现场布置，各机构密切配合，在前期宣传、物资采购、现场布置等方面做到有章可依，避免了参与人数过多可能造成的混乱，使服务全校师生成为可能，真正做到在全校范围内传达“蜕变”的女生节精神。

四、育人实效

1．不一样的女生节，彰显交大女性的别样风采

本次活动致力于进一步深化女生节的广度与内涵，真正做到使每个女生都能够参与女生节，使每一位女性都得到尊重。此次活动不仅展现了各个学院女性的青春风采，还增添了通

过校、院官媒推出的对于西南交通大学 3～5 名典型模范优秀女性教师的采访，以此展现我校女性教职工不让须眉的风采，彰显我校积极向上的科研风貌。与此同时，我们对食堂阿姨、宿管阿姨、保洁人员等进行视频采访并制作成本次女生节的宣传影片，借此来表达本次女生节的主旨，即应该发掘每一位女性的魅力与价值，通过树立各类女性形象，引导女性大学生向上向善，不盲目崇拜偶像，树立正确的人生目标，确立合理的追求和信仰，在身边发现正能量的榜样，并充实自己的大学生活，真正活出自己的风采。

2．嘉年华精彩纷呈，在娱乐中彰显新时代女性风采

今年女生节延续往年嘉年华的主体形式，活动举办地点选定图书馆大楼梯前，精心设计的活动现场包括女生心愿区、前台登记区、闯关游戏区、表演区、礼品区、赞助商展区等。

在心愿区，每个女生填写心愿后即可领取一份礼物，女生的心愿可以被男生领取，男生则可以通过晒截图的方式领取奖品。在闯关游戏区，我们设计了 8 个与主题契合的情节性游戏，小游戏多为男女同学共同组队参与，在游戏的设计中体现本次活动的主题，增强到场的同学们的活动参与感。女生节工作人员将会在游戏点为完成游戏者盖章，游戏参与者将会根据游戏的成绩赢取相应的精美小礼品。在表演区，我们设计了多种类型的趣味文艺表演，通过街舞、体育舞蹈、歌曲、魔术、相声等丰富多彩的表演形式让每一位到场参与的同学能够感受到女生节的活动氛围。同时设置多种自由表演环节，让到场的女生充分展现自我风采。

本次嘉年华参与人数众多，第二课堂报名 828 人，到场参与嘉年华的人数达到 1500 人次，充分实现了在全校范围内展现女性风采、弘扬女生节精神的活动目标。

五、学生评价

平均评分：4.9 分

1．学生评价

颜同学：这次女生节第二课堂活动通过当下流行的微博、QQ、微信等平台，不仅使更多人了解了我校，使我校尊重女性的文化得到了很好的宣传，而且利用发达的网络媒体，充分体现了我校学生跟上时代步伐、改革创新的精神，我觉得这次女生节活动颇具创新意义。

张同学：作为一名交大学子，我很开心在紧张的学习之余能够参加这样一个旨在展现新时代女性风采，内容新颖、活动丰富的女生节嘉年华活动。在活动现场，主办方设置了多种多样的趣味活动，我玩得特别尽兴，充分领略到新时代交大优秀女性的不凡风采，特别是布置唯美的心愿区，可以让我们写下自己的心愿，给心灵一份出口，实在是不可多得的精品活动。

2．教师评价

王同学：作为一名女性，我觉得这次活动有很好的引导作用。与以往的女生节相比，这次女生节并未单一地注重外表的美丽，而是进一步拓宽了女性的广度和深度。当我看到那些优秀的教师工作者和在方方面面各领风骚的优秀女同学们，可以鼓励更多的女生谱写新时代青年女性的青春赞歌。

3．第三方评价

学生家长李女士：女生节是一个关爱高校女生、展现高校女生风采的节日。通过这个项

目向大家展示我们女生的青春风采及才华，丰富了我们的校园文化生活，促进了同学们之间的感情交流，体现了学生参与活动的积极热情，展示了当代大学生自信、健康、优雅、友爱的风采。

【20】西南交通大学低碳环保创意设计大赛

一、基本信息

项目名称	西南交通大学低碳环保创意设计大赛		
项目类别	艺术体验与审美修养	项目内容	专业+
项目容量	300人/期	开课单位	地球科学与环境工程学院
面向对象	全校学生	授课方式	活动

二、育人目标

当前，我国进入普遍实行垃圾分类，让垃圾减量化、资源化、再利用的新时代。垃圾分类是一项需要全社会广泛参与的活动，需要每个个体的配合和响应。2021年3月1日，《成都市生活垃圾管理条例》正式实施。为了进一步提升校园生活垃圾分类的有效性和合理性，增强全校师生、教职员工的垃圾分类意识和分类效果，地球科学与环境工程学院策划了此次“低碳环保调研活动”。本次大赛旨在通过调查、分析、设计等环节，提出适于高校校园的垃圾分类实施方案。

三、育人措施

1．“一只易拉罐的旅途”——调研活动

各参与小组自愿报名，小组合作，以校园里的一只易拉罐作为校园内可回收垃圾的代表，通过网络百科、现场调研、线下采访等方式对校园内的典型可回收垃圾从被丢弃、回收、运输到被重新加工利用全过程的各个环节以及垃圾分类现状进行追踪了解，结束后撰写调研报告，并根据调研内容各小组独立设计宣传海报以倡议垃圾环保分类。

2．“绿色生活，你我共创”——低碳环保创意设计大赛

参赛队伍制作与环保相关的实物，包括但不限于废物改造、小发明、服装、生活用品、工艺品等形式。各参赛组上交作品图片至少三张及简短作品介绍，包括作品名称、灵感来源、设计理念、作品组成、制作方法、作品用途等。

3．提高环保意识，调动学生保护环境积极性

活动通过回收废品、兑换鲜花的方式，一方面实现了废品回收处理再利用，达到了节约资源、保护环境的目的；另一方面学生在参与过程中，可以积极参与到垃圾分类的工作中。

4．号召学生参与志愿服务，提高学生社会实践本领

活动过程中，将面向全体学生进行志愿者招募，帮助学生更好地参与志愿服务活动，提高学生的服务奉献意识。与此同时，在参与过程中，学生对于环保理念有进一步的理解和认识。

四、育人实效

1. 不一样的环保课，持续深入调研活动

通过各种调研方式，学生综合素质得到锻炼。同学们可从中学习垃圾分类的知识，获得对环保重要性的感悟，不仅提高了环保意识，而且增强了保护环境的责任感，从而强化节能减排的思想观念。

2. 策划生活垃圾分类实施方案

基于《成都市生活垃圾管理条例》并结合高校校园的实际情况，从实地调研、问题分析、宣传教育、后勤保障、运行管理、处罚激励等方面设计适用于学校的“生活垃圾分类实施方案”，合理回收和处理身边的废品，便是在为保护我们赖以生存的地球贡献自己的一份力量，而“废品换鲜花”活动则提供了相应的平台。通过本次活动，我们既能够达到清洁校园、美化环境的目的，又能提高同学们的环保意识，充分调动同学们保护环境的积极性。

3. 动手操作，废物利用

同学们动手操作，将生活中用完的“废品”变废为宝，制作与环保相关的实物，在动手实践中懂得资源的珍贵，知道保护环境的不易，吸引更多的人参与到环保事业中来，促进大家养成分门别类存放垃圾、合理回收的好习惯。

五、育人评价

平均评分：4.9 分

1. 学生评价

张同学：通过线下调研，我们知道了宿舍园区垃圾数量之庞大，大家对其重视程度不足，造成的污染和浪费较严重；但是目前像是饮用水桶、易拉罐、食品纸箱等，这些垃圾的回收已经有了一个完整的回收链，水桶这一类废品回收利用率接近 100%，如果所有垃圾都能如此利用，那么地球环境状况会越来越好！就像习近平总书记提出的人类命运共同体一样，我们的命运都是相连的，环境需要靠大家一起来维护。

李同学：我从中学习了垃圾分类的知识，获得了对环保重要性的感悟，这与在平时的学习中获得的知识是截然不同的。与小组成员一起参与调研也让我学到了合作的重要性。在学校进行线上和线下的调研时，我发现同学们很重视垃圾分类，爱护环境的意识比较强，但是缺乏垃圾分类的相关知识，我希望以后有更多的垃圾分类知识的科普宣传来到我们身边。保护环境，垃圾分类，从我做起，从身边小事做起，让我们一起行动！

王同学：这次活动以一只易拉罐的旅途作为切入点，但不局限于这一只易拉罐。在活动开展过程中，大家都收获了很多。首先，根据调查结果，虽然大部分同学都有垃圾分类的意识，但是仍存在少数同学对此毫不在意。希望大家都能树立环保意识，这样不仅能给许多工作人员带来巨大的便利，也算是为环保事业出一份力。其次，根据走访结果，在校园中有很多同学平时容易忽视可回收再利用的废弃物，如外卖餐盒、废弃纸杯等。通过活动，我得以更具体、更客观实在地了解校园内可回收垃圾从被丢弃、到回收、运输直至最终重新加工利用的过程。真心希望这次活动，能给更多同学带来启发，也希望这是一个新契机，能让更多人参与进来，让交大变得更好。

2．教师评价

董老师：在本次“一只易拉罐的旅途”——调研活动中，参赛选手们对于学校餐饮中的可回收垃圾进行深入了解。垃圾分类关系到同学们的日常生活，对于推动校园生态文明建设有着重要意义。然而，在整个调研活动中我们发现学校每天垃圾的产量远超过预期，并且处理系统亟待进一步的改善和优化。正如习近平总书记所言，垃圾分类将是一场持久战，如何打好这场攻坚战，要靠群众、社会、国家的共同合作。我们作为学校的一员，有责任保护校园环境，作为社会的一分子，同样也有义务推动社会垃圾资源化利用的进程，推动社会绿色发展方式和生活方式的形成，因为这是一场立足于认知观上的深刻革命。

3．第三方评价

学生家长王先生：这门课程立足实际，积极发挥同学们的主动性和创造性，打造真正贴近青年、各具特色的社会实践活动。不仅让青年有更多的方式了解垃圾分类过程，而且让青年在实践的过程中也能感同身受，更愿意在今后的生活中以身作则，不失为一种思政教育的好方法。我们作为家长也可以从中有所收获。

【21】非遗的魅力
——西南交通大学第二课堂非遗文化系列活动

一、基本信息

项目名称	非遗的魅力——西南交通大学第二课堂非遗文化系列活动		
项目类别	艺术体验与审美修养	项目内容	其他
项目容量	500 人/期	开课单位	校团委第二课堂运营中心
面向对象	全校学生	授课方式	活动

二、育人目标

美育在提升全民审美素质、激发全社会创新能力等方面具有不可替代的重要作用。校团委以习近平新时代中国特色社会主义思想为指导，以培养学生的审美、人文素养以及引导大学生坚定文化自信为育人目标，开展“非遗的魅力”相关课程。此外，传统艺术受中华文化的影响，展示的是民族的风俗，非遗也不例外，从题材的选择到技巧的操作，都流露出中华民族传统文化的特征，非遗作为本土文化，将被融入高校美育教学中，让大学生接触它、了解它、认同它。学生借助普普通通的工具，将家国情怀寄托于创作中，感受传统文化的魅力，认识到传承民间艺术的责任和义务，激发内心的爱国主义情怀，从而指引大学生拥有家国情怀。

三、育人措施

1．邀请非遗传承人现场展示，增强学生学习兴趣

讲座邀请到非遗传承人，在活动过程中以幽默风趣的语言和生动形象的演示向大家展示

非遗技艺，带同学们共同领略非遗的魅力。同学们可以通过讲座更全面地增加非遗知识，通过体验活动与非遗传承人深入交流、互动，由传承人指导进行非遗作品的设计制作，并参与活动展示，获得奖品与第二课堂学时。

2．改进活动内容和形式，提升学生综合能力

通过让参与同学进行亲身体会并创作传统非遗文创作品的方式，增强学生个人的动手能力、扩展学生的视野、丰富学生的知识。活动采用线下展出评比的形式，帮助参赛者提升沟通、交流、表达能力，让活动参与者对非遗文化增进了解、增强民族文化自信。

3．充分筹备策划，文化热情传递

活动谋划，与非遗工作室的对接。活动前期进行充分的筹备谋划，从日期到活动形式，上到非遗工作室的合作事宜，下到活动物资、活动规则，第二课堂运营中心的同学进行了数次会议以保证系列活动的质量与吸引力，在初步设想完毕后开始联系非遗工作室，邀请非遗艺人到校展示，为活动增加底蕴与影响力。

前期宣传，后期总结。通过线下传单分发以及线上大力度宣传，将非遗系列活动的影响力扩大，将同学们在准备阶段所付出的努力具现化，将充满趣味与干货的非遗系列活动展现在我校师生面前。而活动后也细心总结，考量同学耐心与细心的同时就整个非遗活动进行总结归纳，并在 QQ、微信进行宣传。

四、育人实效

1．活动充实生动，促进文化创造性发展

为了让学生对传统文化的了解不只停留于表面，在弘扬与创新中华优秀非遗文化的主题之外，将展现中华民族的爱国精神、人文关怀等融入主题之中的优秀品质，引导学生亲身参与、发掘、体会，将非遗文化融入自身创作，实现文化的创作型转化、创作型发展。学生在亲身经历中体会非遗文化与当下时代的碰撞，使中华民族最基本的文化基因与当代文化相适应、与现代社会相协调。

2．鼓励学生自我创作，引导学生全面发展

参与学生在活动中需要参与作品创作和知识竞答，这两个环节都能对学生的信息探索能力、想象力、动手能力、沟通交流能力、表达力进行考验，学生在参与中潜移默化地提升了自己的综合素养。另外，在微信平台等让全校学生欣赏同学们的精美非遗作品，提升艺术审美，也能激励他们多去参与各种实践活动中，锻炼自身能力。

五、育人评价

平均评分：4.9 分

1．学生评价

张同学：通过这门课的学习，我真切体会到非遗艺术的魅力，学习到有关非遗的基本知识和发展历史。在老师和非遗艺人的教授和启蒙下，我学会了一些非遗的方法，制作出很多

精美的非遗作品，这是仅仅只靠自己思考和琢磨达不到的效果。这门课不仅使我喜欢上了非遗，也提高了我的动手能力和艺术修养。

李同学：非遗艺术创作需要我们协调大脑和手的同步操作能力，在非遗的过程中，窗纸轻薄易坏，需要谨慎地对待。部分非遗的图形复杂，需要我们耐心地进行“雕琢”创作，刚开始很容易剪坏，后来熟能生巧也能剪出各种精美的形状了。课堂氛围很轻松快乐，我们不仅学习传承了一项手艺，还感受到与西方油画雕塑不同的我们东方的艺术造型，体会到中国传统文化艺术的魅力。

王同学：课堂氛围很好，轻松愉悦，大家在学习知识、技能的同时放松了心情，锻炼了动手能力，丰富了学习生活。我能够近距离感受到非遗艺术的魅力，体会到传统手工艺蕴藏的深厚情感和历史底蕴。美的体验是直观的，我的创新能力有所提高，对艺术的鉴赏能力也达到了新的层次。

2. 教师评价

徐老师：习近平总书记强调，我们要善于把弘扬优秀传统文化和发展现实文化有机统一起来，紧密结合起来，在继承中发展，在发展中继承。本门课程通过让学生参与到中华优秀非遗文化的研究、学习、创作中，提升其艺术实践能力、文化素养和表达交流能力等，能够更好地引导学生成长成才、热爱中华民族优秀传统文化、弘扬人文精神和中国精神。

3. 第三方评价

学生家长张先生：作为家长，看到孩子能在这样寓教于乐的活动中，学习体会到传统文化知识的魅力就足以说明活动的成功。

非遗艺人：通过参与这个活动，有了新的途径去宣传非遗文化，能让更多的人知道非遗文化，发扬非遗文化是我的责任，也是我的义务，希望有更多这样的机会，让我可以继续宣传中华优秀非遗文化。

【22】我们都是追风少年
——“等风来”西南交通大学风筝节活动

一、基本信息

项目名称	我们都是追风少年——“等风来”西南交通大学风筝节活动		
项目类别	艺术体验与审美修养	项目内容	思政+
项目容量	300 人/期	开课单位	材料科学与工程学院
面向对象	全校学生	授课方式	活动

二、育人目标

2014 年 10 月，中国将全民健身上升为国家战略。习近平总书记谋划和推动全民健身事业，把全民健身作为全面建成小康社会的重要组成部分。正值中国共产党成立 100 周年之际，拟开展“等风来”——2021 西南交通大学风筝节，通过风筝放飞户外活动帮助同学增加实践锻炼，增强身体素质，放松身心，使同学们树立自信心，走出人际交往的误区，使他们学会倾诉，懂得释放自己的压力，调节自己的情绪。让同学们在创作风筝过程中通过文字和绘画表达情感，在放飞过程中寄托家国情怀。为了提高同学们的政治文化素养，创新开展党史学习教育，设置有关党史、风筝史的知识问答，作为此次活动的必要环节，以增进学生对中国共产党、中国传统文化的了解，从而对学生具有很好的素养培育作用。

三、育人措施

1. 知党史、国史——每一道简单的题目都是一次知识的获取

本次活动致力于献礼中国共产党成立100周年，自中国共产党成立以来，历经百年奋斗，团结带领全国各族人民积极探索、勇往直前，在旧中国满目疮痍的废墟上走出了一条中国特色社会主义道路，取得了辉煌成就。作为交大学子，理应树立知党爱党的坚定信念，因此，我们创新开展“筝知党史、国史”知识竞答环节，作为参与放飞活动前的必要流程，由工作人员提前备好题目，题目内容主要围绕建党史、风筝史、航天史等，并提前设定答题规则。活动当天同学们首先需要在知识竞答位点签到，之后由工作人员挑选题目进行提问，为了凸显活动主题，同学们需在答对一定数量的题目后方可领取风筝一只，参与风筝放飞活动。对于答题环节表现优异的同学，我们还会给予额外的奖品，提高同学们参与活动的积极性。借助此环节，增进同学们对于中国共产党史、风筝史等方面的了解，提高同学们的政治文化素养，激励当代青年爱国荣校，立鸿鹄志，做奋斗者，放飞理想，勇于追梦，敢于圆梦。秉承交大“竢实扬华、自强不息”的精神，自觉挑起“两个一百年”奋斗目标的重担。

2. 寄家国情——每一只飞扬的风筝都是一份情感的寄托

风筝在我国具有悠久的历史，在现今生活中也是广受人们喜爱的一项放松方式。古时人们经常借助风筝绘画传达自己对美好生活的追求和向往，通过风筝释放情感，寄托情怀。活动开始前由工作人员提前购买若干素风筝，并提供画笔工具，同学们以2~3人组合的方式在风筝上自主发挥，创作出属于自己的风筝，绘画形式可以是文字或图画等，内容围绕中国共产党展开，创作完成后前往浙园大草坪进行放飞，放飞结束后可自行带回，全部风筝发放完为止。我们都是阳春四月放飞理想的有志青年，通过风筝放飞户外活动帮助同学增加实践锻炼，增强身体素质，在与大自然的亲密接触中释放压力，放松身心，以便于更好地工作和学习。

四、育人实效

活动于2021年4月10日下午2点开始，第二课堂报名人数180人，活动到场人数200余人，活动对象不仅包括在校大学生，还有不少在校教师、校外人员也参与其中，充分展现了西南交通大学弘扬红色精神、注重学生身心健康、实现学生德智体美劳全面发展的活动宗旨。活动形式具有吸引力，活动内容丰富，而且利用发达的网络媒体进行前期宣传及后期效果呈现，充分体现了我校学生跟上时代步伐、改革创新的精神。具体活动开展由学生成员全程负责，有效的分工使得学生的语言表达能力、团队协作能力、知识能力得到提升。

五、育人评价

平均评分：4.9分

1．学生评价

赵同学：我觉得这次活动有很好的正面作用。现代社会生活节奏太快，各类电子产品的出现令人眼花缭乱，越来越多的人成为足不出户的宅男宅女，缺少户外活动，身心健康难以得到保障。通过举办风筝放飞户外活动，呼吁在校大学生敞开心扉，尽情拥抱自然，释放压力，同时提高身体素质，一举多得。

康同学：这次风筝节第二课堂活动通过海报宣传、QQ、微信公众号等平台，不仅使更多人了解了我校，使中国风筝文化得到了很好的宣传，而且利用发达的网络媒体，充分体现了我校学生跟上时代步伐、改革创新的精神，我觉得这次活动颇具创新意义。

雷同学：作为一名交大学子，我很开心在紧张的学习之余能够参加这样一个内容新颖、趣味十足的风筝节放飞活动。在活动现场，主办方设置了多种多样的环节，不仅可以放风筝，还可以自己进行创作，我玩得特别尽兴，另外还可以参加知识竞答领取奖励，既提高了大家参与活动的积极性，又在潜移默化中促使大家学习党史，提高素养，实在是不可多得的精品活动。

2．教师评价

王老师：风筝在我国具有非常悠久的历史。能够将党史与风筝结合起来是非常具有新意的一种学习方式，不仅提高了同学们的政治素养，增强了同学们对党史的学习兴趣，还让同学们在学习之余放松心情、锻炼身体，将德育与体育完美地融合在一起。

3．第三方评价

学生家长李女士：风筝节活动对孩子们来说非常有意义，不仅能够让孩子们学习到党史文化知识，还能够锻炼身体。现在的孩子一回家就窝在家里，也不出门锻炼，能够有这样学习党史又锻炼身体的活动，我感受到了学校对孩子们教育的用心，活动还能让我们家长一起参与其中，让我们也锻炼锻炼身体，真的非常不错。

【23】以专业之长助力乡村振兴——西南交通大学全国建筑高校优秀作品联展

一、基本信息

项目名称	以专业之长助力乡村振兴——西南交通大学全国建筑高校优秀作品联展		
项目类别	艺术体验与审美修养	项目内容	专业+
项目容量	500人/期	开课单位	建筑与设计学院
面向对象	全校学生	授课方式	活动

二、育人目标

乡村兴则国家兴，乡村衰则国家衰。实施乡村振兴战略，是解决新时代我国社会主要矛盾、实现“两个一百年”奋斗目标和中华民族伟大复兴中国梦的必然要求，具有重大现实意义和深远历史意义。专业学习应立足并根植于中华民族传统文化和时代精神，紧密结合国家发展战略，以专业之长助力乡村振兴，奠定学生的价值观念、文化修养、行为规范，为传承红色基因，发扬红色情怀，赓续红色血脉，开展有意义的实质性工作，成为有温度、有情怀、有风骨的设计者和奉献者，同时提高和强化全民族艺术素质培养的前瞻性。

当代艺术、设计、建筑正走向共享时代，通过该活动的开展，为全校学生提供鉴赏各大高校优秀作品的平台和机会，在更丰富的资源中学习建筑和设计，感受美育教育，培养学生德智体美劳全面发展，掌握本专业必需的基础理论知识和专业知识，培养本专业领域实际工作的能力，注重培养学生创新实践能力，为学生的终生发展服务。活动传承也能保持与各大高校的联系与合作，为同学提供更好、更大的交流平台，积极与外校交流学习，形成建筑设计专业在全国范围内的共同体，提升学校、学院影响力。

三、育人措施

1. 动员师生积极参与

展览过程中积极联络国内建筑高校学生会等组织，广泛动员和吸引相关专业师生积极投稿，特别是动员和邀请业内知名专家、建筑师、设计师担任观展嘉宾，给予展览作品专业指导，加强师生交流和合作，拓宽学生视野，促进学生专业能力进一步提升，提升学生审美和设计水平。

2. 精心组织作品展览

举行开幕式等环节，展览作品形式多样，内容丰富，涵盖建筑学、城乡规划、风景园林、产品设计、环境设计、视觉传达设计、绘画等七个专业多学科的设计作品，满足不同专业方向、不同美育基础的师生需求，体现时代精神、交大水准、建院特色，并运用 VR 智能技术，带给观众深刻的感官体验。

3. 打造活动特色名片

在展览的全过程，注意留存相关材料，结合线上线下宣传方式，在校内外广泛开展宣传工作，打造全国建筑高校作品联展品牌，并常态化开展，构建美育与专业共融的双向互动美育途径，潜移默化引导学生对美育实践的兴趣、热情，积极投身乡村振兴战略，加强校院合作和校企合作，不断扩大和加深活动影响力。

四、育人实效

1. 落实育人实效，促进能力提升

注意加强过程指导和组织，充分挖掘校、院艺术资源和多元化平台，传达交大精神和建院特色。在参展交流环节中，引导和落实创作者与观众面对面、专家教师与学生面对面，进行有效交流和沟通，以展览为契机，真正促进学生专业能力和综合素质的进一步提升，实现活动育人目标。

2. 加强美育教育，提升精神境界

美育教育对人的精神的陶冶、提升，本身就是德育所追求的目标。在展览过程中注意通

过作品加强对学生的思政教育，利用审美教育对学生精神层面给予陶冶与启迪，筑牢思想根基，引导学生通过专业课程实践自觉投身国家战略和服务社会，以专业之长助力乡村振兴，将青春奋斗融入党和人民的事业。

3．强化高校合作，搭建交流平台

本案例是国内建筑高校加强合作和交流的典范之一，得到多所高校积极响应，使更多高校优秀作品有了被看到的机会，对高校文化繁荣具有重要意义。今后需加强宣传力度，使活动真正成为建筑高校学生作品展示的可信赖的、有影响力的品牌，同时注意推动学校与企业合作，促进学生就业，实现校企共赢。

五、育人评价

平均评分：4.9 分

1．学生评价

张同学：在高校联展活动中，我们能够看到学校、学院之外更多的优秀作品，优异的作品展览是各学院在一年当中成就与进步的真实反映。同时，通过此次联展活动，能够知道设计水平更强的同学们对于同一个命题的思考，能为自己的不足之处提供进步的方向，对自己的学业有更为直接的帮助。

林同学：每年“建筑与设计学院毕业展”以及高校联展我都有参加，给我印象最深刻的就是疫情期间学院准备的线上“建筑与设计学院毕业展”。我作为参与者和观赏者，不仅可以参展来展现自己眼中的作品，也在作品展中看见了许多富有时代使命的作品，让我们感慨万分！VR 的毕业作品展也给我们带来了学长学姐们的优秀作品。这一系列作品展不仅带给学生精神上的升华，还带给学生专业技能上的提升。

2．教师评价

刘老师：学生自己联系各大高校建筑学院学生会，并与他们合作，给同学们搭建一个良好的专业学习交流平台，这是一个非常好、非常自主的学习方式，体现了同学们积极的学习精神。同时，展览也能积极传达校院理念和特色，进一步提升校院的影响力，希望此类活动长办、多办！

周老师：高校联展和毕业作品展是同学们本、研学习阶段学习成果的集中展示，我欣慰地看到同学们都学有所成，并立志于投身乡村振兴战略。这对我们进一步提升家国情怀、强化报效国家的担当精神有着深远的意义。作为新时代的新青年，更要自觉肩负起传承弘扬中华优秀传统文化的历史责任，实现中华优秀传统文化的创造性转化和创新性发展，成为中华优秀传统文化的忠实传承者和弘扬者。

3．第三方评价

学生家长王先生：能在一所学校内看到更多学校的优秀作品，这对于孩子们来说是一个更广阔的视野，也是一个更好的学习平台，希望他们可以在此次活动中受益匪浅。

第四章

文化沟通与交往能力

【1】西南交通大学轨道交通文化节

一、基本信息

项目名称	西南交通大学轨道交通文化节		
项目类别	文化沟通与交往能力	项目内容	专业+
项目容量	500 人/期	开课单位	交通运输与物流学院
面向对象	全校师生	授课方式	竞赛

二、育人目标

从“山海关北洋铁路官学堂”到“西南交通大学”，虽校名几经更换，校址几度变迁，但自建校以来，交通运输一直是我校的重点建设学科，我校的交通运输工程一级学科排名全国第一。作为我国轨道交通建设的重要研发平台，我校致力于在轨道交通领域走在中国乃至世界前列，为国家的轨道交通建设输送了大量人才，做出了不可磨灭的贡献。作为交大学子，我们应该积极发扬我校的轨道交通文化，将我校的优势学科继续传承下去。

为更好地响应国家“交通强国”建设需求，培养新时代交通人才，结合交通运输与物流学院的专业强项优势，面向所有交大学子开设以轨道交通为主题的文化节系列活动，让更多的交大学子深入了解轨道交通的发展历史及现状，了解我校的光荣历史及先辈们的光荣事迹，同时吸引更多的交大学子投身于轨道交通的建设中，为我们的城市、国家乃至世界的交通贡献力量。该系列活动给予同学们更多学习轨道交通知识的机会，寓教于乐，结合交大校园的标志建筑，从文化层面上进行熏陶，通过小组合作提高同学们沟通交往能力。

深入学习一不怕苦、二不怕死，顽强拼搏、甘当路石，军民一家、民族团结的“两路精神”①，将顽强拼搏有机融入交大学子的学习生活中，为培养国家轨道交通人才奠定思想基础。

三、育人措施

1．报名环节

线上报名：全校学生可以通过关注交运团委微信公众号进行线上报名。

线下报名：活动宣传期，全校学生可在二、四食堂门口进行现场登记报名。

2．活动环节

每组在出发前在工作人员处领取游戏点位分布地图（相同游戏可以设定多个位点避免拥挤和等待），并抽取自己前往的第一处游戏位点（第一处位点可固定在几个地方，方便画出路线），根据抽到的第一个游戏，每组可在地图上找到相应画出的多条路线，随机在每条路线中途安插驿站，若队伍经过驿站，必须答对 10 道题中的 4 个以上才可顺利通过，否则该队需要在驿站处“休息”，即在总时间上增加相应时间，增加的时间通过在纸盒中抽取决定。完成路线中全部游戏后到出发处集合。每条路线设置 4 个游戏，驿站可以是多个路线的交汇处。

---

① 习近平就川藏青藏公路建成通车 60 周年作出重要指示，强调要弘扬“两路”精神助推西藏发展。

某组抽取的游戏路线为①→②→③→④→⑤，完成①后，在该点位处可能抽取到②或③或④。若抽取到④，到④完成游戏后，在该点位处可能抽取到②或③或⑤。若抽取到②，则到②完成游戏后，在该点位处可能抽取到③或④或⑤，若抽取到④，因已完成④，则可重新抽取。该组必须抽取到⑤，并完成游戏，才可回到起点工作人员处记录总时间。

每个游戏点位都有相应的时间限制，若小组未能在限制时间内完成游戏，则强制结束游戏，算作通过该点位，但需接受增加总时长的惩罚。

所有完成游戏的参赛者均可在游戏结束后参与抽奖。

在每个小组完成各个项目或者到达限制时间以后，各个小组回到起点后凭借路线图进行抽奖，根据各个点位的完成情况进行筛选和排名，对各个小组进行奖品的分发。

共设立一等奖一组，二等奖两组，三等奖三组，参与奖五十名，以及校级证书和相应奖品（包括第二课堂学时、绩点）等。

四、育人实效

本次活动紧贴轨道交通文化，在各个环节中设立与轨道交通文化息息相关的游戏和题目等，让每个同学可以在学校的各个场景地点进行游园，也让大学生可以离开宿舍到户外参加一些有益身心健康的娱乐活动。同时活动最后安排了不同的奖项，根据各个小组在游戏中的表现和取得的成绩进行一定程度的嘉奖，从而充分调动大家的积极性。

总的来说，通过这次活动，同学们对有关轨道交通文化有了更深刻的了解和认识。通过学习我国乃至世界各国的轨道交通发展史，同学们了解到交通不仅关乎人们的出行，同时它还是各个城市相互沟通的不可或缺的一大板块，发挥着举足轻重的作用，发展更高水平、更加安全的轨道交通，不仅与我们的生活息息相关，同时也对城市和国家的发展有着重大意义。

五、育人评价

平均评分：4.8 分

1．学生评价

王同学：这次活动中，我们通过游戏答题等，简单地了解了我国乃至世界的轨道交通，再一次感受到中国速度和中国奇迹，在之前落后世界水平很多的情况下，在短短几十年内就达到世界水平乃至顶尖，我为中国速度感到骄傲和自豪。

2．教师评价

李老师：通过这次活动，更多地激发学生对轨道交通的兴趣与热爱，通过查询和了解更多有关轨道交通的知识，一路走来，我见证了无数个优秀工作者为祖国所做出的贡献，他们不断地为中国轨道交通乃至中国事业添砖加瓦，让我们的生活得更加快捷，更加方便。

3．第三方评价

陈先生：近 20 年来，中国轨道交通从普通水平发展到高等水平，从引进技术变为输出技术，披荆斩棘闯过了其他国家几十年都难以通过的关口，更是走出了以前百年来完全不敢想象的道路，在发展的同时，还形成了许多重大的知识产权和技术创新成果，中国的轨道交通也站起来了。

【2】西南交通大学“努力讲坛”系列活动

一、基本信息

项目名称	西南交通大学“努力讲坛”系列活动		
项目类别	文化沟通与交往能力	项目内容	思政+
项目容量	300人/期	开课单位	力学与航空航天学院
面向对象	全校师生	授课方式	线下+线上讲座

二、育人目标

“努力讲坛”在成立之初，原本是西南交通大学力学学院内部发起的系列讲座活动。2019年秋季学期，力学学院为传承“双严传统”、帮助学困生解决学习难题，建设起一个虚体班级——学业帮扶“努力班”。学院组织班级同学每晚在固定教室自习，由本科党员先锋服务队负责值班签到及答疑，针对学习特别困难同学进行一对一帮扶。同时，邀请校内外老师开展了一系列的“努力讲坛”实体讲座。2020年1月，面对寒假突如其来的新冠肺炎疫情，为响应教育部“停课不停学、停课不停教”的号召，充实同学们的假期，激活同学们内心深处求知好学的欲望，力学与航空航天学院党委紧急部署、快速行动，由本科生党支部牵头，学院学生会、研究生会、青协、传媒、君子书院等学生组织配合，系统构建了“努力讲坛”寒假网络版，从1月31日开始定期举办讲座，现已成功举办30期。每一期“努力讲坛”由不同的学生组织自主承办、自主负责、自主运营。主讲嘉宾以QQ群为载体，通过即时语音和腾讯会议的形式开展“努力讲坛”，线上与同学们分享交流。讲座结束后由专门的同学负责整理每期讲座实录文稿，供同学们学习。

三、育人措施

1. 短短时间建起千人学习群

通过周密及时的前期准备，学院团队早在大年初七就承办了第一期“努力讲坛”，迅速填补了那段时间的“空白”。“努力讲坛”打破了时间和空间的局限，对自我有所要求的人提供了一个开放共享的免费学习平台。

在校内，学院团队积极与信息学院、外语学院、数学学院、牵引动力国家重点实验室等单位合作，拓宽讲座规模，引发学生关注；在校外，通过高校学工系统交流平台进行宣传，吸引了清华大学、同济大学、武汉大学、华中科技大学、武汉理工大学、浙江大学、哈尔滨工业大学、四川大学、东南大学、中南大学、北京交通大学、合肥工业大学、燕山大学、海南大学、温州大学等超过30所高校的同学陆续进群。“天下大学一般亲”，正是“努力讲坛”存在的意义之一。在不到一个月时间里，“努力讲坛”的规模已经扩展到1700多人。讲坛的高质量举办也让同学们纷纷点赞交大，正如一位燕山大学同学留言说的：好的大学，没有围墙。

2. 院士专家校友学生齐上阵

“努力讲坛”实打实地给疫情期间在家学习的同学们送上了一顿顿知识盛宴，同学们之间的口口相传，让它越来越火爆，其核心还是高质量的讲座课程。关于每一期讲座的主题和内容，学院团队做了多方面的考量。最开始较多地着眼于本校，邀请学校两院院士、竢实扬华奖章获得者、科创大神、优秀教师等不同方向领域的优秀师生给大家带来满满的知识干货。但随着参加“努力讲坛”的同学们越来越多，学院进行了深入的思考，不再只提供专业性分享，而是从多个维度策划了每期讲座内容，旨在更好地在疫情期间为大家提供知识盛宴。

讲座内容不仅包括课程学习、科研竞赛经验分享、职业生涯规划、新媒体技术运用等专业知识，还包括各种特色专题，例如全国优秀教育工作者、天津医科大学郭琳老师主讲的中国战“疫”中的生命联结，中国新闻奖得主、中青报四川记者站站长王鑫昕对在武汉45天的经历分享，清华大学写作与沟通教学中心主任梅赐琪老师分享的“写作的思维”。最特别的当属90岁高龄的中国科学院、中国工程院院士沈志云，他欣然受邀，以翻转课堂的形式在群里和大家开展了一场题为“轮轨天下 磁浮未来”的高铁研讨会，众多听讲的同学必会终生难忘。

3．支部牵头党员带头共努力

共产党员在疫情期间要发挥好模范带头作用，“努力讲坛”就是学院本科生党支部这么长时间以来一步一个脚印努力的结果。疫情期间大家不得不宅在家里，学生党员们应怎样发挥作用呢？线上活动是首选。为此，学院党委快速决策，搭建起“努力讲坛”这样一个平台，让学生党支部以及各个学生组织都开始轮轴转起来了。讲坛一场场办下去，学生党支部的战斗堡垒作用和学生党员的先锋模范作用就这样自然而然显现出来了。

“努力讲坛”是以QQ群为载体，通过即时语音、视频+PPT分享或者腾讯会议等多种线上形式开展。每期讲座举办前，学院本科生党支部线上群内都会进行协调分工。从讲座举办前联系嘉宾、确定讲座时间主题、创作海报进行线上宣传，到讲座过程中的主持互动，再到讲座结束后整理每期讲座实录文稿，都有专门的老师和同学负责。

本科生党支部的统筹推进、学工组老师的密切配合、各个学生组织的积极参与，三者拧成了一股绳，共同保障了“努力讲坛”的顺利举办。学院本科生党支部在学院党委的领导下搭建起“努力讲坛”网络平台，支部党员们毫不犹豫地肩负起新时代赋予大学生党员的使命与责任，用多种方式参与到战“疫”一线，践行自己的青春和热爱。就这样，一个20多人的小小党支部，通过一个小小的QQ群，办成了一个开放共享、面向全国的学习大平台。

四、育人实效

1．学风建设大放光彩

在科研竞赛方面，讲坛活动从队友、创意、装备和资源等方面引导学生积极参加学科竞赛，学好专业知识的同时从比赛实践中提高各方面的见识与学习能力。学习能力提升方面，创建良好学习氛围，锻炼向他人讲授题目的本领，学会利用教辅资料，学会做好课堂笔记，与任课老师有效沟通交流，注重勤奋自律，合理分配时间，寻找自己的学习方式……。在“全国大学生自强之星”方面，讲坛活动整理学习、竞赛、科研平台以及机遇与挑战，引导同学们更好地利用起身边资源，闯出自己的一片天。在科研论文写作经验与技巧分享方面，讲坛活动从审稿流程、顶级期刊、写作顺序、写作技巧、注意事项等方面层层展开，吸引了不少研究生及本科计划深造的同学前来观看。在研究生生涯规划方面，讲坛活动从“选择、聚焦与行动”三个着力点出发，为研究生的科研生涯保驾护航，使许多研究生走出了学业迷茫，找到了自己的兴趣与爱好，实现了研究生阶段的自我价值。在考研基础课的复习与备考方面，讲坛活动为不同英语和数学水平的同学量身打造自己的考研复习方案，吸引了许多准备考研的同学前来聆听。在留学生涯规划方面，讲坛活动“关于留学的一点思考”“德国留学生活”等，学院教授轮番上阵，开展一系列留学辅导讲座，帮助同学们更加清晰地认识留学，如何更好地留学等。

收听“努力讲坛”后的同学之中，不乏全国大学生周培源力学竞赛一等奖、全国数学建模大赛一等奖、力学创新实验设计大赛一等奖获得者；在随后的各项课程考试中，专业成绩名列前茅的同学不计其数；同学们向着更加优秀的目标而奋斗，其中不乏获得“省级优秀毕业论文”“星级志愿者”“勤工助学之星”等称号的同学；听取科研论文写作经验与技巧分享之后的同学中不乏发表 SCI 论文、EI 论文、优秀毕业论文的榜样；许多参加“努力讲坛”的同学在之后的考研基础课上大放光彩，考取了自己心仪的院校；在听取“努力讲坛”的同学中，有 16 位同学成功留学美国、德国、英国等国知名高校。

2．人文素养全面提升

有效表达之自我介绍与面试答辩方面，切实提高同学们的沟通与面试能力。与新媒体共舞方面，从“走进微时代”到“大学生网络素养现状与提升”再到“如何做好网络思政”。时刻紧绷防范之弦，谨防网络电信诈骗方面，开展防网络电信诈骗专题讲座，切实提高同学们的防诈骗、反诈骗意识，防患于未然。身心健康教育方面，开展“3·25”心理健康教育专题讲座，以及结核病、艾滋病防范知识宣讲；关注同学们的身心健康，争做体魄强健、积极向上的阳光少年。写作的思维方面，培养同学们的写作能力，为工科生补短板，提升同学们的高尚情操和人文情怀。“新桃”与“旧符”中的礼仪文化方面，引导学生学习社交礼仪，满足走向社会的需要，培养适应社会生活的能力，提高社会心理承受力，舒缓个人情感状态，影响和引导同学们的价值观、人生观、个性等，争做彬彬有礼的君子与淑女。慎独与内省方面，谈如何写好年度总结计划等。

参加“努力讲坛”的同学们中，有多位同学在随后的竢实扬华奖章评选中答辩成绩优异，不少同学还在就业深造，面试过程中表现出了扎实的沟通与表达功底；有许多同学从“努力讲坛”的学习中增强了网络信息筛选能力、网络法律及道德意识、网络安全防护意识以及网络资源利用能力；“努力讲坛”开办以来，收到了数十位同学的年度总结，切实提升了同学们的总结规划能力。

参加“努力讲坛”的同学们纷纷反馈：努力讲坛“名人多，干货多，形式成熟，内容丰富”“以前没机会接触到优秀的学长学姐和老师们，通过这个平台学到了好多东西”……“努力讲坛”向我们证明，即使疫情阻隔了大家现实中的相见，好学求思的心仍能在这里聚在一起。

五、育人评价

平均评分：4.9 分

1．学生评价

王同学：作为新时代青年的我们正处于一个伟大的时代，我们有很多压力也有很多机遇，我们是实现伟大中国梦的主力军。在“努力讲坛”，我遇到了为祖国奉献一生的院士，也遇到了投身于疫情防控的伟大“战士”。感谢你们让我看到了这个时代的榜样，让我的前进再次充满动力。

李同学：结束该节课后，我有深刻的体会，我们青年身处时代的风口，我们不求像讲师们一般伟大，但求有益社会与民众。尽管如今我们的能力或许还不足以为国家建设添砖加瓦，但我相信那一天迟早会到来。“努力讲坛”仿佛是一个赛道，老一辈的伟大建设者正把时代的接力棒传到我们的手上，在祖国需要我们的时候，我们可以尽自己的力量发光发热，担起时代的重任。

2．教师评价

张老师：此次活动可以让学生知道，不论是学习还是生活，都需要独立，让过于依赖父母老师的同学们意识到，青春不该是这样的，少年不该是这样的。要敢于有梦、追梦、圆梦。

3．第三方评价

媒体报道：“努力讲坛”作为疫情防控期间的优秀教育范例，成为全球教育系统的一个“网红”学习平台。2020 年 2 月 7 日，“高校辅导员在线”公众号介绍了“努力讲坛”举办情况；2 月 16 日，全国教育新闻联播也对“努力讲坛”进行报道；4 月 11 日，“高校思政网”专题报道了“努力讲坛”的来龙去脉；12 月 3 日，“四川党建”专题报道了“小支部办起大讲坛”。

【3】你有舞台，我有故事
——西南交通大学茅以升学院“经典‘悦’读”分享会

一、基本信息

项目名称	你有舞台，我有故事——西南交通大学茅以升学院“经典‘悦’读”分享会		
项目类别	文化沟通与交往能力	项目内容	思政+
项目容量	300 人/期	开课单位	茅以升学院
面向对象	全校学生	授课方式	活动

二、育人目标

以习近平新时代中国特色社会主义思想和党的十九大精神为指引，坚持“以文化人，以文育人”理念，明确“培养什么人、怎样培育人、为谁培育人”这一根本性问题，坚持把立德树人作为中心环节，把思想政治工作贯穿教育教学全过程，实现全员育人、全程育人、全方位育人。通过鼓励学生积极主动阅读书籍，拓展知识面，认知世界，在大量的阅读实践中学会阅读方法，形成阅读能力，养成阅读习惯。培养学生“多读书，读好书”的习惯，将所学运用于生活实践，用所学武装大脑，达到着眼于共性与注重个性的双重目标，达到精神和文化的双重提升，培育正视传统文化，有德、有志、有思想的新时代青年人才，为社会主义建设贡献新青年的新力量。

三、育人措施

1．充分了解学生兴趣点，推选适合书籍

“经典‘悦’读”以人为本，坚持民主集中原则，充分听取师生意见，学院团委重点面向全校学生展开充分的调研工作，积极了解学生对各类书籍的爱好，推选适合的书籍共同阅读，推荐书籍报学院备案审核。

2．以学生为主体，建立师生共读书圈

“经典‘悦’读”通过设立书圈导读员，以学生为主体，选取学生普遍喜欢的书籍成立书圈，建立书圈阅读小组，书圈成员在群里积极发言，分享个人心得或提问，培养学生独立思考，勇于发表个人想法的能力，结合老师兴趣爱好，加入感兴趣的书圈，与学生共同探讨相关话题，进行思维火花的碰撞。

3．提供分享平台，开展阅读分享会

“经典‘悦’读”以阅读为基础，以分享为平台，书圈全体成员团结协作，参与“经典‘悦’读”分享会，为同学们提供展现自我、表达自我的平台，让更多的人学会如何表达、如何展示。让一枝花的香味儿弥漫整个校园，让传统经典文化知识更好地感染到身边每一位同学。

四、育人实效

1．你有舞台，我有故事，持续开展多类型分享会

“经典‘悦’读”重点通过经典书籍分享，讲解名著，分析作者创作时的心路历程，分享阅读感悟，让同学们体会到不同视角下的名著经典。截至 2021 年 6 月，“经典‘悦’读”分享会共开展 10 余场，充分发挥书籍阅读的良好优势，持续深入贯彻“会读书、多读书、读好书”的精神理念，目前覆盖学生人数 3 000 余人次。

2．加强青年人文教育，引导学生主动思考

同学们通过“经典‘悦’读”增长知识、扩大眼界，学会独立思考、积极思考。通过书籍阅读，陶冶情操、增长才干，多维度理解阅读的真正内涵，真正明白“活到老，学到老”的意义，通过读书分享会，真正做到一个人读书受益百人的目的，让阅读成为自己的日常。截至目前，参与书圈人数达 5 000 余人次，覆盖面极广。

3．师生凝心聚力，共筑书香校园

通过师生书圈共读，书圈指导老师首先分享自己对这本书的观点体会，抛砖引玉，再由同学们进行分享交流，从不同的视角来解读，引发一场思维风暴。更加深刻地理解体会一本经典名著，看见更多自己未曾发现的风景。

五、育人评价

平均评分：4.9 分

1．学生评价

王同学：在纷繁复杂的当今世界，传统文化渐渐被大家所淡忘，在强国路上，身为大学生的我们，应尊重传统文化知识，积极主动传承传统文化，在追求科学的道路上，秉承初心，成为“有道德、有思想、有志向”的新时代青年，为实现中华民族伟大复兴的中国梦贡献自己的力量。

姚同学：通过“经典‘悦读’”活动，我深刻体会到当代青年正处于风云变化的年代，努

力学习知识，掌握本领是我们这一代人应当做到的，“青春之我，青春之国家”，我们这一代人是幸运的，也是艰苦的，我们需要更好地完善和武装自己。

邓同学：青年兴则国家兴，青年强则国家强，青年一代有理想、有本领、有担当，国家就有前途，民族就有希望，新时代中国青年应清醒认识到，全面建成小康社会、建成社会主义现代化强国的使命，为人类做出更大贡献的使命，是时代和历史赋予的，是国家、民族发展的内在需要，我们青年一代应当涵养担负时代使命的情怀，锤炼担负时代使命的品德，增强担负时代使命的本领，为实现中华民族伟大复兴的中国梦而努力奋斗。

2．教师评价

毛老师：培养什么人，是教育的首要问题。我国是中国共产党领导的社会主义国家，这就决定了我们的教育必须把培养社会主义建设者和接班人作为根本任务，培养一代又一代拥护中国共产党领导和我国社会主义制度、立志为中国特色社会主义奋斗终身的有用人才。本门课程通过“经典‘悦’读”的形式，以更加活泼的形式进行人文教育，值得推广和宣传。

3．第三方评价

学生家长王先生：该活动立足于培养学生的人文情怀，发挥学生学习的自主性和合作性，真正培育有道德、有理想信念的新时代青年。不仅让新时代青年在阅读中增长知识，更让青年一代感受到文化传承的重要意义，尤其是对于理工科的学生而言，阅读书籍能够更好地帮助他们塑造正确的三观，这不失为一种良好的思政教育方法。

【4】西南交通大学“言值”杯个人辩论赛

一、基本信息

项目名称	西南交通大学“言值”杯个人辩论赛		
项目类别	文化沟通与交往能力	项目内容	思政
项目容量	300 人/期	开课单位	人文学院
面向对象	全校学生	授课方式	活动

二、育人目标

习近平总书记指出，要在党的教育方针指导下，努力培养担当民族复兴大任的时代新人，培养德智体美劳全面发展的社会主义建设者和接班人。本活动以习近平新时代中国特色社会主义思想为行动指南，在课业之余挖掘学生兴趣，培养多能力多兴趣发展的新时代人才，激发学生的思考与创造，为中华民族的伟大复兴培育人才。同时丰富校园文化生活，课业课余两手抓，在多角度多方面提升学生能力，激励学生创造创新发展，不局限于传统教学，努力奋进，传承竢实扬华、自强不息的交大精神，为培养有社会担当和健全人格、有职业操守和专业才能、有人文情怀和科学素养、有历史眼光和全球视野、有创新精神和批判思维的“五有”交大人努力。在文化沟通与交往能力的培养活动主题上，为学生提供展示自我、提升自我的平台，发掘当下时代话题，引领学生了解时代精神、参与讨论思考，培养学生的思辨能力和表达能力，在交流互鉴中开阔思维，深度思考，把收获作用于学业、作用于生活、奉献于国家。

三、育人措施

1. 辩论脱口秀，将思想教育与个人能力培养相结合

“言值”杯辩论脱口秀在传统辩论赛中进行了类似“选秀”模式的创新，将辩论思维融入表达与思考，让辩论赛变得活泼，从而吸引学生的广泛参与。与此同时，诸如二对二、一对一的“小队秀”和“个人秀”的新辩论赛制，不仅继承了传统辩论赛思维训练、思想道德培养的优势，还让参赛者的体验度上升，相较于传统模式更多考查个人应对能力、组织协调能力以及语言表达能力。此外，现场选题的模式更加锻炼参赛者短时间内的思维敏捷度和思维整合能力，具有传统辩论赛不具备的优势。

2. 比赛+推送，将思辨精神推广至全体学生

“言值”杯的整个比赛阶段中都有“艺点”公众号等新媒体参与，实时将辩论脱口秀讨论内容、辩手观点、学生表现和赛果传达到广大学生群体中，将思辨精神和多视角看问题的批判能力传达给全体学生，以达到教育推广的作用。

四、育人实效

1. 辩论连接生活，激发思维敏感度

辩论不是一种比赛形式，而是一种思考方式。“言值”杯辩论脱口秀的辩题取材于社会热点和大学生生活等学生时常接触的话题，通过对这些事件进行辩论探讨，可以培养学生对身边事的敏感程度和对熟悉事件发表新观点、提出新看法的思想开拓性，有助于学生思维培养。

2. 促进观点交锋，提升个人素质

辩论的重点在于思想交锋，对同一事物不同看法的交流有助于培养学生多角度看问题的批判思维。而脱口秀重点在于表达，二者结合更能培养能力。在比赛准备中的小组合作和资料查找有助于提高学生协调能力、个人领导能力和学术能力，而在赛场上的交锋有助于锻炼学生语言表达能力和个人应变反应能力。赛后的问题归纳也有助于提高学生的总结能力。

3. 思政融入辩论，打破思维局限

“言值”杯辩论脱口秀通过辩论脱口秀的形式与思想政治教育相结合，打破以往思政+活动枯燥的刻板印象，辩论赛中对思想政治的把握有助于学生真正将思政知识进行运用，思想的碰撞引发了思考，抽象枯燥的思政课变得生动活泼起来，让学生在比赛中接受思想政治教育。

五、育人评价

平均评分：4.9 分

1. 学生评价

陆同学：这次活动不同以往的辩论赛形式，即使不是各学院辩论队的同学也能参赛，话

题也更紧跟热点更有意思，我在场下看得很入神。老师同学都有着自己的独特见解，而蒙着脸不看颜值不认人的模式也让我们更专注于场上选手的发言和表达，在这个“颜值即正义”的时代是很难得的。

夏同学：活动结束后我感慨万千，这个活动对我来说不只是一个辩论赛，更是一次对自己的突破。不只是我有收获，身边的同学也说这个活动打破了他们对于辩论的刻板印象。比起严肃的赛场，这样的模式更容易让人接受，更便于倾听，便于表达。

张同学：青年需要发声的机会，很多时候我们缺少广开脑洞以及严肃讨论的空间场合，我们的生活充斥着浅薄和娱乐。这次活动让我们拥有了尽情讨论、尽情展现的机会，无论是选手交流还是导师点评都很有内涵、很有意思，让我收获良多，也更喜欢思考和讨论了。

2．教师评价

刘老师：“言值”杯是一次形式特殊的辩论赛，是我一直很想看到的真正有意义的活动。学生的生活不能只有课堂学习，举办第二课堂的目的是将活动与教育实践相结合，让学生从各方面汲取知识。从结果来看，“言值”杯做到了。这个活动主要致力于思维方式的培养，这种思维会贯穿学生学习生活的方方面面，对他们有着积极正面的影响。

3．第三方评价

学生家长常先生：这次活动很精彩，不只是学生们感兴趣，我和其他家长也听得激情澎湃、互相讨论，这是很久都没有过的体验。这种活动形式和立意都是值得推广的。在当今这个时代，缺少坐下来认真思考、讨论和表达交流的人，相信学生们一定能从中学习到很多东西，并作用于他们今后生活的方方面面。

【5】英语口才的再升华
——西南交通大学“交大之星”英语演讲比赛

一、基本信息

项目名称	英语口才的再升华——西南交通大学“交大之星”英语演讲比赛		
项目类别	文化沟通与交往能力	项目内容	专业+
项目容量	300人/期	开课单位	外语协会
面向对象	全校学生	授课方式	竞赛

二、育人目标

以习近平新时代中国特色社会主义思想和党的十九大精神为方针，深入学习贯彻习近平总书记关于教育的重要论述，将培育社会主义建设者和接班人作为根本目标，开展英语演讲、才艺展示等活动，在德育、美育等多个育人方面展开积极建设，为其开阔眼界，增长表达、思辨、论述等能力提供平台与渠道，进而提高交大学子的综合素质，使得交大学子在扎根中国文化的同时，融通中外、立足时代、面向未来，致力于文化“走出去”，培育有中华传统文化的英语人才，进而培养出具有中国特色、世界水平的现代中国教育下的优秀人才，为祖国建设、民族复兴、中华崛起输送高素质的技术技能人才。

三、育人措施

1. 以竞赛促良性竞争，培养学生竞争意识与能力

“交大之星”英语演讲比赛分初赛、复赛、决赛三个阶段进行，包含不同赛制，以多样的比赛形式、丰富的比赛内容，不断激发参赛选手的参赛热情，使其在良好的比赛氛围中不断展现与发掘自身的潜能，以积极向上的精神风貌面对挑战与竞争，培养学生在比赛中以他人为镜、取长补短最终蓬勃成长的能力。

2. 以新颖环节设置，激发学生学习热情

在以演讲为主要比赛内容的同时，鼓励学生展现自身丰富的才艺与广博的知识内涵，从而赋予比赛更多的趣味性与体验性，不仅培养参赛选手多方面发展、完善人格的意识，也让观众意识到学习的趣味，提高其审美情趣，使其接受终生学习、终生受益的学习观念。

3. 融会贯通，讲好中国故事

在新发展格局下，以中国文化中国精神为内涵，提高学生的英语能力，鼓励学生以英语来讲述故事、表达所思，培养学生的世界格局与开阔视野，增进其认识世界、把握规律、追求真理、改造世界的能力，在全球化、一体化、合作化的今天，不卑不亢，发出属于中国的青年之声。

四、育人实效

1. 激情洋溢的演讲比赛，增强同学们对口语表达能力的重视

“交大之星”英语演讲比赛是一项由西南交通大学外语协会主办，以在校本科生为主要对象，以提高英语口语及表达能力、增进在校同学之间学习交流为目的的高校英语演讲大赛。在全校同学热情参与的情况下，2020 年 11 月，外语协会举办了“交大之星”英语演讲比赛。九里、犀浦两校区总参与人数超过 100 人，最终于 11 月 28 日举办了决赛，入围选手有 13 人，现场观赛人数达 200 人。

2. 用英语讲好中国故事，增强学生文化认同感

“交大之星”英语演讲比赛的决赛奖项中有一个“国风奖”，是一项围绕中国传统文化之类开展的奖项。大赛致力于通过此奖项来用英语讲好中国故事，让同学们在切磋交流沟通能力之余，能够增强一份对中华传统文化的认同感，并身体力行，将同学们心中的中国故事以英语演讲的方式表达出来，既新颖又极具价值意义。

3. 营造良好的英语学习氛围，激发广大同学学习英语的热情

“交大之星”英语演讲比赛自 2002 年以来已举办 18 届，已成为西南交通大学参赛人数最多、规模最大、水平逐渐提高的英语演讲赛事。每逢 11 月中旬，外语协会各部门积极宣传，选定合适的工作日在二、四食堂门前摆摊宣传，通过外语协会官方公众号以及 QQ 等社交平台线上推文，为全校有意愿参加的同学提供有效的信息。扩大比赛的知名度，以及吸引更多的交大学子前来交流学习英语，激发同学们的学习热情。

4．提供大显身手、施展才艺的舞台，引导同学构筑青春梦想

在决赛的最后设置有一个展示才艺的环节，要求每位参赛者最多可邀请 3 位助演嘉宾，表演时长需控制在 5 分钟之内，表演内容自选（唱歌、跳舞、乐器、英文脱口秀、英文小品、话剧等形式不限）。工作人员进行计时，评委老师进行打分。综合表现前五名的同学可获得一、二、三等奖，同时评选最佳才艺奖。各位选手们在舞台上尽情歌唱，欢快热舞，博得评委老师们和观众的一致好评。这既是对他们才艺的肯定，给予他们一个施展的机会，也增强了他们的自信心，让他们离梦想的实现更进一步。

五、育人评价

平均评分：4.9 分

1．学生评价

杜同学：我有幸参与了去年“交大之星”英语演讲比赛，与其他选手一起在讲台上展现自我。在我看来，虽然我在比赛最后没能够获得奖项，但是重在参与。参与一次比赛不只看重结果，更要注重过程。我在参与的过程中，收获了很多的经验，比如口语表达技巧、临场发挥能力等，更重要的是我在实战比赛中锻炼了能力，褪去了我刚开始的紧张、羞涩和不自信，激励了我更加热爱并持续学习英语的内心。

范同学：作为这次“交大之星”英语演讲比赛的观众，我见识了许多优秀学长学姐的精湛的口语表达能力以及演讲才能，他们的演讲着实值得称赞。进而想到自己，我在英语口语方面表现得尚不够自信，英语词汇量还有欠缺，在以后的学习生活中，我要向他们学习，借鉴他们宝贵的经验，提升自身的英语综合能力。

吴同学：生活不止眼前的苟且，还有诗和远方。远方有多远我们无从而知，但是精神世界不需要我们迈步，就在我们眼前。“交大之星”英语演讲比赛就是一个输出精神思想的舞台。我也曾参加过“交大之星”英语演讲比赛，并获得不错的名次和评委老师的表扬。在参赛过程中，除了有一丝丝紧张的情绪之外，更多的是喜悦和兴奋。在我所抽到的题目当中，我发现有许多中国传统文化的元素的加入，让我由衷地感到自豪和骄傲，能够用英语演讲的方式将我们国家的优秀传统文化宣扬出去，我认为这是我参加这个比赛的理由之一，也是这个比赛最吸引我的地方。我将继续努力，继续在英语学习道路上奋斗，毕竟学海无涯，学无止境。

2．教师评价

王老师：“你能面对多少人，未来就有多大的成就”，英国前首相丘吉尔的这句话用在这里我觉得非常合适。这次英语演讲比赛确实能够增强很多同学的自信心，让他们在比赛中成长，在比赛中进步；你认真的模样真美，你演讲的模样更美。有英语的地方，有梦想的味道，交大之星，为梦起航。同学们，机会总是留给有准备的人的，只要你有梦想，只要你有一颗不断奋进的心，“交大之星”英语演讲比赛就是你施展才华的最好的平台。

3．第三方评价

学生家长李先生：这个英语演讲比赛办得非常有意义，无论是赛前宣传还是比赛过程中的方方面面，都考虑得十分周到。除此之外，随着社会的发展，既根植于民族文化土壤又具

有国际视野的人才在未来的竞争中才会立于不败之地。我觉得这个比赛很好地培养了这类型的人才，对学生的发展大有裨益。

【6】“留海说”系列活动 ——西南交通大学爱斯国际学习工作室系列活动

一、基本信息

项目名称	“留海说”系列活动——西南交通大学爱斯国际学习工作室系列活动		
项目类别	文化沟通与交往能力	项目内容	其他——留学深造
项目容量	300 人/期	开课单位	地球科学与环境工程学院
面向对象	全校本科生	授课方式	讲座

二、育人目标

《西南交通大学关于加强毕业生就业引导工作的实施意见（试行）》明确了我校就业创业工作的方向和重点，以考研出国指导为重点，并在校级项目中单设以“出国留学”为主题的工作室，同时在学院就业指导工作中单列“升学指导”工作，充分体现学校对升学深造工作的重视。

2017 年 10 月 30 日，第 74 次校党委常委会同意地球科学与环境工程学院以建设国际化示范学院为抓手，推进综合改革。经过一年的建设期，2018 年 5 月 30 日，第 90 次校党委常委会决定同意地球科学与环境工程学院申报国家外专局国际化示范学院，王顺洪书记表态，学校将扎实推进国际化示范学院申建工作。2018 年 12 月 21 日，科学技术部党组成员夏鸣九一行莅临西南交通大学考察“高校国际化示范学院推进计划”，考察结束后夏鸣九一行对学院国际化建设给予了高度肯定。

学院学工组积极响应学校招生就业处与学院工作重点要求，经过多次与“新东方教育集团”沟通协商，以及多次走访调研洽谈，拟结合新东方专业出国留学升学深造专业力量开展学生出国留学系列活动与服务，助推学校学生实现国际升学，提升学校深造率的工作目标。

三、育人措施

1．培养学生国际化学习交流能力

邀请学院外籍教师开展“国际化+名师讲堂”国际视野与出国留学系列讲座，助力地球科学与环境工程学院国际化示范学院申建工作，营造国际学习氛围，提高学生学习深造素养。

拓展国际交流版块，策划外籍教师及国际学生交流活动，促进中国学生与外籍学生们之间的交流，加强学生们的国际化交流能力。

2．提高国际视野，明确未来深造规划

邀请到新东方著名教师（新东方亚洲出国留学负责人）开展讲座，讲座主题为“出国留学、对自己未来合理规划等指导”，新东方教师不仅为我院学子指引发展方向并对出国留学有意向的同学讲解申请流程。通过这些讲座让同学们更好地了解出国留学的细节，学会如何进

行生涯规划、自我素养的提升训练，以及如何拥有正确的处理思路，明确自己未来深造的学习规划与目标。

3. 明确自我目标，提升自我价值

我们通过举办新生出国留学启蒙讲座，除了让同学们了解关于出国留学的细节等方面，同时还要告诉同学们留学深造的意义。开展归国留学人员分享会，通过留学人员回国后的经历分享，让同学们正确面对出国留学的机遇与挑战，在出国留学学习知识的同时不要忘记报效祖国，让同学们意识到要不忘初心，带着梦想远行。

习近平总书记指出，留学事业历来与国家和民族的命运紧密相连。许多留学生归国后，为国家建设做出重大贡献，对社会发展起到重要作用。希望留学生把爱国之情、强国之志、报国之行统一起来，发扬留学报国传统，胸怀大志，努力做到坚守爱国主义精神、矢志刻苦学习、奋力创新创造、积极促进对外交流。

四、育人实效

1. 做好留学启蒙，了解留学环境

习近平总书记在欧美同学会成立100周年庆祝大会上的讲话指出："近代以来，我国大批留学人员负笈求学的足迹，记录着中华儿女追寻民族复兴的梦想，伴随着我国从封闭到开放、从落后到富强的伟大历史性跨越。随着中国经济的快速发展，留学生人数剧增，他们是推动我国经济发展、参与社会主义建设的重要力量。"

我院联合校外专业机构的力量，共同做好学生出国升学深造规划与助推帮扶工作，让新生更早地了解本专业的留学现状，树立出国留学的意识，了解留学环境，为更好提升大学生国际化能力奠定基础。截至2021年6月，"留海说"系列讲座已经开展到第八期，覆盖青年学生超过800人次。

2. 经验交流，答疑解惑

"留海说"系列讲座的主讲人多为有经验的学长学姐，他们了解学生所想，有留学的知识和经验，在留学深造方面有自己的见解，对留学生在社会中的处境有更真切的体会，能够用专业的知识为同学们答疑解惑。学长学姐们还向同学们介绍出国留学的前期准备、之后的学业计划、学成归国后的一些职业规划等，让同学们明确未来的深造规划，对自己的职业生涯做好提前规划。

3. 提升文化自信、加强文化交流

除了推出"留海说"、名师讲堂等系列讲座外，学院还精心策划外籍教师及国际学生交流活动，此次活动内容丰富多彩，包括圆桌会议、各国风俗民情展示游园会等。在交流过程中，我国学生和留学生代表针对特定议题进行探讨，增进了中国与世界文化的交流，进一步加深了本校师生对中华传统文化的理解，增强了我国青年学生文化自信，同时还展现出世界各国不同文化、不同文明间的差异之处和共通之点。

五、育人评价

平均评分：4.9分

1. 学生评价

刘同学：通过这次讲座，我了解了更多的留学知识，比如关于留学国家的选择，高校签证的情况，学校安排实习的情况，澳大利亚或新西兰高校的录取要求，欧亚学校的录取要求及其攻读优势。关于雅思，我学到了很多干货，包括一些备考的注意事项，要坚持练习，精泛结合，演习实战等。我开阔了眼界，其实本来只打算去玩一下，结果却被吸引了，世界那么大那么神奇，我真是太渺小太平凡了。我结识了很多优秀可爱的小伙伴，大家都很棒，昨日之行非常开心。

王同学：短短一小时的留学知识和学校知识讲座让我受益匪浅，作为新时代的青年学生，因为有祖国作为强大的支撑，让我们可以在这样幸福的环境下去做自己想做的事情。当代大学生的我们，应该要加强学习，应该把爱国之情、强国之志、报国之行统一起来，怀有留学报国梦，待他日学成归来，报效祖国。

杨同学：经过这次的留学指导讲座，我受到了很多启发。关于申请大学这一方面，我们需要提早半年就开始做准备，这样才能申请到自己心仪的大学。同时，我们需要对自己的未来有一个定位，可以通过参加一些课内课外的活动来丰富自己的文书内容。当然，优秀的成绩单也是必要的。如果成绩不是很好，我们还有时间来努力提高，多与老师进行沟通交流。同时，自己现在学习的课程也不可以被轻视，要保证自己课程学习的全面性。

2. 教师评价

杨老师：开展留学讲座能帮助学生激发学习兴趣，制定生涯规划，提高升学率等，同时助推学校学生实现国际升学，提升学校深造率。通过对于国家政策方向的分析，以及结合实际的留学案例，让大学生更全面和客观地认识未来的留学形势。

3. 第三方评价

学生家长王先生：这一系列讲座结合实际，为有留学意愿和需求的本科生搭建了一个与学长学姐们交流的平台。同时该学院的老师们通过自身经历，为同学们介绍相关领域的前沿知识、理论研究进展，进行基础科研技能培训。我们作为家长，也可以从有经验的优秀学生那里学到许多关于留学环境的相关信息，也提高了自己的国际视野。

【7】西南交通大学梦想演说家

一、基本信息

项目名称	西南交通大学梦想演说家		
项目类别	文化沟通与交往能力	项目内容	专业+
项目容量	300 人/期	开课单位	公共管理学院
面向对象	全校学生	授课方式	竞赛

二、育人目标

为进一步学习贯彻习近平新时代中国特色社会主义思想，以学生的发展为本，为学生的终身发展服务，由校团委主办、公共管理学院团委承办“梦想演说家”演讲比赛，希望借此提升大家的演讲能力，增强大家的语言表达能力、应变能力和抗压能力，丰富同学们的大学生活，以及培养演讲者站在舞台上所需要的缜密的思维、良好的逻辑以及现场气氛的带动能力，以此锻炼同学们的综合能力，促进同学们的全面发展。引导广大青年始终同以习近平同志为核心的党中央保持高度一致，为夺取新时代中国特色社会主义伟大胜利、实现中华民族伟大复兴中国梦汇聚起磅礴的青春力量。

三、育人措施

1. 按校区分地进行海选，吸引更多学生参与

梦想演说家活动在犀浦校区和九里校区分别开展海选活动，旨在使更多有兴趣的学生能参与到此次活动中。同时，选手可自行选择参赛的校区，有利于为选手提供便利，选择合适的时间和地点参赛。

2. 比赛分段进行，严格公开评选

梦想演说家活动分为海选、初赛和决赛三个阶段，每个阶段主题不同且形式也不同，旨在提升选手的演讲能力，增强大家的口头表达能力、应变能力和抗压力。同时，所有阶段的比赛都会公开进行，确保比赛的公平公正，同时也能使其他未参赛同学感受选手的比赛风采。

3. 选手分别组队，导师亲临指导

进入初赛的选手在比赛结束后，由导师选择，选手进行反选，加入不同导师战队，导师亲自指导本赛队学员，就他们的演讲内容、演讲技巧和肢体语言等方式提出建议，并在决赛中和选手共同合作完成接力演讲。

4. 建立完善工作机制，保障工作有序进行

建立动态管理机制。学生会根据赛程安排和成员岗位变化情况，对组成人员进行调整充实。

建立宣传推广机制。依托各类新闻媒体对梦想演说家活动的工作情况、比赛情况进行宣传报道，吸引学生积极参与比赛。引导广大青年始终同以习近平同志为核心的党中央保持高度一致，为夺取新时代中国特色社会主义伟大胜利、实现中华民族伟大复兴中国梦汇聚起磅礴的青春力量。

建立紧急预案。成立疏导小组、秩序小组、停电应急处理小组、舞台应急处理小组，处理活动中的突发情况，保障活动开展的基本秩序。

四、育人实效

1. 紧跟时代主题与背景，设定具有时代特色的主题

“梦想演说家”演讲比赛紧跟时代主题，在当今的时代背景下，重点围绕贯彻习近平新时代中国特色社会主义思想开展活动，设置具有时代特色的演讲主题，以青年为主要故事叙述者，将自己融入国家和社会中，讲述自己的特色故事，以爱国主义为核心，追寻社会主义核心价值观，弘扬时代精神，展示青年人的责任与担当。

2．引导学生构筑青春梦想，促进学生全面发展

“梦想演说家”演讲比赛通过让同学们讲述故事，在舞台上勇敢发声，更加了解当今时代的主题，以及当今时代背景下青年人的责任，将个人责任与国家社会紧密联系起来，勇于承担属于青年人的责任，用自己的力量为国家与社会做贡献，实现自己的青春梦想。同时，可以锻炼同学们的演讲能力，增强大家的口头表达能力、应变能力和抗压力，丰富同学们的大学生活，以及培养演讲者站在舞台上所需要的缜密的思维、良好的逻辑以及现场气氛的带动能力，以此锻炼同学们的综合能力，促进同学们的全面发展。

3．策划云端演讲比赛，凝聚抗疫力量

院团委积极策划、组织开展以“战疫”为主题的线上演讲比赛，于2020年11月顺利举办，以学生组队的团队战与个人战的形式进行了比拼，及时响应时代主题，凝聚抗疫力量。

五、育人评价

平均评分：4.9分

1．学生评价

张同学：“梦想演说家”是一个非常有意义的活动，不同的时代背景有不同的主题，但都重视青年的时代责任与担当。在这次比赛中，我结识到非常多优秀的比赛选手，还和指导我们的导师建立了很好的关系。“梦想演说家”这个比赛很有挑战性，特别是决赛的即兴演讲环节，从中我也学习到了很多东西。总的来说，这个活动是一个很优秀的活动，可以使我们收获很多有益的东西。

韩同学：“梦想演说家”演讲比赛是我参加过的一个有水平也很锻炼人提升人的比赛。通过写演讲稿，不断地修改，不断地练习自己演讲的节奏和语调，我发现自己的演讲水平有了惊人的提升。在海选赛、初赛和决赛的层层选拔中，我都能发现自己存在的问题，并在之后的练习中不断改正。每次演讲完评委给出的意见也都十分宝贵，使我受益匪浅。

王同学：作为新时代青年的我们正处于一个伟大的时代，我们有很多压力也有很多机遇，我们才是实现伟大中国梦的主力军。青年正处于人生的积累阶段，需要像海绵吸水一样汲取知识。我们应该担起历史的责任，好好规划自己的成长途径，树立正确的青年观，为国家复兴、社会发展添砖加瓦。

2．教师评价

任老师：当今青年和时代密切相关，是社会建设的主力军，在社会中发挥着强大的作用。“梦想演说家”演讲比赛正是从此基准出发，旨在通过引导青年努力发声，用自己的语言表达自己对当今时代的认识，以及如何将自己融入社会中去。同时，锻炼学生们的演讲能力与表达能力，丰富同学们的大学生活，促进同学们的全面发展。“梦想演说家”演讲比赛通过优秀指导老师及青年的引导、辐射、带动作用，以更加活泼的形式进行青年教育，值得推广。

3．第三方评价

学生家长张先生：这项活动立足实际，积极发挥同学们的主动性和创造性，打造真正贴

近青年、各具特色的演讲比赛。不仅让同学们有更多的方式去结识优秀人才，而且在同学们的讲述中，也能让同学们更加感同身受，更愿意去聆听优秀的故事，不失为一种教育的好方法。我们作为家长，也可以从同学们的经历讲述中，有着属于自己的感悟。

【8】新生文化节主题活动——西南交通大学“金话筒”主持人大赛系列活动

一、基本信息

项目名称	新生文化节主题活动——西南交通大学“金话筒”主持人大赛系列活动		
项目类别	文化沟通与交往能力	项目内容	思政+
项目容量	300人/期	开课单位	信息科学与技术学院
面向对象	全校学生	授课方式	活动

二、育人目标

以习近平新时代中国特色社会主义思想和党的十九大精神为指导，落实立德树人根本任务，培养德智体美劳全面发展的社会主义建设者和接班人，通过搭建校园文化活动平台，培养和选拔一批有爱国情怀、有文化底蕴、有专业能力、热爱主持工作的校园文化活动学生主持人。

习近平总书记强调“要全面加强和改进学校美育，坚持以美育人、以文化人，提高学生审美和人文素养”，“金话筒”主持人大赛以提升同学们综合素质、培养创新思维为导向，鼓励同学们多样化发展、开拓自身兴趣爱好，丰富校园文化氛围。同时，“金话筒”主持人大赛将为同学们提供充分锻炼能力和展示风采的平台，通过比赛的形式强化有主持爱好和主持特长的青年学生的主持现场把控能力、发声技能、主持技巧、阅读能力和持续学习能力，特别要提升参与学生的政治素养，使参与学生能够在具体的主持实践中把握弘扬社会主义核心价值观的方向。该项目也为学校和学院的各项活动提供储备的主持人才，汇聚校园青春力量，推动各项活动顺利开展。

三、育人措施

“金话筒”主持人大赛第二课堂课程的主要形式为竞赛。通过竞赛和赛前培训、讲座，从德育、美育角度培养学生。项目主要过程如下：

（1）活动报名。选手通过西南交通大学第二课堂网站、微信公众号进行报名，报名成功的选手加入赛事QQ群，并在群文件完善报名信息。在报名过程中，选手需要遵循客观原则，如实填写自身基本情况、主持和表达能力情况、希望提升的能力等。

（2）赛事初步培训（2学时）。组织报名成功的学生参加主持人法律法规、主持人职业素养、主持礼仪等方面的集中培训，主要形式为讲座，邀请交大之声、交大电视台高年级主持人作为主讲人，主讲人除具有较好的主持功底外，还应具有较好的政治素养，中共党员、各方面表现突出者优先。

（3）初赛选拔（每位选手3分钟）。报名成功且完成赛事初步培训的选手可参加初赛选拔，通过主持词撰写笔试、面试自我介绍、主持人模拟环节，确定 20 ~ 40 名初赛入围选手。

（4）复赛培训（不少于 2 学时）。通过初赛选拔的选手，由主办方联系配备 1 名高年级具有主持经验学生作为朋辈主持导师，每位朋辈主持导师指导不超过 5 名同学，主要对选手参赛细节进行具体指导。

（5）复赛（2 学时）。复赛阶段，通过自我介绍、命题现场主持、抽取模拟主持题目等环节选拔 10 人进入决赛。

（6）决赛（2 学时）。决赛内容包括决赛前匿名声音展示（通过新媒体播放决赛入围选手朗诵稿，一般选择“四史”内容进行朗诵）和现场展示环节（自我介绍、主持才艺展示、模拟主持），邀请校党委宣传部、大学生文化素质教育基地、校团委等单位老师担任评委并进行点评和指导。点评环节是提升学生所有学生主持能力、表达能力的最佳途径，要求所有报名成功选手参加决赛环节方可获得学时。

（7）赛后展示。比赛中表现优异的同学被推荐为学校各项活动的学生主持人，同时赛事表现情况也以函件形式发往各学院，由各学院在学院各项活动中提供展示机会，以发挥学生主持人在第二课堂建设中的作用。充分发挥“传、帮、带”的作用，为校园活动添砖加瓦，在实践中不断提升个人能力，发挥特长，打造校园主持人的品牌形象。

参与决赛选手可通过此项目获得 8 学时，且成绩为优秀；报名成功且决赛现场聆听评委老师点评者可获得 3 学时；进入复赛但未进入决赛选手，须在决赛现场聆听评委老师点评，可获得 7 学时。

四、育人实效

每届“金话筒”主持人大赛，需要开展讲座 1 场、个别辅导 20 ~ 40 人次、比赛 2 场，每届覆盖学生 300 人。

自 2000 年举办以来，已累计覆盖 6 000 余人次，其中决赛覆盖 200 多人次。决赛中评选出的“金话筒”“银话筒”“铜话筒”“最具魅力主持人”“最具人气主持人”在学校交大之声广播台、校园电视台担任学生干部，在学校各类文化活动、科技创新活动中担任主持人，为学校校园文化建设输送了人才。

不少具有主持特长的学生通过此第二课堂项目提升了语言表达能力、沟通能力、文字表达能力，也通过学生干部岗位的锻炼提升了思想政治与道德素养能力、社会工作与领导能力、心理素质与身体素质等，在参与社会实践与志愿服务方面也拥有了更好的机会。选手在日后的发展中，除少数成为专业主持人外，也不乏校内外中层领导干部、科职骨干、企业业务精英等。

五、育人评价

平均评分：4.9 分

1. 学生评价

王同学：我一直非常喜欢主持人这个职业，也在电视上看过央视举办的主持人大赛，没想到进入大学以后自己有机会参加校园主持人大赛。我觉得主持人大赛是一个很好的机会，能够让我在大学中发挥自己的特长，而且还给予了我们一些培训和学习的机会，让我们不断充实和提升自己，从赛前准备到赛后展示都有完整的体系，我很喜欢这个活动！

李同学：我觉得校园主持人大赛非常有趣，让我看到了很多优秀的同学，他们不但喜欢主持事业，更表现出很高的综合素质，对时政热点有思考、对历史文化有了解、对个人发展有规划，充分展示了当代大学生该有的模样，我希望自己以后也能参与这项活动，成为更加优秀的人！

2．教师评价

刘老师：这是我在交大的第七年，可能很久没有登台主持过了，但永远忘不了初入交大的我，带着心底的主持梦参加的“金话筒”主持人大赛。

从初赛到复赛再到决赛，我从紧张地站在台上发抖，欲放弃比赛，到自信地完成整场决赛的主持，获得大家的肯定，每每想起站在舞台中央，看着迎面的灯光和台下的众人，紧握着手里的话筒，那一幕幕都让我至今难忘。

那年的金话筒，让我对勇气有了新的理解，让我从小到大怀揣的梦想得以实现。金话筒，它让每一个有主持梦的交大学子在自己心爱的舞台上绽放光芒，让每一支冰冷的话筒在这个舞台上变得有温度，变得金光闪闪。

3．第三方评价

校友李先生：2011 年，我还是一名刚刚来到西南交通大学的新生，大学生活的丰富多彩让我对大学生活充满期待，也让我兴致勃勃地报名参加学校的王牌活动之一——“金话筒”主持人大赛，并有幸入围十强。想来至今已有十年，每每忆起，仍是犹如昨日。

“金话筒”是我校学生主持人界中最响亮的称号，也吸引着每年学校新生的踊跃参与，竞争激烈、人气火爆！从赛事的各项环节设置、选手的各具特色，到紧张的竞争氛围、初上舞台的紧张刺激，是校园里不可错失的一次难忘经历。同时，刚入校园就被磨炼出的主持人的语言表达、逻辑思维、反应能力等，使我在校园里甚至职场中，都受益匪浅！

【9】西南交通大学“一站到底”知识竞赛

一、基本信息

项目名称	西南交通大学“一站到底”知识竞赛		
项目类别	文化沟通与交往能力	项目内容	思政+
项目容量	650 人/期	开课单位	地球科学与环境工程学院
面向对象	全校学生	授课方式	竞赛

二、育人目标

为庆祝中国共产党成立 100 周年，引导大学生更好地继承和发扬爱国主义精神，继承和弘扬先辈建树的优良传统，同时为了拓展大学生的知识面，帮助大学生融会贯通各个学科知识，我们特此展开以“忆建党峥嵘岁月，展青年鸿鹄才志”为主题的“一站到底”知识竞赛。通过比赛来培养大学生团结、合作、乐观、积极、拼搏等良好的精神品质。本次比赛可以扩充大学生的知识储量，追求知识广度，提高综合素质，更好地理解我党的发展历程，从而为中华民族伟大复兴贡献力量做好准备。

三、育人措施

1. 开展趣味活动

活动前进行活动摆摊宣传及扫码报名答题，包括发放宣传单、放置展板、张贴海报、答题抽奖活动等。让广大同学了解到本次活动并参与进来。分别在初赛、复赛、决赛开始前通过交大之声进行活动宣传。活动前及初赛报名期间，在微信、QQ 上推送比赛信息，同时在院网和新青年素质网新闻上进行比赛的宣传。

2. 线上初赛答题

初赛采取线上答题形式，每份试题题目为题库中随机选择，答题时长为 5 分钟，每份试题题库相同，难度相同，顺序随机，在 5 分钟时间内，答对题目数量多的前 25 名选手进入复赛。初赛面向全体本科生，每位同学都有机会参与进来。

3. 线下复赛决赛

复赛和决赛均在线下进行，通过经过激烈的知识比拼，激励同学们学习知识提升自己，提高大学生综合素质和核心竞争力。

四、育人实效

1. 不一样的知识扩展课

在观看比赛的同时，同学们可以学到各个领域的很多知识，此次活动旨在丰富同学们的校园生活，激励同学们走出自己的专业领域，了解国际政治、医学、运动等方面知识，拓宽知识领域，并且在比赛中学习团结协作等良好品质，养成良好的学习习惯，培养爱党爱国的情怀。

2. 加强青年党史知识

通过此次比赛，可以学习有关党史知识，铭记中国共产党这一百年来所做出的贡献，更好地继承和发扬爱国主义精神，继承和弘扬先辈建树的优良传统，为中华民族伟大复兴贡献出自己的一份力量。

五、育人评价

平均评分：5.0 分

1. 学生评价

张同学：本次比赛从复赛 PK 到决赛之巅，一共历时 37 天。经过紧张激烈的层层比拼，最终有 10 名同学过关斩将进入决赛。此次活动丰富了同学们的校园生活，同学们在本专业知识的基础上了解国际政治、医学、运动等方面知识，拓宽知识领域，并且在比赛中学习团结协作等良好品质，养成良好的学习习惯，培养爱党爱国的情怀。希望同学们在平时学习生活中，能够“一战到底”。

李同学：在活动开展过程中，大家都收获了很多。首先，为了参加比赛，主动学习了大量以前根本不会接触的知识，作为新时代青年的我们正处于一个伟大的时代，我们有很多压力也有很多机遇，我们才是实现伟大中国梦的主力军。在党的第二个百年奋斗目标中，我们青年需要像海绵吸水一样汲取知识，应该担起历史的责任，好好规划自己的成长途径，树立正确的青年观，为国家复兴、社会发展添砖加瓦。

2．教师评价

董老师：宠辱不惊，闲看书卷奥秘；去留无意，漫随知识人生。每一次对知识的探索，都是精神上的洗涤；每一次对知识的追求，都是心灵上慰藉。人生不息，学习不止，学海无涯，知识无尽。本次第七届“一站到底”知识竞答比赛不仅可以让同学们展示自己丰富的知识储备，更能在比赛中结识与你不相上下的竞争对手，让你从比赛中磨砺锋芒，一站到底。

3．第三方评价

学生家长王先生：培养什么人，是教育的首要问题。本次“一站到底”知识竞赛，让同学们不仅仅是一个只会死读书的人，更是能够各个方面全面发展。我国是中国共产党领导的社会主义国家，这一百年培养了一代又一代拥护中国共产党领导和我国社会主义制度、立志为中国特色社会主义奋斗终身的有用人才。本次竞赛以更加多元的形式进行了知识科普，值得推广。

第五章

心理素质与身体素质

【1】西南交通大学安全走廊系列活动

一、基本信息

项目名称	西南交通大学安全走廊系列活动		
项目类别	心理素质与身体素质	项目内容	其他——安全知识宣传
项目容量	300人/期	开课单位	地球科学与环境工程学院
面向对象	全校学生	授课方式	活动

二、育人目标

本活动致力于提升学生安全防范意识，增加学生在日常生活中的消防、反诈以及地震逃生等安全常识的积累，增强学生对生命财产安全的重视程度，树立安全第一的思想。通过活动的开展，切实加强校园安全建设，创建一个稳定、安全、和谐的校园环境，积极推进安全校园、和谐校园目标的建设与实现。

三、育人措施

1. 广泛调查学生情况，结合信息深入开展

“安全走廊”活动正式开展前，先进行广泛的资料收集，针对同学们生活的各类校园安全问题进行整理汇总，主要分为消防安全、网络安全和生命安全三个部分，针对各部分内容设计相应活动展开形式，由于涉及内容较多，开展“安全走廊”系列活动，相继开展同一类型安全知识活动，环环相扣，如开展理论讲座之后进行实践与宣传，深化落实教育影响。

2. 丰富活动形式，落实教育影响

针对消防安全知识，邀请保卫处消防科进行校园消防安全知识专题讲座及户外消防器材操作演示，在专业人士的指导下，积极引导参与同学动手实践，做到理论与实践相结合。针对网络安全知识，以防范电信网络诈骗为主要目标，邀请犀浦派出所警官进行“防范电信网络诈骗”专题讲座。针对生命安全知识，开展地震应急救援知识科普讲座。上述科普讲座后举办校园安全知识竞答走廊，进一步巩固教育成果。

3. 建立宣传推广机制

依托学院新传媒对系列活动的开展进行宣传报道，扩大活动的影响力。同时，将知识学习与校外实践相结合，就近开展宣传活动，与校消防协会联合，在符合疫情防控要求的前提下组织学生就近进行社区消防及网络安全知识宣传，实现知识的传递；在交大幼儿园开展地震知识科普小讲堂，组织小朋友进行地震疏散演练，将活动推广到社区。

4. 建立活动完善机制，及时进行总结

活动后负责人引导同学进行总结，提出针对安全走廊系列活动中较为薄弱的部分，并就志愿服务的体验进行交流，有目的性地提高安全走廊活动的质量，为下一次举办本活动提供参照，不断提升活动开展水平。

四、育人实效

“安全走廊”活动已累计开展十余年，经验成熟。2020—2021 学年举办“安全走廊”答题活动 2 次，覆盖人数超过 600 人次，活动参与对象除在校师生之外，还包括社区居民，活动影响范围广，意义深远，第一学期的各个板块的消防安全知识平均答题正确率为 78%，第二个学期的平均答题正确率提升至 86%。

“安全走廊”系列活动通过科普讲座、操作演练、知识竞答及社区推广多种形式开展，形成完整育人体系。从多层次、多角度、多方面扩大“安全走廊”系列活动的影响范围，同时提升活动学生沟通协调能力。

（1）校园消防安全知识讲座、“防范电信网络诈骗”专题讲座及地震应急救援知识科普讲座的开展，通过相关专业人士的讲授，使学生在生命财产安全方面的基本知识量得到提升，对于安全知识的基础了解得到较大提升。

（2）开展户外消防器材操作演练，在专业人士的演示及指导下，与讲座知识结合，进行动手实践，使学生将学习到的理论知识运用到实践中，加强学生理解。

（3）讲座、消防器材演练后开展“安全走廊”知识竞答活动，进一步加深学生对于安全知识的掌握，通过竞答的形式巩固各类安全知识，再次加强学生对竞答中正确率较低的题目的掌握，形成反馈机制。

（4）开展社区消防进行消防、网络安全知识宣传及与交大幼儿园开展幼儿地震知识科普和地震疏散演练。

“安全走廊”系列活动旨在拓宽学生的消防安全知识，网络安全和生命安全知识、地震应急救援知识，推动构建了平安校园。讲座、实际操作、知识竞答以及社区宣传推广步步紧扣的活动形式，实现了知识从理论到实践再到应用的全程体系，保证活动达到预期效果。

五、育人评价

平均评分：4.8 分

1．学生评价

袁同学：身为大学生的我们在日常生活中经常存在一些安全隐患。我们大学生应当在所在的位置上充分发挥自己的社会责任感，尽可能地向同学普及，提升安全意识。这项活动我认为形式非常好，它让同学们主动深入了解各类安全知识，化为己用并且向外输出，让同学们用自己理解的形式相互交流。

李同学：通过答题，在彼此愉快的交流之中让大家的安全意识得到了无形的提升，也减少了很多我们生活中的隐患与危机。当同学们经历自己主动学习安全知识、引导同学一起学习安全知识、主动输出安全知识等一系列流程的时候，事实上同学们较好地体现了青年应有的社会担当。面对如今风云诡谲的国际局势，青年需要积极为国家做贡献，我们应该担起历史的责任，学习传播安全知识，人人有责。

2．教师评价

陈老师：“安全走廊”切实提升了同学们的综合素质，立足实际，针对学生生活中会碰到的问题进行具体分析调研，设计具有创新特色的第二课堂项目，让参与同学能够在活动过程中收获知识和技能，增长对一个领域的了解，又锻炼了主办方同学的组织策划能力，可谓一举多得。

指导老师谷老师：这门课程通过轻松、愉快的答题活动与现场交流体验的形式，深入人心地传播、普及消防安全知识，提高全民安全意识，在各个高校其实都是值得推广的。“安全走廊”最可贵的是在多个高校都具有可复制性，是一个较为经典的活动。希望通过参与本次活动的同学的引导、辐射和带动作用，设计参与度更高的活动，进行各类安全知识更好、更广泛的传播、普及，更加有效地提高安全意识，进行安全教育。

3. 第三方评价

学生家长彭先生：这个活动有利于提升孩子们的安全防范意识，对一些常用的安全知识有了初步的了解，在日常生活学习中非常有用，希望能增加覆盖面，让更多学生参与进来！

【2】西南交通大学防艾宣传作品大赛

一、基本信息

项目名称	西南交通大学防艾宣传作品大赛		
项目类别	心理素质与身体素质	项目内容	思政+
项目容量	300 人/期	开课单位	地球科学与环境工程学院
面向对象	全校学生	授课方式	竞赛

二、育人目标

为贯彻落实党的十九大精神、全国教育大会精神，落实《“健康中国 2030”规划纲要》《国务院关于推进实施健康中国行动的意见》《遏制艾滋病传播实施方案(2019—2022 年)》《教育部办公厅国家卫生健康委办公厅关于切实加强新时代学校预防艾滋病教育工作的通知》等的要求，不断推进“师生健康 中国健康”主题健康教育，进一步提升我校健康教育传播水平，提高大学生预防艾滋病基本知识的知晓率，不断增强我校师生预防艾滋病的自觉性，丰富艾滋病防治宣传教育内容，学院以宣传作品大赛的形式进行防艾教育。

三、育人措施

（1）设定主题为防艾宣传，参赛人员提交宣传作品。

内容包括但不限于普及艾滋病基本知识、艾滋病的危害和影响、安全性行为、健康生活方式、艾滋病检测促进、艾滋病反歧视、禁毒防艾等方面的知识。参赛人员可选择其中一类，以个人或小组的形式提交作品，进行艾滋病防治知识宣传。参赛作品形式包括图文（如海报、漫画）、音频（如自创歌曲、微电影、动画）、周边创意（如人物形象、卡贴）等。

该环节通过鼓励学生进行自主创作，培养学生在图文创作、文案写作、视频音频剪辑等方面的动手能力及团队协作能力。

（2）初赛阶段：主办方按获奖比例进行作品筛选。

（3）复赛与答辩：进入复赛的作品，根据实际情况以线上或线下的形式进行答辩展演，由主办方邀请相关专业教师及学生组织代表进行评分。该环节培养学生的专项答辩展示能力。

四、育人实效

以 2020 年 12 月 20 日地学青协联合学生园区举办的防艾宣传作品大赛为例，比赛期间，主办方收到来自 78 名选手的 60 份作品，最终评选出 20 份作品分别获得一、二、三等奖。其中，参赛选手覆盖面广，包括犀浦、九里、峨眉三个校区的学生，包括地球科学与环境工程学院、建筑与设计学院、人文学院、利兹学院、土木工程学院、交运学院、生命学院、公管学院、机械学院等多个学院的学生。同时，包括选手、观众在内的第二课堂总参与人数高达 315 人，同学们踊跃报名和参与此次活动，活动受到评委们、同学们的广大好评。

通过此次活动，丰富同学们对艾滋病的认知，使更多的人愿意去关注、学习相关知识。动员全社会的力量，树立预防为先的理念，整合社会资源，大幅度提升社会群体、学生个体对艾滋病的了解和宣传，提高其健康意识，促进健康水平整体提升。活动结束后，主办方能发掘出优秀的宣传作品，后续用于全校范围的相关宣传。

五、育人评价

平均评分：4.8 分

1．学生评价

许同学：身为大学生的我们在日常生活中看似与艾滋病等传染疾病距离很远，但是其实许多艾滋病的隐患就在我们身边。大学生应当在我们所在的位置上充分发挥自己的社会责任感，尽可能地向同学宣传防艾、防止其他的传染疾病。这项活动我认为形式非常好，它让同学们主动接受一些原本被动接受的防艾观念，化为己用并且向外输出，让同学们用自己理解的形式相互交流。

王同学：通过团队协作完成一项宣传作品，我加深了与团队同学之间的联系，大家一起交流自己的观点，思想相互碰撞，形成最终的创意成果。同时，我更加意识到我们生活中对防艾这一方面宣传的缺失，许多同学对防艾相关的知识所知甚少，很高兴这一次活动能弥补这方面的空白。

2．教师评价

谷老师：这门课程立足实际，针对学生生活中会碰到的问题进行具体分析调研，设计具有创新特色的第二课堂项目，让参与同学能够在活动过程中收获知识和技能，增长对一个领域的了解，又磨炼了主办方同学的组织策划能力，可谓一举多得。希望能够通过参与本次活动的同学的引导、辐射和带动作用，设计参与度更高的活动，进行思政教育。

3．第三方评价

学生家长李先生：我国是中国共产党领导的社会主义国家，新时代的青年实际上正处于一个伟大的时代，是实现伟大中国梦的主力军。该竞赛活动能以多元化的方式，达到知识科普的目的，这是真正难能可贵的，值得推广到更多孩子所在的学校中。

【3】西南交通大学“交大历险记”

一、基本信息

项目名称	西南交通大学“交大历险记”		
项目类别	心理素质与身体素质	项目内容	其他——校园文化
项目容量	1 000 人/期	开课单位	招生宣传志愿者协会
面向对象	全校学生	授课方式	活动

二、育人目标

以习近平新时代中国特色社会主义思想和党的十九大精神为指引，培养了解校史，继承优良传统，开拓进取，艰苦奋斗，不断学习先辈们积极有为、建功立业、勇于创新的精神，百折不挠、坚忍不拔、知难而上的精神以及努力向上、完善自我、发奋图强的精神。每位交大学子应知交大过去，正视交大现在，勇创交大未来，知交大过去才能扬我交大，知交大过去才能继承交大。百年名校的精髓迫待传承。为夺取新时代中国特色社会主义伟大胜利、实现中华民族伟大复兴中国梦汇聚起磅礴的青春力量。

三、育人措施

1．按线上、线下两级体系分层报名

线上报名：参与者可在本协会指定平台上进行报名，报名时需注明个人报名或者团队报名，团队报名发送信息包括该组队员所有成员的信息（姓名+学号+学院+联系方式+QQ 号）。

现场报名：活动宣传当天，同学们可在现场直接进行报名，报名时填写报名登记表。

参与形式：活动以组队形式参加，每组 4 ~ 5 人，不足 4 人者则由工作人员在活动当天现场随机安排组队。

2．健全机制，严格公开参与比赛

（1）所有参赛选手须提前报名，现场领取参赛卡后方可参与活动。

（2）本次活动以小组形式参赛，4 ~ 5 人一组，报名时以个人或小组形式报名，并做好备注。

（3）活动中的游戏点若由其他协会承办，那么招生宣传志愿者协会留人从旁协助，维持秩序。

（4）活动两点半统一开始，要求所有参赛队伍一点半之前到达图书馆门前，请参赛者提前到场做好相关准备，迟到者不可参与活动，五点半统一结束，活动结束之前到达图书馆且持有完成该线路的证明卡片（每条线路终点工作人员给完成活动的参赛队发的证明卡片）的队伍记为挑战成功，否则挑战失败，记为弃权。

（5）本活动共有两条环线，每个参赛队派一名队员排队领取发放的第一个线索。每条线路有 8 个固定点，每个固定点对应相应的游戏和线索，共计走完 8 个固定点则游戏结束。按线索找到固定点，完成游戏后，由工作人员对参赛同学的表现进行打分。每个游戏共 5 分，满分 30 分。

（6）游戏结束后返回图书馆，提交证明卡片，最后成绩构成为走完全程所用全部时间相对应等级划分所对应分数和游戏打分的累计分数，并进行排名，将对前六组同学颁发校级证书。

（7）切记：不能骑车或使用其他代步工具，一经发现，取消游戏资格。

四、育人实效

1．不一样的交大活动，持续深入校园学习

“交大历险记”重点围绕学习校史文化开展活动，分为学校地标辨析、校园风景鉴赏、校史精神传扬、伟人雕像缅怀等内容。截至 2020 年 11 月，招生宣传志愿者协会成员充分发挥志愿者精神，持续深入青年师生开展 7 次活动，覆盖青年学生超过 10 000 人次。

2．加强青年理想信念教育，引导学生构筑青春梦想

“交大历险记”的游戏设计者多为招生宣传志愿者协会的学长学姐等，他们了解学生所想，可以消除新生初入陌生校园时的害羞感，激发出学生的热情和参与感，学生自然会参与到活动中来。陌生的校园因学长学姐的指导变得新鲜而细腻，让“交大校史”真正走进学生心中。

3．用心策划，合作游戏

除特殊原因外，我们要求以小组形式进行游戏，每组至少 3 人，我们推荐现场报名组合的形式参与游戏，我们希望可以以这种形式突破新生的隔阂感，结识益友，培养合作精神。

4．精心打造校史学习氛围

通过以校史和学校文化主题的户外线路闯关游戏，丰富学生大学生活，培养团结合作意识，认识交大精神，增强爱校情绪，扩大交际圈，在一定程度上倡导同学们走出寝室，游览校园，发现校园中未曾注意到的美好，同时促进同学们更好地了解犀浦校区的地点分布、特色建筑以及校史知识等。

五、育人评价

平均评分：4.9 分

1．学生评价

李同学：西南交大的历史文化丰厚，百年声色，百年华光，从 1896 年至今，走过艰难不平凡的岁月，从山海关到成都，筚路蓝缕，精勤创业，可谓壮怀激烈，与时代搏击，使每个交大学子为之昂扬奋斗，这是我在游戏中感悟到的校史的宏伟壮观。

朱同学：作为新生的我们正处于一个新鲜但又陌生的环境中，我们有很多压力也有很多机遇，通过这次活动我们结识到更多好友，也见识到校园的风景秀丽和学校的竢实扬华、自强不息的伟大精神。

2．教师评价

王老师：桃之夭夭，灼灼其华。西南交通大学，这所底蕴深厚、古朴雅致的学府，已走过了 123 个春秋。从曾经的山海关北洋铁路学堂，到今天具有交通特色的综合型大学，它历经十八次迁址，十八次更名，仍矢志办学，弦歌不辍。然而到如今，学子们更应加强对交大精神的认知，不为当今世上靡靡浮华之气所彷徨，自觉为国运而奋斗。

3．第三方评价

王先生：徜徉在交大的校园里，处处可以感受到历史留下的深厚底蕴，对于现在的交大同学，更应该好好了解校史，继承优良传统，开拓进取，艰苦奋斗，不断学习先辈们积极有为的奋斗精神。

【4】经典润泽心灵，文化薪火相传
——西南交通大学“9·28”孔子诞辰系列活动

一、基本信息

项目名称	经典润泽心灵，文化薪火相传——西南交通大学“9·28”孔子诞辰系列活动		
项目类别	心理素质与身体素质	项目内容	其他——传统文化
项目容量	1 200 人 / 期	开课单位	图书馆
面向对象	全校学生	授课方式	活动

二、育人目标

文化是一个国家、一个民族的灵魂，是人民的精神家园。习近平总书记在党的十九大报告中强调：“没有高度的文化自信，没有文化的繁荣兴盛，就没有中华民族伟大复兴。”孔子是我国古代的文化大家，他创立的儒家学说以及在此基础上发展起来的儒家思想，对中华文明产生了深刻影响，是中国传统文化的重要组成部分。儒家思想同中华民族形成和发展过程中所产生的其他思想文化一道，记载了中华民族自古以来在建设家园的奋斗中开展的精神活动、进行的理性思维、创造的文化成果，反映了中华民族的精神追求。在孔子诞辰之际举办系列活动，旨在加深同学们对中华传统文化的了解，以文化人，以优秀传统文化之美激发大家对传统文化的热爱，寓学于乐，让大家在繁忙的学业之中能寻得一方精神的静谧之地，劳逸结合，浸润心灵。

三、育人措施

1．建立完善工作机制，保障工作有序进行

系列活动分别以游园会、演讲比赛、诵读比赛、演出展览等多种形式开展，均将传统文化形象生动地呈现在同学们眼前，让同学们能了解我们的优秀传统文化，寓学于乐。同时，不同类型的活动均采用奖励机制，以此鼓励大家能更多地参与到活动中来。前期做好策划、宣传、活动彩排等准备工作，活动中随机应变，确保活动顺利进行，并在活动后做好总结工作，进一步拓展创新。

2. 丰富活动形式，激发同学参与热情

系列活动从优秀传统文化、古代经典著作、优秀传统风俗等多方面设置了多个不同类别、不同形式的活动项目，以体验性、竞赛性、趣味性为主，并将传统文化有机地融合到活动之中，同学们可选择自己喜欢的项目进行参与。系列活动以游园会、演讲比赛、演出等多种方式呈现，在形式上不断创新，通过积分和奖励激励同学们更多地参与到活动中，让同学们在现代快节奏的生活中，仍然通过这些有意义的活动感受到传统文化的魅力，激发对传统文化的热爱，以此更好地发扬我国传统文化。

四、育人实效

1. 不一样的文化课，持续深入传统文化传承

孔子的思想文化在我国传统文化中有着重要的影响，不仅仅象征着儒家文化，更是我国古代经典传统文化的象征，我国经典的文学作品中都蕴含丰富的中华文明与传统文化。“9·28”孔子诞辰系列活动以活动的形式展开，希望能通过这种形式加深同学们对于中华传统文化的了解，开展一次不一样的文化课，响应时代潮流，传承传统文化。

2. 加强青年传统文化归属感，引导学生了解继承文化精华

“9·28”孔子诞辰系列活动是在老师的指导下，由学生策划、开展的，他们了解同龄人所想，能够尽最大努力消除学生对继承优秀传统文化较为刻板的印象，激发学生参与的激情，从而自然而然地参与进来。乐趣与思考碰撞，浩如烟海的传统文化被一点点了解熟知，焕发其应有的光彩。

3. 活动形式多样，寓学于乐

“9·28”孔子诞辰系列活动呈现的形式多种多样，包括游园会、演讲比赛、演出展览等。例如在游园会中，不仅设置了“飞花令”等考查学生对于传统文化的掌握程度，还设置了许多趣味游戏，既考查文化能力，又可以考查学生的反应力等。又如传统文化演讲比赛，则是通过竞赛的形式让大家去深入探索了解我国的优秀传统文化。

五、育人评价

平均评分：4.9 分

1. 学生评价

俞同学：今年的游园会挺好玩的，我记得上次去看好像是演讲比赛，今年的形式更有趣一些。我印象比较深刻的是“飞花令”，简直让我这种不爱背书的人头痛，但是看着其他人侃侃而谈，我就觉得我确实应该多多学习。

张同学：我觉得今年的活动很好玩，本来我是因为第二课堂学时来的，但是玩过之后觉得还挺有意思的，我印象比较深刻的是“爱的魔力转圈圈”，既考查了我的文化水平，也锻炼

了我的身体，这样的活动非常棒！

宋同学：我觉得这个活动本身的设置就已经很让人感动了，设置在孔圣人诞辰之际，从另一个侧面提醒了我们对于文化的重视，同时活动里对于文化的碰撞也很好，近几年的中国让我们看到了传统文化回归的曙光，也愿青少年能够多多了解优秀传统文化吧。

2．老师评价

刘老师：如今随着社会发展，青年人的生活压力越来越大。大多数人都将目光更多放在眼前的利益、目的上，而鲜有人还能够回看我国优秀的传统文化，此活动在孔子诞辰日之际，通过传统文化体验类游戏以及其他形式的活动和竞赛，让同学们在繁忙的学习生活中能够切身体验到传统文化的魅力，以此来发扬我国优秀的传统文化，也能缓解同学们的学习压力，值得推广。

【5】让“悦”读逐渐走进生活——西南交通大学“带本书去旅行”活动

一、基本信息

项目名称	让“悦”读逐渐走进生活——西南交通大学“带本书去旅行”活动		
项目类别	心理素质与身体素质	项目内容	交通+
项目容量	300 人/期	开课单位	图书馆
面向对象	全体师生	授课方式	活动

二、育人目标

以习近平关于新兴领域青年工作重要指示精神为指引，传承交大精神，培养肩负历史使命，坚定前进信心，立大志、明大德、成大才、担大任，努力成为堪当民族复兴重任的时代新人。“带本书去旅行”活动，“旅行”和“阅读”相结合，创造出一种知性的生活阅读方式，“旅行”与“交通”特色相结合，让大家能在旅途中感受祖国发展的日新月异的变化，“旅行”与“读书”相结合，促使阅读成为大家的生活习惯，使之真正地融入生活，丰富旅行的内容，填补旅途的精神文化需求。活动旨在培养参与者的家国情怀和人文素养，为实现中华民族的伟大复兴培养人才。

三、育人措施

1．优化活动形式，充实活动内容

“带本书去旅行”活动将“旅行”和“阅读”有机结合，将“旅行”和“读书”有机结合，传承交大精神，发扬交大特色，培养同学们的家国情怀与人文素养。活动的主题与“交通”密切相关，例如“一带一路”建设、“成渝经济圈”建设等，抑或偏远山村，实地调研考察等。活动分为两个阶段：第一阶段是暑期“旅行”+“读书”打卡分享阶段，关于“旅行”，参加者对旅行地点的发展变化进行介绍，但不局限于此，可对当地的自然风光、风土人情等内容进行分享；关于“读书”，对旅行途中所读书籍进行分享，包括内容、心得体会与阅读感悟，在此阶段，工作人员会对参加者的交流分享进行评选，评选标准即是否发扬了“交通”之特色，心得体会是否与旅行主题结合密切等，推选出优胜者参加下一阶段的活动。第二阶段，优胜者完善自己的“旅行”经历总结与“读书”感悟分享，最终进行分享讨论交流。该活动流程明确，内容和形式丰富，通过实地的“旅行”，培养学生实地考察的能力，培养学生的家国情怀；通过旅行“读书”，激发学生的阅读兴趣，培养学生的阅读习惯，提高学生的人文素养。

2．健全活动作品遴选机制，严格公平公正公开评审

进一步完善活动评分机制、奖励机制、遴选机制，优化多轮、多层审核机制，确保在此基础上优秀的作品被遴选出来，确保评分环节的公平公正。分享交流会评分由观众和指导教师综合给出，不断优化内部评分机制，在活动充满趣味性的同时，确保活动公平公正公开，具有科学性和严谨性。

3．建立完善宣传工作，保障工作有序进行

建立宣传推广机制，依托各类新闻媒体对带本书去旅行的优秀旅行打卡分享、优秀读书感悟分享、分享交流会优秀作品进行宣传报道，着力促进激发参与者的积极性和参与度，加强与观众的交流。同时不断改进创新活动形式，让同学们的旅行、阅读、分享更加多元化、便捷化、系统化。

四、育人实效

（1）“旅行+读书”的生活阅读方式，暑途同归携书行，让同学们的旅途充满意义。

（2）活动已经成功举办四届，举办经验丰富，对于活动主体把控方面有经验。

（3）据不完全统计，活动至今完成旅行并顺利完成分享的同学总人数达 500 人次，旅行期间的景物分享、阅读感悟分享达 2 500 人次。

（4）注重提升学生的实地考察调研能力，培养学生的家国情怀和人文素养，旅行的地点与“交通”主题密切相关，例如“一带一路”建设、“成渝经济圈”建设等，抑或偏远山村，实地调研考察等。

（5）活动具有创造性和新颖性。学生在此基础上加强自己的理解与实践，提升自我的同时促使活动更加丰富多彩。

五、育人评价

平均评分：4.9 分

1．学生评价

杨同学：这个活动充满着趣味性，也很有意义，“旅行+读书”的方式非常符合我的口味，旅行中读书不仅去除了一个人旅途中的烦恼和苦闷，读书的时候旅行更是让读书更加切合实际，也可以让身心整个放松和沉淀下来，旅途中不仅有祖国的锦绣山河，也有书本中的历史追溯、文化解读，实在是妙啊！

张同学：“读万卷书，行万里路”，热爱阅读却缺少旅行的我，认识到自己该来一场说走

就走的旅行，以脚步丈量作者笔下的这片红色的土地，于是，我参加了这个活动。活动的主题非常吸引我，去实地考察当地的项目建设、农村日新月异的变化，让我切身体会到祖国的发展，交通的飞速建设和进步。

王同学：作为新时代的青年我们处在一个缺少阅读的时代，文化知识虽进步不少，却缺少了对知识和阅读的渴求与向往，我常常想，如何能让我身边的同学都热爱阅读呢？参加过这个活动之后我找到了答案，“旅行”极大地丰富了我阅读的内容和趣味性，我可以阅读与当地有关的历史，文化特色，包括当地历史名人写的书，抑或是毫不相干，也能从书中找到与实际联系的地方，予人以惊喜，总之，给自己的阅读增加了许许多多的可能性与趣味性，可谓是宝藏活动！

2．教师评价

刘老师：此活动在形式上有很大的创新，将“阅读”与“旅行”结合起来，以此途径将阅读生活化，有助于推广阅读。同时，此活动结合我国的“一带一路”建设、“乡村振兴”战略，设置不同活动主题，让同学们能够在旅行中深切地感受国家政策的实施，感受不同地区在经济、文化等方面的发展，培养同学们的家国情怀与人文素养。

3．第三方评价

学生家长刘女士：这个活动增加了孩子迈出家门、开阔眼界的机会。通过旅行，去更好地认识了解我们现在飞速发展着的祖国，一览祖国的山山水水、美丽风光，与此同时增加孩子阅读的机会，提升文化素养，培养阅读兴趣，可谓一举多得，意义非凡！这次旅行是孩子带着我去的，在旅行之前我和他都带上了一本最喜欢的书，旅行的目的地也是他选择的，其中经过的有大城市也有小乡村，有高铁建设也有田园风光，在旅途中我们一起参观了国家正在建设中的高铁项目，也去到田园中体验乡村的生活。在闲暇时，我和他分享各自的阅读体会。这次活动极大地促进了我们之间的沟通、增进了理解、加强了亲情，期待下一次活动的举办，期待孩子下一次的旅行。

【6】心理健康系列活动
——西南交通大学朋辈心理辅导技能大赛

一、基本信息

项目名称	心理健康系列活动——西南交通大学朋辈心理辅导技能大赛		
项目类别	心理素质与身体素质	项目内容	专业+
项目容量	300人/期	开课单位	心理研究与咨询中心
面向对象	全体学生	授课方式	竞赛

二、育人目标

人的身心和谐发展是人的全面发展的核心内容和内在要素。人的身心和谐发展是以知、情、意的统一为基础的。知求真，意求善，情求美，是人所追求的不可缺少的心理状态。

为深入学习贯彻习近平新时代中国特色社会主义思想和党的十九大精神，按照《高校思想政治工作质量提升工程实施纲要》要求，进一步加强和改进大学生心理健康教育工作，宣传心理健康教育知识，关注大学生心理卫生与保健，着力培养大学生心理健康辅导队伍，积极构建和完善社会心理服务体系，培育自尊自信、理性平和、积极向上的社会心态。本活动旨在组织大学生进行个体认知技能和自我调节技能比赛，帮助同学们更好地体察自身生理心理能力；普及心理学知识，培养朋辈心理辅导的原则和技能、心理危机干预技巧、常见心理问题的应对等；强化学生心理健康互助意识，提高大学生朋辈心理互助能力，推动心理素质、教育工作的开展。为大学生搭建一个展示心理技能风采的平台，同时促进同学们学习能力和竞争力的提升，有助于营造团结友爱、互帮互助的良好氛围，展现新时代大学生积极向上的精神风貌。

三、育人措施

1. 递进式竞赛，有合理性

本项目主要分为两个阶段。其一，个人心理技能的竞赛，体现其专业性。由于当今世界的信息交流越来越多，看似人与人更近了，但是情感的沟通却越来越浅、越来越少了。面对外界环境的压力、同龄人的竞争时，我们不免会产生压抑，孤独等消极情绪。我们找寻心理技能优胜者，可以让我们在压抑，孤独中寻找自我慰藉，找寻自信与自强意识。本活动通过组织大学生进行个体认知技能和自我调节技能比赛，对学生的反应时间、注意力、记忆力、稳定性、思维力等能力进行测试，以更准更快更强的标准决出心理技能的优异者。

其二，大学生朋辈心理辅导方面的竞赛，体现其分享性。首先，朋辈心理辅导是主体性辅导。在评选出心理技能优胜者之后，各位参赛人员在进行朋辈心理辅导时要有“主人翁”意识，以主体的角色参与心理教育辅导的全过程。其次，朋辈心理辅导是分享性辅导。各位参赛人员在帮助他人过程中若遇到问题，应及时与各班级心理委员、大学生心理健康教育咨询室老师沟通，也要及时分享自己工作的经验和技巧。最后，朋辈心理辅导是互助性辅导。该项目需要参赛人员做到相互评析，相互提醒，相互支持，相互帮助。

2. 多级别评比，全员参与，专业性强

本活动分为两个不同级别，按照校院两级体系分层实施，满足不同群体的学习需求，全员皆可参加。同时，我们会对参赛人员进行培训，培训将在竞赛前开展，使参赛者能够收获到有关心理学方面的知识，且能够以“主人翁”的姿态参与到之后的竞赛中去。其中，“业余组”主要面向全校各班心理委员和对心理学感兴趣的学生，“专业组”主要面向心理学专业本科生、研究生和二专学生。比赛形式为抢答题、问答题和现场模拟，考查心理健康相关知识、心理咨询理论、朋辈心理辅导知识、一般性心理问题的应对能力、心理咨询基本技能、朋辈心理辅导技术的掌握和应用水平，由专业评委老师评分。获奖者将择优推荐参加四川省大学生朋辈心理辅导技能大赛和四川省大学生模拟心理咨询大赛。

3. 以人为本，立足学生心理健康，多层次锻炼学生综合素质

朋辈心理辅导具有主体性。在评选出心理技能优胜者之后，各位参赛人员在进行“朋辈辅导”时要有“主人翁”意识，以主体的角色参与心理教育辅导的全过程。

朋辈心理辅导具有分享性。各位参赛人员在帮助他人过程中若遇到问题，应及时与各班级心理委员、大学生心理健康教育咨询室老师沟通，也要及时分享自己工作的经验和技巧。

朋辈心理辅导具有互助性。朋辈心理辅导是互助性辅导。该项目需要参赛人员做到相互评析，相互提醒，相互支持，相互帮助。

四、育人实效

本次活动立足于当代大学生，着眼于当代大学生的心理问题，旨在普及大学生朋辈心理辅导知识，强化学生心理健康互助意识。打破传统心理辅导的场地、人员限制，普及相关心理学知识。朋辈心理辅导技能大赛有别于其他的实验竞赛，运用的是能够自助、助人的知识，所以比赛结果可能不会像别的比赛一样有成果可以展示。但是同学们在参赛过程中收获的知识和技能是非常珍贵的。

该活动已经举办两届，在全校范围内引起强烈的反响，参赛人数逐年增加。这也证明同学们越来越重视自己的心理健康，而且也希望能通过自己的学习和了解去帮助更多的人。

五、育人评价

平均评分：4.9 分

1．学生评价

陈同学：我觉得这次朋辈心理辅导大赛技能意义重大，在这次比赛中，我了解到许多曾经没有听过的心理学知识，开阔了眼界。同时通过与其他同学的协作锻炼了我的能力，让我能够更好地帮助同学解决在日常生活中产生的心理问题，对于同学关系的改善很重要。

徐同学：我们经过努力的拼搏和激烈的竞争，告别了中学时代、跨入了大学，进入了一个全新的生活天地。上大学前，我们想象中的大学犹如“天堂”一般，浪漫奇特，美妙无比。上大学后，紧张的学习，严格的纪律，生活的环境，使我们难以适应。而这次活动有助于引导大学注重心理健康，尽快克服依赖性，增强独立性，积极主动适应大学生活，使大学生活变得更加充实而有意义。

2．教师评价

马老师：大学生是未来社会的领导者和建设者，他们在很大程度上决定着未来社会的走向和发展状况，他们的心理健康与否，不仅影响着自身的学习和健康成才，而且对整个社会都至关重要。因此，重视和探究大学生的心理状态，引导大学生排解心理障碍，培养大学生健康的心理素质是高校教育的一项重要任务。本次活动的目的在于培养积极的人际交往心理，建立起和谐的人际关系。对于那些性格较内向、不善交际以及患有社交惧怕症的学生，更要关爱有加，耐心引导，鼓励为主，使这部分学生慢慢摆脱心理障碍，最终走出自我，融入集体这个大家庭中。

3．第三方评价

社联考核同学：一直以来，学习、读书被赋予很高的价值，大学生对学业的关注与对自我的关注紧密联系。举办本次活动有助于大学生客观地熟悉评价自己，善于发现自己和他人的优点，根据客观现实条件来调整个人需要和心理期望，避免由于期望过高或过低造成心理上的焦虑不安或松懈情绪。我们从中能看到学校对于培养大学生健康人格的不懈努力，也很乐于配合学校开展更多类似的活动，从而助力大学生身体和心理素质全面发展。

【7】生动的心理健康教育——西南交通大学“谁的月亮谁的心”心理情景剧大赛

一、基本信息

项目名称	生动的心理健康教育——西南交通大学“谁的月亮谁的心”心理情景剧大赛		
项目类别	心理素质与身体素质	项目内容	专业+
项目容量	500人/期	开课单位	心理研究与咨询中心
面向对象	全体学生	授课方式	活动

二、育人目标

中共中央、国务院《关于深化教育改革全面推进素质教育的决定》明确指出：“要加强学生的心理健康教育，培养学生坚忍不拔的意志、艰苦奋斗的精神，增强青少年适应社会的能力。”由此可见，在强调素质教育的今天，切实有效地开展心理健康教育，培养学生良好的心理素质，是学生健康成长的需要，也是推进素质教育的必然要求。本活动深入贯彻习近平新时代中国特色社会主义思想，致力于服务青年成长成才。聚焦心理健康题材，选拔情景剧剧本与演员，以舞台剧表演的形式展现心理冲突，以专业评委点评的方式科普心理知识。充分发挥心理专业特色，将心理元素、思想引领与话剧表演有机结合，期望为有才能、有想法、有追求的大学生提供展示自我的平台，引导广大大学生朋友了解心理健康知识、提升心理健康意识、树立正确心理健康观，探索高校心理健康教育的新渠道、新方法。广大青年是国家的未来和民族的希望，既拥有广阔发展空间，也承载着伟大时代使命。努力服务大学生健康成长成才，助力大学生将来为中华民族伟大复兴贡献智慧和力量。

三、育人措施

1．密切各方联络，团结校院班各级组织

由心理研究与咨询中心团委主办、心理中心学生会承办的“谁的月亮谁的心”心理情景剧校级大赛受到学校多部门重视，在心理中心老师的指导下，面向全校征集原创心理剧剧本和演员，充分发挥了心理中心的资源优势，以丰富生动的形式切实加强青少年心理健康教育，关注和聚焦大学生心理健康。

2．心理情景剧剧本改编创作

主办方向全校征集匿名故事改编的剧本，剧本与心理健康问题或心理知识有关，经评选后选取优良的、有代表性的剧本，招募演员用舞台演绎的形式表演出来。在剧本的征募中，我们鼓励广大同学将生活中的心理故事改编成剧本，锻炼学生的创作能力、语言表达能力，一定程度上引导学生对心理知识进行自发学习。创作者在对事件改编的过程中能够加深对生活事件的认识，达到解开心结和提升情感领悟能力的效果。

3．心理情景剧的舞台演绎

主办方在全校范围内招募对舞台表演感兴趣的同学，来参与心理情景剧的演绎。在这一环节，我们锻炼了参与者的表演能力、人际交往能力、团队协作和沟通能力，给予同学们更多的自我展示和自我表达的机会，有效提升同学们的价值感和自我效能感，从而达到提升心理健康状态的效果。

4．心理专业教师的点评与科普

在最终的心理情景剧展示环节，我们会邀请心理专业的教师进行点评赏析。在这一过程中，心理教师能够提取出表演中所含的心理知识，以及对学生心理健康发展的启迪意义，从而通过教师点评达到寓学于乐的教育效果。本次活动有效地丰富了学生的心理健康知识，让同学们站在更加理性的角度了解真实的人际冲突，明白内心世界的重要性，并从中了解心理知识，从而在以后的生活中更好地处理人际关系中出现的问题。

四、育人实效

1．广覆盖，多方参与

本次活动面向全校学生展开，从剧本征募到演员招募，其中参与剧作创作与表演的同学达 80 人，在活动现场到场观众则多达 500 人，参演学生不仅来自犀浦校区，还包含数位九里校区的同学积极参与排练，总体而言，该活动在跨校区范围内调动了同学们的参与热情。

2．传播心理健康教育

在心理中心专业心理老师的指导下，大赛演绎了大学生生命教育、心理危机干预、人际交往障碍、学习压力调试等常见问题，以心理剧为载体，引导大学生树立积极、健康向上的人生观、价值观和远大理想，培育自尊、自信、理性平和、积极向上的健康心态。

3．形式新颖，寓学于乐

不同于传统的讲座活动，本次活动虽然仍以心理科普教育为出发点，但在形式上赋予同学们更高的自主性。同学们不是被动地听老师的心理知识输出，而是通过心理情景剧的创作、表演和欣赏来领悟大学生日常生活中的心理问题，最终实现提升学生心理健康意识和心理知识自我教育的目的。

五、育人评价

平均评分：4.9 分

1．学生评价

杨同学：这是一次新颖的经历，本以为仅是一场有趣的舞台剧，没想到表演和点评促使我产生严肃的思考。舞台上表演的是演员，映射于心灵的却是我自己，人际冲突与学业压力也曾使我沮丧焦虑，我从未意识到该学会正确的方式去调节，更未想过在痛苦迷茫时寻求专业帮助。

在这样生动的感受后，我明白了心理健康的重要性，也明白了正确应对心理问题的方式。

李同学：这些心理剧发人深思，幽默风趣的表演背后反映出严肃的心理健康问题。我们大学生刚刚走向成年，开始学着独立，同学关系、家庭关系、学业压力都可能成为抑郁、焦虑等心理问题的源头，我们这些非心理专业的同学，不求帮助别人解决问题，但求及时发现周围人的心理问题并劝其寻求专业指导，为心理健康贡献一点力所能及的力量。

2．教师评价

汪老师：在社会快速前进的今天，大学生作为现代社会的组成部分，对社会心理自然十分敏感。本门课程经由许多优秀的讲师带领，通过舞台剧的方式，一起完成了对社会民众心理健康问题的反映以明确了解决问题的方向，以发人深省且引人入胜的教育方式引导学生，是非常值得发扬的。

3．第三方评价

校级活动考核人员：这门课程立足心理，一方面剧本的创作发挥了学生的语言写作能力和生活感悟能力，另一方面演员对情景剧的演绎则更体现了学生的灵动、生气和表演天赋。最后，通过老师的点评将富有张力的表演和丰富的心理学知识串联起来。总体而言，这是一场寓教于乐的极佳展示。我们的学生，正是需要这样多样化的方式来了解心理健康知识。

【8】西南交通大学“阳光体育，运动校园”系列活动

一、基本信息

项目名称	西南交通大学“阳光体育，运动校园”系列活动		
项目类别	心理素质与身体素质	项目内容	其他
项目容量	600 人/期	开课单位	电气工程学院
面向对象	全校师生	授课方式	活动

二、育人目标

1．增强身体素质，助力健康成长

“阳光体育，运动校园”系列活动积极响应共青团中央对广大共青团员关于体育运动的要求，全面实施《国家学生体质健康标准》，认真贯彻《学校体育工作条例》，以习近平新时代中国特色社会主义思想和党的十九大精神为指引，培养一批政治立场坚定，热爱运动，有着积极、阳光、乐观等优秀品质的共青团员，以广大同学喜闻乐见的形式提供更多平台，帮助更多同学养成良好的运动习惯，以运动增强身体素质，以运动收获健康成长。

2．丰富体育知识，培育健康身心

习近平总书记在党的十九大报告中指出“广泛开展全民健身活动，加快推进体育强国建设”，这是决胜全面建成小康社会、夺取新时代中国特色社会主义伟大胜利的重要工程，是实现中华民族伟大复兴中国梦的艰巨而光荣的使命。“阳光体育，运动校园”系列活动在丰富在

校大学生体育活动的同时，达到了释放压力的目的，这既是身体的锻炼，也是心灵的升华。系列活动以“培养德智体美劳全面发展的社会主义建设者和接班人”这一社会主义教育的根本目的和党的青年工作的根本任务为指引，以体育活动丰富大学生活培育健康身心。在中国共产党成立 100 周年之际，广大学子在“学党史、强信念、跟党走”的学习氛围下丰富体育知识，强健体魄，更好地为实现中华民族的伟大复兴贡献磅礴力量。

三、育人措施

1. 以班级为基础，持续扩大宣传，培养工作人员组织协调能力

“阳光体育，运动校园”系列活动由学生会向全校师生进行活动宣传，再通过负责人，以班级为单位进行活动宣传。同时，学生会还采用线上线下同时宣传的手段，在食堂门口发放活动宣传单、线上建立 QQ 宣传群，将宣传范围扩大至学校，吸引全校师生积极参与，便于大家进行活动组队并提前了解活动规则。通过宣传工作，培养工作人员组织协调能力，育人工作本身也是对自己能力的锻炼。

2. 体育竞技与健康知识相结合，帮助广大师生丰富健康知识

本系列共有三项活动，分别为趣味篮球赛、趣味运动会以及趣味拔河比赛，旨在通过举办趣味体育赛事，鼓励在校师生积极投身于体育运动，提升身体素质，了解安全运动、健康运动的体育知识，增强校园生活的趣味性，提高大家对体育活动的热情，同时为师生交流搭建新的平台，促进培养师生友谊。

3. 建立完善的活动机制，保障活动有序进行，引导师生享受运动过程

建立完善的比赛机制。每一项活动开始前，参赛选手都需现场组队、选出队伍的队长并取好队名，然后到登记处进行登记。各项活动均由经培训过的学生裁判负责组织，保证比赛公平公正的同时保障参赛师生的人身安全。

建立完备结算机制。所有参赛队伍全部完成活动之后，工作人员根据结算时的信息进行排名并确定获奖队伍和个人，最后为获奖队伍颁发奖品。

4. 构建体育系列活动，持续推进运动健身，提供持续运动平台

“阳光体育，运动校园”系列活动以运动为核心，鼓励广大师生走向运动场。活动跨越一学年，以不同运动形式提供多个运动平台，让大家能选择自己喜爱的活动参与进来。系列活动时间长、跨度广、项目多，为全校师生搭建以运动为纽带的沟通桥梁。

四、育人实效

1. 寓教于乐，形式新颖

“阳光体育，运动校园”系列活动以价值塑造为主线，聚焦班、院、校三个层次，打造学习、生活、娱乐三个方面，按照点面结合、共性与个性问题兼顾原则，完善了“1+3+3”第二课堂思政育人体系。依托校内外第二课堂实践平台，广泛深入开展三层次实践活动，打造主题系列活动品牌，开展各种各样的团体运动及趣味运动项目，并依托现阶段学生提出的有

关运动的提案等载体，互补共进，提升活动的育人效果；在常规的团队运动中穿插趣味运动，提升全体同学对于运动项目的参与度与认可感；充分利用各方资源，凸显“阳光体育，运动校园”系列活动育人特色与品牌，确保活动教育效果。

2．师生组队，拉近距离

“阳光体育，运动校园”系列活动依托院内篮球赛、运动会、拔河比赛，在以往的活动中多位辅导员老师以参与者的身份编入学生参赛队伍，拉近了老师与同学们的距离。同时，在趣味活动中，同学们自由组队，借此活动走出交际圈，收获了新的友谊，得到了同学们的一致好评。

3．注重细节，保障完善

在注重活动精彩内容的同时，我们在细节方面也是尽力完善。在安全问题方面，活动进行前，我们会为所有参与人员购买人身保险，赛前通知所有参赛人员做好热身运动，并在各个活动场所做好防护措施以保障参与人员和观众的安全。在医护问题方面，提前准备创可贴、绷带、碘酒、酒精等医护用品，对运动造成的意外伤害有完备的应急处理措施。活动期间，我们有指定人员引导同学们参与活动，为同学们拍照留念、宣传等，最大限度地确保给大家提供良好的活动体验。

4．响应号召，培养人才

“阳光体育，运动校园”系列活动积极响应共青团中央对于广大共青团员对于身心健康的要求，以习近平新时代中国特色社会主义思想和党的十九大精神为指引，培养一批政治立场坚定，积极维权，有着积极、阳光、乐观等优秀品质的共青团员。积极向共青团中央输送优秀人才，引导广大青年始终同以习近平同志为核心的党中央保持高度一致，增强“四个意识”、坚定“四个自信”、做到“两个维护”，为夺取新时代中国特色社会主义伟大胜利、实现中华民族伟大复兴中国梦汇聚起磅礴的青春力量。

五、育人评价

平均评分：4.8 分

1．学生评价

赵同学：趣味运动会的开展形式富有新意，真正做到了寓教于乐。一扫平时运动会田径赛场的严肃，引入了很多趣味活动。这些活动设计巧妙，规则合理，使大家在参加活动的同时也收获了协作精神，使我们在紧张忙碌的学习之余有了在游戏中锻炼的机会，既放松了身心，又收获了友谊。我作为趣味运动会的参与者，非常喜欢这种以线下游戏为载体的活动形式。除此之外，本次趣味运动会还采用了自由组队的方式，让我们走出自己的宿舍，走出交际圈，结识了许多优秀有趣的新朋友，这也是参与运动会的重要收获之一。一场活动同时收获了快乐、友谊与知识，希望这样的活动越办越好！

严同学：拔河比赛是传统的团体比赛之一，班级同学正如拔河绳一样拧成一股力，在一声声口号中协作奋进。团体比赛最大的魅力正是所有人在这一刻都是为了一个目标贡献力量，这种合作的感觉让我很快乐，这也是在日常生活中较难获得，或是不知如何获得的宝贵经历。团体合作的形式让我们结识了很多交际圈外的朋友，收获良多。同时，本次的小奖品也是经过精心准备的，拿到小奖品的时候心里有很强的成就感。总之，这次拔河比赛组织有条不紊，形式新颖有趣，过程紧张刺激，结果收获良多，是非常优秀的一个活动。

2．教师评价

孙老师：同学们的主要精力在学业方面，经常忽略了体育锻炼对于个人成长的重要作用，其实往往在学习压力较大时，适当的体育锻炼会帮助同学们舒缓身心、调整状态，提高学习效率。学院举办的体育活动正是同学们日常学习生活的良好补充，如篮球赛、拔河比赛都是集体活动，在充满竞技性的基础上更能唤醒同学们的斗志，激发同学们拼搏向上的激情。同时，集体活动也能为同学们提供共同进退的机会，使同学们在团结协作中增进友谊，收获情感。我也参加了趣味运动会的项目，这次经历让我看到了不一样的同学们，作为老师，这也是我多多了解学生的好机会，同时也让学生们看到不一样的孙老师，师生之间也有了更多的交流。

3．第三方评价

学生家长吴先生：运动会立足实际，让孩子们都能走出寝室，与更多的同学进行交流和游戏，拓宽了孩子们的交际圈。与此同时，孩子们还能在游戏中学习到在课本上学不到的协作意识，这种活动举办得相当有意义，希望以后可以多多举办这类活动。

望以后可以多多举办这类活动。

第六章

社会工作与领导能力

【1】把握现在，规划未来
——西南交通大学生涯规划指导训练营

一、基本信息

项目名称	把握现在，规划未来——西南交通大学生涯规划指导训练营		
项目类别	社会工作与领导能力	项目内容	思政+
项目容量	500 人/期	开课单位	物理科学与技术学院
面向对象	全校学生	授课方式	讲座

二、育人目标

以习近平总书记在全国高校思想政治工作会议上发表的重要讲话为指引，深刻思考“培养什么人、怎样培养人、为谁培养人”这个根本性问题。培养广大青年学子生涯规划意识与社会实践能力，让他们能够发掘自我潜能、增强个人实力，将所学知识转化为推动社会进步的物质和精神力量，解决实践中的具体问题，完成岗位职责赋予的任务，服务经济社会发展。培养青年学子管理和沟通能力，让他们具备适应社会、应对挫折的心理承受力，能够顺利地融入社会，在与他人沟通、交往、合作中实现自身的社会价值。

三、育人措施

1．唤醒就业意识，做好职业规划

“把握现在，规划未来”生涯规划指导训练营重点面向全校学生开展生涯规划宣传讲座。活动负责小组多次回收参与学生的意见，并根据意见对讲座内容进行针对性修改。邀请专业讲师讲解就业形势，唤醒大学生的规划意识、就业意识，让全体学生了解用人单位的招聘流程和本质，从而帮助学生树立正确的求职观和就业观，做好职业规划，塑造个人核心竞争力。

2．剖析热门岗位，确定目标岗位

“把握现在，规划未来”生涯规划指导训练营重点为全体同学进行热门岗位剖析，帮助他们了解当前的市场情况和求职渠道。着力培养全体学生把握当前就业形势，确定目标岗位，明晰目标岗位的工作内容、工作职责和工作联系等十六项工作分析的能力，为全体学生提供了解求职渠道的多种途径，从而为个人职业规划的制定打下基础。

3．培养就业技巧，提高求职成功率

“把握现在，规划未来”生涯规划指导训练营从简历制作和模拟面试两个方面开展活动。

简历制作与修改：收集学生在制作简历时面对的问题，对问题进行分类，指导学生制作优秀简历。营员对自己制作的简历进行多次修改和提升，对照个人规划发展目标发掘自身亮点、弥补自身不足，丰富简历内容。

开展模拟面试：利用企业资源，为营员模拟真实的面试环境，收集学生在求职面试遇到的问题，对问题进行分类，指导学生予以应对，提高学生求职时面试的成功率，并为优秀营员推荐合适的企业实习机会，帮助学生在具体实践中了解不同岗位，从而愈加明晰自身未来的发展目标。

四、育人实效

1. 解析就业形势，点亮职业规划之路

“把握现在，规划未来”生涯规划指导训练营一期共举办 6 次活动，覆盖人数上千人。重点对当前的就业形势进行讲解，激发学生的就业意识，培养学生了解行业发展的学习能力。紧跟潮流，分析热门岗位的工作内容，帮助同学分析自身条件与目标岗位的适配度，让学生有目标、有动力地进行职业规划。

2. 制作修改简历，解决求职第一障碍

一份优秀的简历成为求职的敲门砖，不同的时代也有不同的简历风格。“把握现在，规划未来”生涯规划指导训练营的讲师将帮助营员明确当代的求职简历风格，了解 HR 筛选简历规则，总结简历制作问题，有针对性地指导学生从生涯规划角度进一步丰富、完善个人简历。讲师对同学的简历进行一一点评，学生参与其中，指导课变成探讨课，思想的碰撞自然会创造更好的简历。

3. 策划线上面试，积极凝聚抗疫力量

在全民抗疫的趋势下，“把握现在，规划未来”生涯规划指导训练营积极策划线上模拟面试。参与者在“腾讯会议”App 中进行自我介绍和即兴演讲。面对不同的主题询问，同学们充分发挥自己的思维能力，给出独特的理解与思考。面试官对此进行提问和点评，并对优秀简历进行分享，激发同学们完善生涯规划的积极性，提高同学们简历制作以及应对面试的实战能力。

4. 多家企业参与，掌握企业招聘规则

企业介入本次活动，大力宣传和展现企业文化与管理经验，在学生中树立良好的企业形象，扩大企业的社会影响力，使企业的品牌形象深入人心。企业提前介入人才招聘程序，发现高校优秀人才，进行人才储备。除此之外，企业更好地了解高校的教育状况，有针对性地展开人力资源工作，为公司以后在本校选拔优秀人才创造平台，提供机会。

五、育人评价

平均评分：4.9 分

1. 学生评价

张同学：近年来，随着就业形势的日益严峻，大学生就业问题成了社会关注的热点问题。一方面，大学生就业困难；另一方面，企业招聘不到合格的人才。提高大学生的职业素质，成为提高大学生就业竞争力的重要手段。参加本次训练营，我深刻体会到科学的职业规划的重要性，逐渐明确自己的求职岗位，明晰自己目标岗位的工作内容，接下来便是提高我自己的工作能力了。

李同学：结束该节课后，无论是从生涯规划的意识层面还是从具体实际的现实层面，我都有深刻的体会。如果说我比别人看得更远些，那是因为我站在了企业的角度。以前总是以

一个求职者的心态去应聘，现在我明白了我应该以一个企业家的心态去应聘。我需要明白一个企业需要怎样的人才，然后与我自身的能力作比较。通过这次训练营，我对我的自我定位更加准确清晰。

王同学：实践是检验真理的唯一标准。将我们训练营所学的知识运用到实践中去，才能更好地发现自己的不足。初次单面，确实内心是有些恐惧的，但是有着在训练营所学的知识后，心中更多的是兴奋和自信。通过了解企业与求职者所匹配的关系以及求职者应具有的心态，帮助自己站在更高的角度去逐步弥补能力的不足，为达到自身制定的职业规划目标继续努力。

2．教师评价

周老师：大学生职业素质是大学生毕业后作为劳动者对社会职业了解与适应能力的一种综合体现。提高大学生职业素质，帮助大学生积极树立就业意识和生涯规划意识，对于任何企业和个人都是至关重要的，也是我们开展训练营的重要意义。我们需要帮助同学了解不同岗位需要的人才，挖掘自身的价值和潜力，增强学生发展的目的性与计划性，提升未来求职成功的机会。

3．第三方评价

企业 HR 王先生：求职训练营的一系列课程对同学来说应该是受益匪浅。在这里，学生了解了更多关于行业的发展，激发了学生职业规划的主动意识，增强了学生的实践能力。这里不是纸上谈兵，我们是在认认真真地筛选那些能力者。很开心能看到大家在训练营交上一份满意的答卷，提高了自己的社会实践能力，从而更好地适应社会、服务社会、回报社会。

【2】搭建校企合作桥梁，助力毕业生明晰就业目标
——西南交通大学信息学科校企 OPENDAY 系列活动

一、基本信息

项目名称	搭建校企合作桥梁，助力毕业生明晰就业目标 ——西南交通大学信息学科校企 OPENDAY 系列活动		
项目类别	社会工作与领导能力	项目内容	其他
项目容量	1 200 人/期	开课单位	信息科学与技术学院
面向对象	全校学生	授课方式	活动（线上/线下）

二、育人目标

近年来，毕业生人数激增，就业竞争激烈，为了帮助学生树立正确的择业观，通过企业实践活动帮助学生了解就业市场和用人单位，提升学生的社会化能力。同时，充分搭建毕业生与用人单位之间的桥梁，解决供求信息不对等、毕业生能力与市场需求不匹配等结构性矛盾，着力提升毕业生就业核心竞争力和就业满意度。西南交通大学信息科学与技术学院通过走访、调研、座谈等形式开展面向毕业生和用人单位两个层面的需求调查，自 2016 年开始携手企业设计并实施企业 OPENDAY 系列活动，在学生就业理念、职业素养、专业能力、求职

技能等方面协同培养，为学生顺利就业提供有力支持，为企业和社会输送合适人才，着力实现校、企、生三赢的目标。

三、育人措施

1．抓住新时代新机遇，明确使命与担当

企业 OPENDAY 系列活动围绕电子信息、互联网、信号控制等行业领域，调研摸排与学科专业相关的行业骨干企业及行业排名，在学校、学院两级就业引导单位目录的基础上，优化并有选择性地引入企业建立重点企业白名单。通过学生走访交流，优秀校友分享职场奋斗经历，引导学生深入职场环境，明确个人职业发展定位，进一步转变就业择业思想观念，抓住新时代新机遇，明确自己在新时代的使命和责任担当。

2．联合企业持续开展，不断拓深拓宽校企合作

联合企业开展 OPENDAY 系列活动，2018 年面向 2019 届学生联合 TCL 股份有限公司、中兴通讯、品果科技、中科创达、中软国际、拓尔思、成都地铁、凌阳科技、华讯网络等十余家企业，2019 年面向 2020 届学生联合腾讯、华为、卡斯柯、新华三、各银行软件开发中心等 15 家企业，特别是在 2020 年春季学期疫情防控背景下，主动联系、说服、协助、支持招银网络科技有限公司、戴尔（成都）有限公司、农业银行软件开发中心、华为、中兴、卡斯柯等企业开展云端企业 OPENDAY 6 场，覆盖学生千余次，让学生了解职业世界，清晰定位。

四、育人实效

1．切实加强领导

学院党委、团委高度重视，切实加强组织领导，由主要负责老师带领学院校企合作与生涯发展中心，统筹系列活动部署实施，履行好职责，抓好落实。

2．优化调整提升

前期精心做好行业企业筛选、交流内容把关工作，搭建起校企合作桥梁，后期收集反馈学生感受，不断优化调整活动流程，发挥信息学科优势，打造独具信息特色的企业 OPENDAY。

3．工作扎实有效

2020 年受新冠肺炎疫情的影响，学院充分发挥主观能动性、创造性，积极联系企业开启云端企业 OPENDAY，积极推进学校、学院就业工作，通过长期良好的校企合作，使企业更加认可学校、学院毕业生。

五、学生评价

平均评分：4.9 分

1．学生评价

刘同学：企业 OPENDAY 系列活动作为一项面向毕业生群体的校企联合活动，吸引了学校大量学生的参与。在企业 OPENDAY 系列活动中，企业负责人员会带领我们参观企业园区、

工作环境，让我们切实感受到工作时的氛围。同时，还会为大家讲解企业文化、企业未来的发展方向，帮助我们更快速、更深入地了解企业的背景及特点。通过参加 OPENDAY 活动，我们也能更加便捷地获得企业的信息，找到适合自身个性的企业。

隋同学：企业 OPENDAY 系列活动让学生近距离接触企业，了解以后的办公场所、办公模式以及工作氛围。参加不同企业的 OPENDAY 活动，让我们学习到企业的文化背景，帮助我们选择更加适合自己的企业。

2．教师评价

鞠老师：企业 OPENDAY 系列活动不仅能加强学校与企业的交流，还能让学生们通过身临其境地感受企业办公环境、企业文化氛围等而选择自己感兴趣的公司与工作岗位，提前对自己的未来职业生涯有一个规划。这项活动不仅能开拓学生的视野，增长学生的见识，更能让他们感受到完全不同的企业文化氛围，从而对未来的发展有更清晰的规划。

3．第三方评价

学生家长张先生：企业 OPENDAY 系列活动是帮助学生们更好地应对新一轮科技革命和产业变革所面临的新机遇、新挑战而开展的活动。OPENDAY 为有就业意向的大学生提供与企业就职人员面对面交流的机会，能够帮助学生更好地了解企业文化、岗位需求、职业发展等方面。

【3】唤醒你的职业生涯意识
——西南交通大学“生涯体验周”系列活动

一、基本信息

项目名称	唤醒你的职业生涯意识——西南交通大学“生涯体验周”系列活动		
项目类别	社会工作与领导能力	项目内容	思政+
项目容量	5 000 人/期	开课单位	招生就业处
面向对象	全校学生	授课方式	活动

二、育人目标

生涯体验周是学校在提升学生职业意识、转变就业观念、加强创新创业能力方面的一项教学实践重要举措。本次活动通过游戏的形式使同学们更高效、更清晰地掌握生涯认知、学业规划、生涯决策、生涯反思等方面的知识和方法，引导同学们将个人意愿、理想与国家发展紧密结合起来，通过规划与行动，将梦想化为现实，实现个人价值与社会价值的融合，努力成为担当民族复兴大任的时代新人。本次活动旨在激发在校生生涯发展意识，提高生涯教育的质量，使同学们初步建立对于生涯发展的系统认识。

三、育人措施

1．按校、院两级体系层层宣传推广

“生涯体验周”系列活动由于名额指标有限，按照三校区各学院学生人数比例进行合理划分。活动采取统一宣传模式、统一海报，运用就业网、招生就业处网站、“西南交大就业”公众号以及各学院媒体平台向各位同学推送活动相关信息，活动宣传范围广，推广效果好。各学院就业工作专项负责人将该学院拟参加学生名单报招生就业处备案。

2．建立完善工作机制，保障工作有序进行

建立动态管理机制。活动开展后，招生就业处根据活动每日开展情况，及时对参加活动人员、活动内容等进行调整。

建立志愿服务队伍。依托各学院分团委，招募一批志愿服务团队，向参加的学生介绍活动各关卡及对各项目进行把关。除此之外，志愿服务队伍还对活动涉及的物料保存、场所设置、宣传推广等进行分工和管理。

注重反馈机制。从学生参加人次、获得专属报告情况、设置调查问卷等方面充分了解学生对活动的真实感受和评价，帮助我们更好地了解和掌握活动的效果。

四、育人实效

1．开启学生职业生涯意识

生涯体验周是一种大型户外闯关式活动，旨在激发在校生生涯发展意识，提高生涯教育的质量，使学生们初步建立生涯发展的系统认识。

生涯体验周将职业生涯规划元素设计成系统的活动，分设 4 个区域，共 13 个活动关卡。学生通过亲身体验相关环节进行自我探索、职业能力扩展、职业目标探索、生涯愿景展望，可以在实践中了解并开展自己的生涯规划。2020 年度开展的生涯体验周活动覆盖三校区青年学生超过 4 000 人次。

2．关注青年学生生涯成长关键点，注重激发学生生涯意识

生涯体验周针对学生生涯成长点精心设计内容，采取“自我探索——职业认知——理智决策——未来规划”的生涯发展主线展开，以激发学生的生涯意识为核心，在活动体验过程中引起学生的生涯关注和生涯好奇。

3．结合职业生涯规划课程，打造青年学生喜闻乐见的活动体系

结合我校开设职业生涯规划课程，链接课堂内外资源，寓教于乐，让学生将课堂上的知识与课下的生涯体验游戏环节有机结合，让学生能深入体会和验证课堂所学的知识与技能，更加直观、深刻地掌握生涯规划和求职就业的知识、方法及技巧，提升生涯规划的自主性和行动力。

五、育人评价

平均评分：4.8 分

1．学生评价

张同学：我们见证了无数个优秀青年为祖国做出的贡献。身为大学生的我们，新一代的有力青年，在现在的道路上，一定要做到崇尚科学、追求科学，这正是我们这个国家、我们这个社会所需要的，也是我们自我实现的必经之路。将追求科学作为自我追求，这样才能让

我们在求学道路上有动力，有目标，不会迷惘。

李同学：结束该节课后，我有深刻的体会，我们青年身处时代的风口，我们不求如此伟大，但求有益社会与民众。“今日之责任，不在他人，而全在我少年。少年智则国智，少年富则国富；少年强则国强，少年独立则国独立；少年自由则国自由，少年进步则国进步……”

王同学：作为新时代青年的我们正处于一个伟大的时代，我们有很多压力也有很多机遇，我们才是实现伟大中国梦的主力军。就像老师所讲的那样，青年正处于人生的积累阶段，需要像海绵吸水一样汲取知识。我们应该担起历史的责任，好好规划自己的成长途径，树立正确的青年观，为国家复兴、社会发展添砖加瓦。

2．教师评价

任老师：培养什么人，是教育的首要问题。我国是中国共产党领导的社会主义国家，这就决定了我们的教育必须把培养社会主义建设者和接班人作为根本任务，培养一代又一代拥护中国共产党领导和我国社会主义制度、立志为中国特色社会主义奋斗终身的有用人才。本门课程通过优秀讲师的引导、辐射、带动作用，结合就业信息、面试技巧等，以更加活泼的形式进行思政教育，值得推广。

3．第三方评价

学生家长王先生：毕业生人数增多，学生压力加大，这门课程立足实际，可以舒缓同学们的焦虑，又可以提高其核心竞争力，使学生能够在生涯规划体验中增长真才实干。

第七章

社会实践与志愿服务

【1】见圾行事，环保未来
——西南交通大学环保周活动

一、基本信息

项目名称	见圾行事，环保未来——西南交通大学环保周活动		
项目类别	社会实践与志愿服务	项目内容	其他——志愿活动
项目容量	700 人/期	开课单位	材料科学与工程学院
面向对象	全校学生	授课方式	实践活动

二、育人目标

生态兴则文明兴，生态衰则文明衰。党的十八大以来，习近平总书记多次强调生态文明保护与建设的重要性，社会主义现代化强国的建设是不能以牺牲生态文明环境而进行的，加强生态文明保护与建设是题中之义,我们绝不能以牺牲生态环境为代价换取经济的一时发展。

材料科学与工程学院青年志愿者协会（简称“材料青协”）为弘扬环保精神，坚决落实环境保护、促进两个文明建设，顺应时代的脚步，使环保潮流逐渐全面深入校园。因此，我们有必要在校园建设绿色的、人与环境和谐共存的生存环境，普及学生的环保知识，提高学生的环保意识，建设绿色家园，让真正的环保走进校园。为此，围绕“环保”“生态文明”等关键词开展一系列志愿服务活动，培养当代大学生尊重自然、顺应自然、保护自然的生态观，助力社会主义生态文明建设，使环境保护进入文明校园建设管理体系，使学生在日常生活中能够自觉保护环境和节约能源。

三、育人措施

1. 环保寄语，搭建绿色桥梁

通过线上/线下宣传、设立环保咨询台等方式，向广大群众传播环保知识。积极鼓励全校学生参与环保活动，号召大家要做环境保护和生态文明建设的倡导者、践行者、推动者，在签名墙上留下自己的姓名和有关环保的标语，以助力环保周的进行，也表明为营造水更清、地更绿、天更蓝的美丽中国做出积极贡献的决心。

2. 跳蚤市场，你我共享

通过举办跳蚤市场，号召同学们拿出自己闲置的物品（图书、玩具、文具等），采用交换或者降价义卖的方式给需要的人，实现物尽其用，可以培养学生勤俭节约、低碳环保的意识，还能提高物品的使用率，从而减少垃圾的丢弃，十分契合“见圾行事”的环保周主题。

3. 变废为宝，“再生”利用

为了增强学生环保意识，变废为宝，我们组织同学们利用剪刀、胶水等工具把容易被我们忽略的生活垃圾和旧物变成各种美观的工艺品。同学们的作品别出心裁，能够将所学知识创新地运用到制作中去，不仅培养了学生的动手能力，还培养了学生运用知识的能力，体现了同学们的心灵手巧，更激发了他们保护自然、体现环保生活的热情，带来了清洁卫生的生活环境，将环保、创新理念广泛传播，意义深远。

4．环保知识讲座，让环保渗透心田

邀请相关环保专业人士为我校学生讲解我国目前环保事业的背景以及垃圾处理、回收、分类问题的有关情况，最大限度地让同学们加深对环保的了解，掌握生活中废物利用的方法及其在生活中的实际应用，即达到教育同学们珍惜资源、利用废弃资源，减少环境污染，提高环保意识。

5．环保知识竞赛，你我都是环保小卫士

举办环保知识比赛，让同学们在日常生活中树立环保意识，掌握环保知识，从身边小事做起，保护美好环境，让天更蓝、水更绿。

通过知识竞赛的全程参与，提升了志愿者和参与者的策划组织能力、语言表达能力、与他人相处的能力。

四、育人实效

1．环保每一处，绿色每一天

本次活动受众为西南交通大学全体学生，受众人数广，材料青协亦培育出了一批优质的环保活动项目，为学生关注环保提供沟通和交流的平台。通过各种形式的活动把环保融入生活的更多方面，让同学们把环保节约、绿色生活的理念时刻牢记心间。

2．倡导的是环保，享受的是快乐

在环保周系列活动的举办过程中，材料青协志愿者本着“见圾行事，环保未来”的服务理念，全身心投入到活动过程中，无论是“变废为宝 DIY”比赛，还是“草地音乐节”活动，都让活动参与者展现了自身才能，享受了活动所传递的快乐。此外，引导学生积极投身环保志愿活动，争当环保志愿服务先锋，让环保志愿服务成为社会风尚。

3．一点一滴汇成“洋”

联系和凝聚一批环保公益学生，呼吁和倡导大家关注和思考。在环保周系列活动中，每一个环节都是材料青协志愿者精心策划的产物，其成效随着时间不断累加，或许一个人的努力经不起波澜，但是在环保周系列活动中，能看到的是不停地有人加入其中，并为之努力。环保需要的是更多的人走到一起，种下绿色的种子。

五、育人评价

平均评分：4.9 分

1．学生评价

陈同学：每一个环保周的活动我都有参与，真的是太有趣了。整个过程说起来就是一群特别有趣的人聚在一起做一件又一件特别有意义的事情。

许同学：用创新思维推进环保事业发展，积极为学校环保工作建言献策，环保周的活动很有意义，我也很快乐。印象最深的是草地音乐节，大家都在为热爱的事情热情演唱，感觉太棒了。

易同学：本来只是好奇，在环保签名墙上写下了自己对环保的认识，进一步了解之后，发现接下来的一系列活动实在是很有意思，为环保做自己力所能及的事情的过程，特别有成就感，活动真的是赞！

2．教师评价

代老师：以什么样的方式助力环保事业，如何吸引更多的同学参与活动，进行环保实践，环保周系列活动是一个很好的方向。通过一个一个的小活动的形式，不断倡导环保理念，是这一活动的成功之处。本门课程以更加活泼、快乐的形式进行环保教育，值得推广。

3．第三方评价

学生家长陈先生：这门课程立足实际，积极调动同学们的主动性和创造性，增强同学们对活动的参与感和成就感。不仅让同学们有更多的方式去了解环保，也能让同学们感同身受，更愿意去发现环保事业进行的不易，不失为一种环保教育的好方法。

【2】“新改变，心蜕变”——西南交通大学成都天使心运动会志愿服务活动

一、基本信息

项目名称	“新改变，心蜕变”——西南交通大学成都天使心运动会志愿服务活动		
项目类别	社会实践与志愿服务	项目内容	思政+
项目容量	300 人/期	开课单位	材料科学与工程学院
面向对象	全校学生	授课方式	实践活动

二、育人目标

青年是国家的未来，民族的希望。习近平总书记在会见中国少年先锋队第七次全国代表大会代表时寄语广大少先队员，指出：“要从小学习立志。志向是人生的航标。一个人要做出一番成就，就要有自己的志向。一个人可以有很多志向，但人生最重要的志向应该同祖国和人民联系在一起，这是人们各种具体志向的底盘，也是人生的脊梁。你们要注意培养追求真理、报效祖国的志向，爱祖国、爱人民、爱劳动、爱科学、爱社会主义，时刻把祖国和人民放在心中，从小听党的话、跟着党走，努力做祖国和人民需要的好孩子，做祖国和人民事业发展的接班人。”

在培养和教育青少年的过程中，有这样一群特殊的群体引起了社会的关注，他们就是心智障碍者。为让社会大众认识心智障碍者，了解心智障碍家庭，促进社会大众以更加友好的态度接纳他们，帮助每个“爱奇儿”走出自己的世界，一步步融入进来，同时也可以帮助父母更好地了解自己的孩子，给“爱奇儿”家庭一个强身健体、配合默契、促进交流、培养感情的平台与机会，材料科学与工程学院青年志愿者协会组织、召集广大青年志愿者，开展 2020 年成都天使心运动会，与“爱奇儿”家庭建立、有关志愿机构建立起联系交流平台，促进家庭与家庭、家庭与组织的信息交流。

三、育人措施

1．充足的准备只为欢迎你的到来——提升志愿者的策划、组织能力

学院青年志愿者协会在与活动主办方对接具体活动要求后，会进行活动策划、组织安排等一些前期工作。以天使心运动会为例，学院的志愿者们提前做好运动会的各项准备、对接工作，并面向全校招募志愿者，并对召集到的志愿者们进行培训、分工。在这个过程中，学院青协志愿者作为发起者，需要统筹整个活动的组织运转，这可以很好地锻炼和提升志愿者的策划、组织能力。

2．欢乐游戏，拉近你我之间的距离——提升志愿者的语言表达能力、与他人相处的能力

在此次天使心运动会的过程中，志愿者与孩子们进行了欢乐的开场小游戏“拱门”，一起享受可爱的串场舞蹈，玩起了有趣的龙卷风集体跑和企鹅漫步。无论是志愿者还是孩子们都十分享受游戏过程中的快乐，彼此间的距离越拉越近。家长们也毫不示弱，运动达人们纷纷上线，跟着孩子一起，重返童年。活动的最后，志愿者与所配对的家庭热情地参与拔河游戏，一旁的人员为他们加油呐喊，现场气氛达到高潮，共同努力的所有人都感受到活动的意义所在。

人的本质是社会性，人需要在与他人沟通交往的过程中去融入集体与社会。对于志愿者们来说，大家走出学校，与心智认知障碍家庭进行相处的过程中最开始可能会遇到一系列问题，如“爱奇儿”们不愿意说话、配合，或者不受控制等，志愿者们要在这个过程中学会如何去与孩子们沟通交流，慢慢地与他们相处，在这个过程中提升志愿者的语言表达能力、与他人相处的能力。

四、育人实效

1．你我携手，为爱前行

成都天使心与西南交通大学等高校志愿者相聚在 C7 城市运动空间（成都市锦江区桦彩路 89 号），为第七届爱奇儿家庭亲子运动会做准备。本届运动会是成都天使心连续举办的第七届运动会，来自 74 个家庭的共 271 人参与，极大地扩大了活动的受众范围，让志愿参加活动的参与者认识心智障碍者，了解心智障碍家庭，促进社会大众以更加友好的态度接纳他们。

2．协助运动会顺利进行，收货独一无二的美好

短短的一个下午，志愿者、家长以及其他爱心人士用爱、用团结、用希望温暖了每一个家庭，所有人也在活动中成长了许多，见到了不一样的美好，看到了不一样的活力与未来。在活动过程中，志愿者们用自己的爱和耐心不断引导“爱奇儿”们参与到此次活动，保证了此次运动会各个环节的顺利进行，在这个过程中也提升了志愿者的策划组织能力、语言表达能力、与他人相处的能力。

3．回顾活动，受益匪浅

“一个个强壮的日子仍然等在前面，像刚烤出来的面包一样诱惑”，志愿者在和“爱奇儿”的相处过程中，明白了家长的不易，但也感受到“爱奇儿”的可爱与乐观向上。可能这仅仅是一次简单的活动，但让所有人都明白：我们应该尽自己最大的努力给他们创造希望，让他

们能度过生活中的阻难与不愉快，继续前行在自己的人生道路上。成都天使心的服务理念是：家长走出来，孩子才有希望。我们相信，阳光和笑容会一直陪伴着他们走下去。

五、育人评价

平均评分：4.9 分

1. 学生评价

何同学：活动过程中，我们在看到“爱奇儿”家庭的不容易的同时，更多的是为那一份相互的爱而深受感动。我想这就是这个活动存在的意义之一吧，即便在他人看来身处沼泽，但自己心中始终是一片晴朗。我很幸运，通过这个活动我得到了这么深刻的感触。

仇同学：结束活动后，我有深切的体会，在接触“爱奇儿”之前，对于他们，我更多的是同情，但事实是他们真的令人尊敬。“每一个不曾起舞的日子，都是对生命的辜负”，在活动过程中，他们用饱满的热情对待每一个活动项目，用微笑回应每一个帮助他们的志愿者。这一点，实在令人敬佩。

刘同学：看到孩子从害怕、不搭理我、躲开我到开始和我一起搭“拱门”，慢慢地，开始会心地对我笑，开始主动拉我的手作自己介绍，虽然话不多，但是当他牵着我在草地无拘无束的跑，让我真的超级感动！这次志愿活动真的很暖，我看到了热心真的可以打动人，我知道了付出就一定会有惊喜，很开心也很有收获。

2. 教师评价

代老师：志愿服务的出发点就是“爱”。无论是活动的前期筹划、实行过程还是后期总结，每一位志愿者在为活动工作的时候总能感受到活动本身的温情涌动，每一个“爱奇儿”家庭在活动过程中也获得了独属于他们的珍贵记忆。本门课程通过所有参与人员的共同努力，以更加温暖、快乐的方式体现了志愿服务的意义所在，值得推广。

3. 第三方评价

学生家长李先生：这门课程立足实际，积极调动大学生志愿者的志愿服务热情，真正体现了爱与希望的服务意义。不仅让外界有更多的方式去了解“爱奇儿”，而且在活动过程中，也能让参与者感同身受，更愿意去聆听属于他们的故事。我们作为家长看到了孩子幸福的笑容，也从心底感到温暖，大家都收获了属于自己的感悟。

【3】志愿马尔康
——西南交通大学助力马尔康市第二中学系列志愿活动

一、基本信息

项目名称	志愿马尔康——西南交通大学助力马尔康市第二中学系列志愿活动		
项目类别	社会实践与志愿服务	项目内容	其他+
项目容量	300 人/期	开课单位	电气工程学院
面向对象	全校学生	授课方式	活动

二、育人目标

志愿服务在高校实践育人上具有重要的价值，是培育和践行社会主义核心价值的重要载体。教育部等部门在《关于进一步加强高校实践育人工作的若干意见》中指出："进一步加强高校实践育人工作，是全面落实党的教育方针，把社会主义核心价值体系贯穿于国民教育全过程，深入实施素质教育，大力提高高等教育质量的必然要求。"通过开展助力马尔康市第二中学系列志愿活动，可以达到以下育人目标。

1．增强大学生社会责任感和历史使命感

面向全校招募志愿者，开展助力马尔康市第二中学系列志愿活动，让大学生切身感受偏远地区孩子上学、生活现状，有助于在校大学生在志愿服务活动中发掘个人价值，增强其社会责任感和历史使命感。

2．培养大学生沟通合作能力

开展助力马尔康市第二中学系列志愿活动，不管是线上支教、旧衣回收还是书信漂流，都不能仅仅依靠某一个志愿者独立完成，需要志愿者之间、志愿者与志愿服务对象进行深入的沟通与合作，在帮助他人的同时，既培养了相互合作沟通交流的能力，也让大学生学会了尊重理解他人。

3．培养大学生社会主义核心价值观，厚植爱国主义情怀

通过志愿服务，让大学生深入社会和生活中进一步了解国情、社情和民情，了解中华传统优秀文化和各地的民族文化，激发家国情怀，增强爱国主义情感，坚定"四个自信"，提高社会主义的认同感。

4．培养大学生敬业精神

大学生在与志愿服务对象的接触中，逐渐意识到自己承担的责任，从而扩展到对社会的责任，就会更加认真地对待自己的志愿服务工作，从而培养了大学生的敬业精神。

三、育人措施

1．健全遴选机制，提升学生专业知识能力

马尔康系列志愿活动之"火苗计划"线上支教活动的志愿者主要从青年学生朋辈中选拔，申请人需要具备扎实的专业知识、较强的沟通表达能力，热爱助教工作，乐于志愿奉献。选拔程序包含报名、审核、培训、开课等。开课前，研究生支教团会对当地情况进行概述，确保志愿者明确教学角色、教学内容、助教工作等，业务能力达标的志愿者方可上岗。

2．注重工作细节，培养学生统筹规划能力

马尔康系列志愿活动之"爱心捐赠，旧衣回收"活动前期，活动组织者通过海报、QQ群、第二课堂选课板块等方式进行活动宣传并招募志愿者。志愿者招募完成后，开展业务培训，强调注意事项，并制定工作安排表。活动中，志愿者们带着提前准备的传单，分批前往各个寝室，为同学热情讲解本次活动的目的和意义，鼓励同学们捐赠闲置的旧衣服。活动后，志愿者们将收集到的衣物统一清洗、消毒，再打包捐赠给马尔康市第二中学的同学们。在整

个活动的前、中、后三个阶段，志愿者们注重细节，及时完善，确保活动有序推进。

3．注重志愿服务质量，优化志愿服务体系

建立动态管理机制。对志愿者进行动态分工，设立机动组，及时弥补工作缺口，解决突发状况。

建立宣传推广机制。通过“西南交大电气青协”公众号制作微信推文进行宣传报道，同时，利用海报、传单以及线下走访寝室等方式扩大宣传。此外，依托各兄弟学院青协将活动面向全校推广。

建立反馈机制。每一次活动结束后，电气工程学院青年志愿者协会（简称“电气青协”）及时收集志愿者和帮扶对象的建议，开展活动总结，不断提高志愿服务质量，优化志愿服务体系。

四、育人实效

1．强化责任担当，厚植爱国主义情怀

“火苗计划”线上支教活动依托专业特色，共开展了 3 次课程，面向 30 多名学生，分别以生活用电、电与磁、能源和可持续发展等为主要内容。志愿者们在支教中积极的态度，课上与学生亲切互动，认真的备课、授课态度也赢得了马尔康第二中学师生的认可和喜爱。在志愿服务中，志愿者们发掘自身价值，强化自身的社会责任感，激发家国情怀，增强爱国主义情怀，坚定“四个自信”，提高社会主义的认同感。

2．促进资源循环利用，树立节俭意识

“爱心捐赠，旧衣回收”活动参与志愿者近 60 人，通过业务培训、礼仪培训，志愿者们分批前往各个寝室，为同学热情讲解本次活动的目的和意义，鼓励同学们捐赠闲置的旧衣服。经历三天的回收后，志愿者们共收集衣服 26 千克，打包近 15 包快递送往马尔康市第二中学校。通过该活动，一方面，捐赠者奉献了爱心，也意识到勤俭节约、绿色消费的重要性；另一方面，志愿者们增强了语言沟通能力，在相互合作中学会尊重理解他人，传递了友爱互助的精神，形成了一种“我为人人，人人为我”的氛围。

3．弘扬志愿服务精神，营造志愿服务氛围

助力马尔康市第二中学系列志愿活动，不断引导在校大学生在完成学业的同时，成长为一个温暖的有责任心的人，让广大志愿者们用实际行动弘扬“奉献、友爱、互助、进步”的志愿精神，在奉献中传播友爱，在互助中共享进步，在学生中形成良好的志愿服务氛围。

五、育人评价

平均评分：4.9 分

1．学生评价

张同学：传播正能量，汇聚微爱心，以废品回收活动唤起同学们的环保意识，让散落的点滴收集，让错位的资源归位，此次活动很有教育意义！

李同学：在这次旧衣回收活动中，我对一栋宿舍的两层楼进行了扫寝回收，本来担心会被拒之门外，但是同学们都非常热情地捐出自己的衣服。其实不管衣服的新旧，我们捐赠的是那颗善于奉献的爱心!

王同学:在线上支教活动中,我真切地看到马尔康市第二中学的同学们求知若渴的神情。在整个教学过程中,同学们积极配合,认真地去学习、观摩。在这个支教活动中,作为助教,我有满满的成就感,因为我把知识带给他们,我骄傲我是一名中国志愿者!

2. 教师评价

郭老师:助力马尔康市第二中学系列志愿活动,内容丰富,意义深远,值得推广。"线上电路实验"紧密结合专业特色,不仅给在校大学生提供了一个发挥个人特长、巩固专业知识的机会,也培养了在校大学生的志愿服务精神,减轻了马尔康支教老师的负担。旧衣回收活动,一方面实现了资源的循环利用,为马尔康第二中学的学生送去温暖;另一方面也提醒参与捐赠的同学们,理性消费,避免浪费。

3. 第三方评价

志愿者家长张女士:助力马尔康市第二中学系列志愿活动真正切实做了实事。孩子们通过线上上课,既锻炼了自己的表达和沟通能力,同时也体会到帮助别人、志愿奉献的快乐。旧衣回收活动也非常不错,不仅实现了资源的循环利用,还为马尔康的学生送去温暖,这个活动值得推广,希望让更多交大学子来参加。

【4】西南交通大学"晚晴驿站"社区为老志愿服务项目

一、基本信息

项目名称	西南交通大学"晚晴驿站"社区为老志愿服务项目		
项目类别	社会实践与志愿服务 、	项目内容	思政+
项目容量	300人/期	开课单位	公共管理学院
面向对象	全校学生	授课方式	活动

二、育人目标

"晚晴驿站"社区为老志愿服务项目是为城镇社区老人和在校大学生构建的关爱服务和成长服务平台。服务形式分为两方面:一是老人走出门,使用模块化、固定化的活动形式推出能吸引老同志参与的每周快乐时光菜单,并制成爱心服务卡,公布每周的活动安排,通过组织开展丰富多彩、积极健康的志愿服务活动,吸引有行动能力的高龄空巢老同志走出家门走入驿站。二是学生走上门,根据人数情况建立定期慰问制度,每月一次登门看望或者电话慰问,解决老人的生活问题。针对不能走出家门的高龄及空巢老人,采取送学上门+关怀慰问的形式进行。让学生在实际的志愿服务中传承爱老敬老孝老的传统美德,树立爱校荣校、爱党爱国的家国情怀,同时,让学生利用专业知识参与社区建设与老年教育,在社会实践中锻炼提升实践能力、锤炼品格精神、树立社会责任感。

三、育人措施

1. 志愿服务助力社区治理

项目围绕学院学科特色,打造"志愿服务+社区治理"的服务模式。以公共管理学为学科基础，开展前期走访调研、权益调查活动，了解服务对象所需；以政治学为学科特色，开展社区政策宣传、老龄服务宣讲等活动；以法学为特色，开展社区权益维护、老龄法律援助等服务工作。三大服务均以专业技能为桥梁，将老人需求与知识实践相结合，既助力社区和谐发展和社会治理创新，也提升学生们的专业素养和实践能力。

2．志愿服务助力成才成长

“晚晴驿站”既是针对老人的关怀服务，也是蕴含育人功能的实践平台。高龄空巢老人感受到社会的重视关爱、学生的尊敬爱护；学生在服务过程中受到教育，提升敬老爱老意识和爱党爱国情怀，形成老人、学生、学校和家庭多方受益的良好局面。通过“晚晴驿站”的志愿服务，发挥学生的积极性、创造性，形成老少互动、管理服务、立德育人的良性循环，引导学生多行多看常思深悟，实现学生在志愿服务过程中有所获、有所感、有所思、有所悟。

四、育人实效

1．服务到位，影响广泛

团队现有核心志愿者 60 人，注册志愿者 200 人，2019 年 9 月至今共开展校内实践活动 33 次，服务老人 300 余人次，得到了校内外各社区的认可。2020 年疫情防控期间，志愿者在线上为各驿站老人开展新冠肺炎疫情排查和预防知识宣传、心理排解等工作，线上活动共服务 83 人，有效助力社区和学校疫情防控工作在社区老年人中的拓展覆盖。2020 年 9 月，以“晚晴爱心驿站”社区为老系列活动为主体打造的志愿服务项目荣获第五届中国青年志愿服务项目大赛全国铜奖、四川赛区金奖。

2．立足理论，实践创新

学生在实践活动中开展了大量议题调研和深度访谈，整理形成了关于老龄化的一手需求数据和多篇调研报告，立足实践探索和理论研究，针对不同群体、特殊时期的社区需求，开发设计不同的为老服务活动内容，在需求探索中让为老服务亲情化、专业化、常态化。同时，多位实践团队学生参加了“老龄健康研讨会”“美好老龄领见未来高峰论坛”等活动，参与了四川省社区治理重大课题研究，并发表了多篇论文文章，以理论成果反哺项目开展，以实践活动论证理论研究。

五、育人评价

平均评分：4.8 分

1．学生评价

这项活动依托“四川省老龄事业与产业发展研究中心”，为项目提供老龄社会保障、老龄事业与社区治理的相关理论知识，对项目在成都市内外社区实施活动提供前期的调研支持，给我们提供了很好的学习平台。

2．教师评价

本活动分析解决了项目实施过程中老龄事业管理与公共政策研究、老龄事业与养老健康服务体系研究、老龄科技与产业创新研究理论及实践等问题，很好地培养了学生理论结合实际的能力。

3．第三方评价

志愿者团队采取电子记录模式对志愿服务时数进行科学量化考评，对社区活动、校内志愿者活动进行资源整合，实现志愿服务数据智慧化管理。同时，团队成员利用 App、设计小程序增强团队韧性，在线上平台与线下活动建立实时协调机制，对一线服务的志愿人员进行动态联动支持，实时进行风险识别和活动管控，锻炼了发起者与参与者的各项能力，并且通过大家的努力使得活动顺利开展。

【5】捐衣献爱心，振兴路上写真情
——西南交通大学爱心衣加一志愿服务活动

一、基本信息

项目名称	捐衣献爱心，振兴路上写真情——西南交通大学爱心衣加一志愿服务活动		
项目类别	社会实践与志愿服务	项目内容	其他——公益
项目容量	1 000 人/期	开课单位	建筑与设计学院
面向对象	全校师生	授课方式	活动

二、育人目标

（1）庆祝建党 100 周年，弘扬中国共产党艰苦创业的伟大精神，深入贯彻习近平新时代中国特色社会主义思想，树立和践行社会主义核心价值观。

（2）弘扬伟大“抗疫精神”，将伟大的时代精神深入贯彻青年学生群体，号召广大青年接过全面脱贫的接力棒，为乡村振兴贡献力量。

（3）弘扬以中华民族的传统美德和雷锋精神为内核的志愿者精神——“奉献、友爱、互助、进步”，争做有社会责任感的青年。

（4）借助青年的力量号召广大青年群体，凝聚大家的热忱，带动社会对贫困山区儿童的关注，为贫困地区的孩子们贡献力量。

三、育人措施

1．弘扬中国共产党艰苦创业的伟大精神，响应乡村振兴的时代主题

建筑与设计学院青年志愿者协会（简称“建筑青协”）响应共青团中央的号召，将志愿者精神深入贯彻到青年学生群体中，激励和引导青年学生积极向上，乐于助人，接力全面脱贫，为乡村振兴、建设现代化国家贡献青春力量。为向大凉山生活有困难的孩子们传递温暖，建筑青协号召全校师生参与乡村振兴的伟大事业。

2．建立完善工作机制，保障工作有序进行

建立部门协调机制。在活动开展之前，建筑青协将根据学校规定，和学校相关部门协商，准备相关证明，获取相关部门对活动的支持。

建立宣传推广机制。① 网络媒体宣传：通过校园网络新媒体，及时发布最新相关消息，并进行多次宣传。网络媒介包括：“交大新媒体”微信公众号、新浪微博；“交大有思新媒体”

微信公众号、新浪微博；“西南交大青年志愿者联合会”微信公众号、新浪微博；“西南交大建筑青协”微信公众号、新浪微博、西南交大建筑与设计学院媒体中心；西南交大各学院青年志愿者协会微信公众号、新浪微博。② 海报宣传：在各食堂附近和宿舍楼宣传栏张贴本活动海报。③ 广播宣传：联系校广播站“交大之声”提前一周滚动播报本活动。

建立监督考核机制。建筑青协提前组织参与的志愿者在合适的地点集合，现场依据情况进行合理的工作分配，以小组为单位，按照提前申报的寝室名单，组织各栋宿舍楼进行衣物回收，并做好捐衣服同学的姓名学号登记，方便录入第二课堂。活动过程中，建筑青协工作人员提醒志愿者们使用礼貌用语，避免出现口角与摩擦。同时活动期间，建筑青协工作人员时刻注意场地卫生。

四、育人实效

1．不一样的志愿服务活动，持续贡献青年力量

建筑青协响应共青团中央的号召，将志愿者精神深入贯彻到青年学生群体中，激励和引导青年学生积极向上，乐于助人，接力全面脱贫，为乡村振兴、建设现代化国家贡献青春力量。为向大凉山生活有困难的孩子们传递温暖，建筑青协号召全校师生参与乡村振兴的伟大事业。截至目前，建筑青协面向全校师生开展了 6 次爱心衣加一志愿服务活动，覆盖青年学生超过 4 000 人次，累计捐衣数量达 12 000 件。

2．加强青年理想信念教育，引导学生构筑青春梦想

爱心衣加一志愿服务活动号召广大青年群体，凝聚大家的热忱，带动社会对贫困山区儿童的关注，为贫困地区的孩子们贡献力量。让“乡村振兴”真正走进学生心中。在志愿服务、奉献爱心的过程中，让大学生深入接触到社会实际和人民群众，唤醒他们的道德情感和行动，促使他们自觉地承担起社会责任。

3．精心打造交流平台，全方位完成志愿活动

除了线下去往预约寝室收集衣物，建筑青协还精心设计了“扫楼”、QQ 群线上填表预约活动等活动形式。爱心衣加一志愿服务活动对锻炼大学生人际交往能力和处事应变能力的作用可见一斑。学生人际交往能力、与人沟通的能力都可以在活动中得到锻炼和提高。在志愿服务的过程中，志愿者具有相同的身份，很容易产生融洽的合作关系，加之志愿者无条件的奉献精神，会增进整个社会对志愿者产生信任感。这些都有助于涉世不深的大学生志愿者更好地进行人际交往，从中锻炼自己的人际交往能力。此外，在志愿服务中，往往需要志愿者进行各种各样的工作，致使他们也会随时面临不可预期的问题，而通过学习处理和解决这些问题的方法，可以端正大学生的处事应变能力， 为以后融入社会解决面临的更多问题做好准备。

五、育人评价

平均评分：4.9 分

1．学生评价

王同学：从教育的角度而言，志愿服务的过程实际上也是大学生以主体的身份参与德育的过程，有助于调动我们进行自我教育的积极性和创造性。李亚平和于海在《第三域的兴起

——西方志愿工作及志愿组织理论文选》中提道："志愿者付出额外的时间，并不期望经济回报，其植根于道德的义理之中，他们也获得了神圣的自我形象和人格，以及某种他自以为有能力改变的浪漫抱负。"这段话告诉我们，我们在志愿服务活动中，既可以获得精神与心灵上的净化、提升个人的道德修养，也有利于人格的塑造和自我完善。

赵同学：在这次公益活动中，我们接触了比平时更多的人，这不但开阔了我们的视野，还让我们的社交能力得到了锻炼。我们知道了如何与人相处，我们知道了礼貌的重要性，其中最最重要的是，我们深刻感觉到这个社会的和谐，比如每个寝室的人都很配合我们的工作，而且都很有礼貌，我们在敲一个寝室的门时，里面亮着灯，还有水声，我们敲了半天门，也没人来开，我们决定放弃，这时水声没了，出来了一个健壮的男同学，得知刚才他在洗澡，我们说真是对不起，而他却说："哪里，该说对不起的是我，我在洗澡没给你们开门!"这句话让我顿时感到这个社会是如此和谐，也让我知道对他人礼貌，不但能够塑造自己的人格魅力，更能给他人带来温暖，要是这个社会人人都能像这位男同学一样，那"大同社会"就近在咫尺了!

李同学：对于当代的大学生而言，我们虽然在校园中学习到一定的科学知识，但是，我们并没有真正踏入社会，对于社会了解不多，要想将其所学的知识真正转化为个人的能力，更需要实际投入社会的磨炼和考验。而志愿服务顺应了我们加强社会交流与融合的需要，一方面可以丰富他们的生活阅历；另一方面也锻炼了我们各方面的能力，有利于促进专业知识与实践运用的有机结合。

2．教师评价

任老师：培养什么人，是教育的首要问题。我国是中国共产党领导的社会主义国家，这就决定了我们的教育必须把培养社会主义建设者和接班人作为根本任务，培养一代又一代拥护中国共产党领导和我国社会主义制度、立志为中国特色社会主义奋斗终身的有用人才。本门课程通过公益活动，以更加活泼的形式进行思政教育，值得推广。

3．第三方评价

学生家长王先生：这门课程立足实际，发挥了志愿服务对大学生道德修养的提升作用。志愿服务活动可以培养大学生"仁、义、礼、智、信"等优良品德，对大学生个人道德修养的提高有着积极的作用。在志愿服务、奉献爱心的过程中，让大学生深入接触到社会实际和人民群众，唤醒他们的道德情感和行动，促使他们自觉地承担起社会责任。我们作为家长也可以从学生的活动经历获得属于自己的感悟。

【6】西南交通大学"文轨交通，乃郅大同；军衣有情，成泥护花"系列活动

一、基本信息

项目名称	西南交通大学"文轨交通，乃郅大同；军衣有情，成泥护花"系列活动		
项目类别	社会实践与志愿服务	项目内容	交通+、思政+
项目容量	500 人/期	开课单位	交通运输与物流学院
面向对象	全校学生	授课方式	竞赛

二、育人目标

2019 年 12 月上旬，交通运输部确认了第一批交通强国建设试点城市，2020 年中共中央、国务院进一步印发《国家综合立体交通网规划纲要》，号召并要求各地区各部门结合实际认真贯彻落实，加快建设交通强国，构建现代化高质量国家综合立体交通网，以支撑现代化经济体系和社会主义现代化强国建设。

地铁志愿者活动立足 2019 年习近平总书记在全国教育大会上的讲话精神，培养德智体美劳全面发展的社会主义建设者和接班人，引导志愿者了解纵横交错的地铁轨道交通网背后的操纵运营，促进志愿者参与到地铁运营的部分服务工作中，在一定程度上促进志愿者对于交通强国战略的了解。本活动也积极响应教育部关于大学生第二课堂的建设要求，着重培养志愿者的社会实践与志愿服务能力，贴近大众生活的同时提高志愿者的文化沟通与交往能力。同时，此项活动立足实际，促使志愿者在帮助别人的同时培养自身的德育，为相关专业的学习奠定基础。更重要的是，此活动注重培养相关专业同学的专业兴趣，鼓励他们为国家建设交通强国而做出自身切实努力、为交通发展注入创新活力、为社会主义现代化强国建设添砖加瓦，真正不负时代赋予我们青年一代的光荣使命！

习近平总书记 2005 年时任浙江省委书记时就提出“绿水青山就是金山银山”的科学论断。为积极响应国家号召，我们开展“军衣捐赠，为梦助力”——西南交通大学第十届军训服回收活动。此项活动对接相关组织，力图对军训服进行再一次充分利用，回收的军训服经收集整理，被捐赠到相关地区，分发到有需求的基层建设工作者的手中，大力倡导厉行勤俭节约、杜绝铺张浪费的良好风气。活动也关切着学生德智体美劳的均衡发展，符合教育部提出的学生素质全面培养的第二课堂计划中对于社会实践与志愿服务、文化沟通与交往能力等培养的要求。活动提倡沟通交往、志愿实践的同时，着力培养志愿者的奉献精神，更殷切希望志愿者借此活动切身感受到付出的愉悦，将这种奉献精神延伸到自己的生活中，燃起内心的奉献之火。同时，活动也致力于提升志愿者的志愿体验，使志愿者在付出辛勤汗水的同时，收获奉献的快乐，锻炼个人交往与沟通能力、组织领导与动手操作能力，更培养志愿者团结协作、和谐友爱的工作精神，从志愿服务开始，为提升人民群众的物质生活水平而奋斗，为和谐社会的建设添砖加瓦，立志成为一个合格的社会主义建设者和接班人！

三、育人措施

（一）第七届“立足轨道，服务交通，交织地铁，志者同行”地铁志愿者活动

地铁志愿者活动可分为两种：一是常规志愿活动；二是特色志愿活动。

1．常规志愿活动

常规活动的执勤工作包括进出口闸机引导、购票引导、扶梯引导、站台乘车引导以及在服务台为乘客答疑解难的志愿者工作。其具体内容是：

（1）引导帮助乘客出行。一是帮助、指导乘客购票、乘车，使用相关自助服务设备设施；二是为乘客提供咨询、服务，为有需要的乘客提供帮助。

（2）维护车站秩序。协助站务人员做好车站客流组织、引导工作。确保车站运营秩序。

（3）倡导文明乘车。宣传“文明乘车”的理念，向乘客倡导“先下后上”“左行右立”等

文明乘车行为，对不文明行为进行劝导。

（4）常规特色活动。志愿者们做一些为乘客答疑解难的常规工作，使地铁站内环境文明和谐，提高运送乘客效率的要求，同时也亲身体会到志愿服务的意义所在。

2. 特色志愿活动——地铁知识进课堂

（1）小讲师报名及材料准备。

在交通运输与物流学院青年志愿者协会（简称“交运青协”）内部进行讲师招募，报名结束后，由活动负责人对小讲师进行培训及注意事项讲解。培训后，小讲师利用图书馆、网络等平台搜集与地铁相关的知识，并到地铁站咨询工作人员关于地铁运营的相关细节。随后，制作并下载课上讲解所用 PPT、音乐和视频等。

（2）联系子弟小学。

由负责人联系西南交通大学九里子弟小学领导或老师，洽谈相关事宜，并安排聆听讲座的班级及讲座时间。

（3）讲座试讲。

由小讲师面向全校同学进行试讲会，试讲会结束后，据观众反馈调整课堂内容及相关安排。

（4）正式讲座。

由负责人带领小讲师前往九里子弟小学进行讲解。讲座结束后，采取有奖问答的方式与小朋友们进行互动，让他们对地铁知识的了解更加深刻。

若地铁站方面有由地铁站主办的特定主题活动，我方志愿者也可协助参与完成。在参与特色志愿活动的过程中，可以让志愿者们以及更多的人深度了解关于地铁方面的专业知识，实现志愿服务与学业的融会贯通。

（二）“军衣捐赠，为梦助力”——西南交通大学第十届军训服回收活动

1. 高校联盟倡议计划

通过“四川高校军训服捐赠”高校联盟倡议计划，针对大学生这一主体，鼓励大学生展现当代大学生心系社会、阳光向上的风采，让贫困地区的人们能感受到来自大学生的关怀和温暖。

2. 线上线下结合宣传

通过线上线下的大力宣传，呼吁政府、公众及更多高校对贫困地区人民给予更多的关注与支持。

3. 为志愿者创造锻炼机会

活动中，志愿者用爱心及行动参与“军训服捐赠”活动的同时，也锻炼了自己的沟通表达能力和持之以恒的毅力，发扬了无私奉献的优秀品质。在习近平新时代中国特色社会主义思想指导下，由各大高校联合开展的“军训服捐赠”活动同样能以自己的方式，为我国环境保护事业贡献一份力量。

4. 扩大活动影响力

拓宽交运青协志愿服务覆盖面，也能在更多方面实现交运青协志愿服务价值，弘扬“但行好事，莫问前程”的志愿服务理念。

四、育人实效

1. 地铁志愿者活动

交运青协于 2015 年 9 月与地铁站开展合作，经过地铁站方与校方的共同努力，自地铁志愿者活动开展以来，每一次的志愿活动都圆满成功，并且受到社会各界好评。

交运青协现已在地铁站建立志愿者基地，为该活动的长期开展奠定了一定的基础。六年来，地铁站方面也多次邀请交运青协志愿者参与成都地铁有限公司举行的活动。2015 年 11 月 5 日，地铁站邀请交运青协志愿者参与天府广场站的志愿活动。2016 年 3 月，地铁站邀请交运青协志愿者参与其组织的糖酒会相关志愿活动，同月邀请交运青协参与成都地铁有限公司主办的雷锋月志愿活动等，现交运青协在争取与地铁公司更多合作，计划在地铁站建立暑期“三下乡”实践基地，为更多同学提供实践的机会。此外，交运青协在天府广场站已设立志愿者服务基地。至今，已有超过 10 名志愿者通过地铁站的考核，获得“优秀志愿者”的荣誉称号。2017 年 5 月 7 日，交运青协志愿者代表地铁志愿者团体之一，前往成都市金沙博物馆参加交流活动，并在活动结束之后，与地铁运营公司委员会开展了交流会议，对志愿者管理办法、招募形式、宣传平台等内容提出意见和建议。

同年，我们的志愿团队取得了全国十佳志愿者团队第一名的好成绩。学校课改在即，我协会也积极响应学校的号召，在新青年素质网上开设了第二课堂，做出了良好的表率。2018 年 3 月 11 日，我校地铁志愿者代表团参加了地铁一号线三期开通宣传活动。2018 年 4 月 19 日，我校地铁志愿者团体前往参加了“百姓听音”文明座谈会，获得 2017 年度优秀志愿者团队的称号。2018 年 12 月，又获得“2018 年度优秀志愿者团队”称号。至此，地铁志愿者活动在 2018 至 2019 学年下学期活动中，招募志愿者人数共 348 名，参与活动共 348 人次，累计志愿服务时长达 1044 小时。

2. “军衣捐赠，为梦助力”——西南交通大学第十届军训服回收活动

2011 年，交运青协开展了“军训服义卖活动”。活动取得成功，并将义卖所得款项兑换的书本尽数捐献给四川省南充市武胜县桥亭小学。

2012 年，交运青协进一步扩大“军训服义卖”活动的规模，联合电子科技大学青年志愿者协会携手举办“军训服义卖”活动，活动取得成功，并将义卖所得款项兑换的书本尽数捐给蒲江县九年义务制学校和北川小坝中学。

2013 年，交运青协再次扩大“军训服义卖”活动的影响力和作用力，联合电子科技大学青年志愿者协会、西华大学电气信息青年志愿者协会、成都信息工程学院爱心 6++协会携手举办“军训服义卖”活动，并将活动所得款项及兑换的书本尽数捐给北川小坝中学。

2014 年，交运青协延续传统采用创新活动方式继续把“军训服捐赠”活动开展下去。最后将义卖所得的款项及兑换的书本再次捐给北川小坝中学。

2015 年，交运青协再创佳绩，回收的军训服数量实现了新的突破。

2016 年，交运青协回收的军训服数量再创新高，义卖所得善款兑换成 1 000 册书本全数捐献给宜宾市留宾乡中心小学。

2017 年，活动正式更名为“军训服捐赠”活动，交运青协在回收军训服的同时弘扬中华民族勤俭节约、助人为乐的传统，义卖所得善款以及部分善款兑换的物资、生活必需品捐给

西昌市洛古波乡打祖俄普村。

2018年，鉴于“军训服捐赠”活动取得的良好反响，交运青协再次联合四川各高校，发起成立“四川高校军训服捐赠”联盟，联盟形式以宣传为主，扩大活动规模，增加活动影响力，呼吁政府、公众及更多高校对贫困地区给予更多的关注与支持。

五、育人评价

评价均分：5.0分

（一）第七届“立足轨道，服务交通，交织地铁，志者同行”地铁志愿者活动

1. 学生评价

田同学：作为一名大一的学生，这次地铁执勤是我第一次作为志愿者到地铁站尽自己的努力为人们带去一点帮助，说实话，自己也没有像地铁站的工作人员一样熟练并了解的东西多，很多时候不了解的东西还要请教工作人员，其他乘客的问题答不来的也只能麻烦他们去咨询工作人员，但自己戴着绶带站在那，会有不知所措的乘客来向自己求助，或许只是卡出了问题、路线不清楚等小问题，但在自己的帮助后他们能开心地离去，就感觉自己有价值，自己的工作有意义，真的很高兴。地铁执勤真的是一个非常有意义的志愿活动，很开心能参与到这样的活动中。

徐同学：感谢能有这次机会让我参加地铁志愿者活动，这次活动让我接触到形形色色的人们，增长了见识，提高了社交能力，更重要的是我通过小小的努力帮助了别人，自己为他人做了一份贡献。我今后会继续参加此类活动。

丁同学：地铁志愿者活动让我见识到地铁对人们的便利，在这里我遇到了旅游者、马拉松参赛者、上班人员等，这无疑扩大了我的生活圈。此外，我的价值得到了认可和展现，我帮助旅行者们指路如告诉他们如何换乘高铁，告诉初次乘地铁的人们如何出地铁站，在我的帮助下，他们得到了方便，获得了便利的出行。笑脸在他们脸上绽放，我觉得再累也值得。“勿以善小而不为”，即使再小的爱心活动，也能带给我们自己和他人快乐。

2. 教师评价

王老师：地铁志愿者一直是我们交运青协的特色活动，它非常有现实意义。创办地铁志愿者系列活动，可以让更多的大学生能够在地铁站的秩序维持与环境维护等方面做出一些贡献。我希望志愿者们在这个活动中不但可以锻炼自己的表达能力和组织能力，同时也能明白，每个工作岗位都有其存在的价值与意义。

3. 第三方评价

地铁站工作人员：交运青协是我们一直以来的合作伙伴，他们带领热心有耐心的大学生志愿者们一起，为地铁站注入了新鲜且热腾的血液。他们帮助乘客们买票、乘车，还会回答乘客们的一系列问题，这都让大家感受到大学生的蓬勃朝气和做志愿的热心。

（二）“军衣捐赠，为梦助力”——西南交通大学第十届军训服回收活动

1. 学生评价

张同学：作为一名大一的学生，军训服捐赠活动是我第一次参加的志愿活动。刚开学，

我们大家其实还没有很熟，但是经过这次活动，我认识了很多其他部门的部员，大家齐心协力搬衣服的过程虽然很累，但是也很快乐。我也是第一次感受到做志愿的魅力。我们作为志愿者，尽自己的努力为贫困地区的人们带去一点帮助，就感觉自己是有价值，自己的工作也是有意义的，真的很高兴。军训服回收真的是一个非常有意义的志愿活动，很开心能参与到这样的活动中。

苏同学：军训服回收活动真的是一个超级好的活动，在参加这次活动的过程中，我认识了很多人，也真正觉得自己是交运青协的一员了。我们一起上楼回收军训服，一起搬军训服，虽然有点累但真的很开心。我知道了军训服会去到很远的地方，收集的善款也会用来购买书籍捐给山区的小学，我很骄傲，也觉得自己做的活动是有意义的。我很开心自己可以为这个社会做出一点贡献，我的价值得到了认可和展现。看到笑脸在贫困小学的小学生脸上绽放，我再累也值得。“勿以善小而不为”，即使再小的爱心活动，也能带给我们自己和他人快乐。

杨同学：感谢能有这次机会让我参加军训服回收活动，这次活动让我认识了很多好朋友，提高了动手能力，提高了社交能力，更重要的是我通过小小的努力帮助了别人，自己为他人做了一份贡献。我今后会继续参加此类活动。

2．教师评价

王老师：这个军训服回收活动很有意义，让同学们投入到志愿捐献中，收集到的大部分军训服，被转手卖出后将有一笔可观的费用提供给受捐方，使得孩子们的未来更加光明，志愿活动的概念和理念也将融入更多的大学生心中，使得奉献精神深入青年志愿者的心灵，志愿者队伍不断壮大。同时，在媒体的报道下，不仅仅扩大了学校活动的影响力，更重要的是让大家看到新一代的力量，以及对共享美好生活的无限期待。

3．第三方评价

军训服捐赠地负责人：感谢交运青协与物理青协的帮助，他们组织同学们收集军训服，并捐赠给我们，让大家感受到大学生的蓬勃朝气和做志愿的热心。

接受捐赠小学负责人：孩子们收到图书和文具用品这些礼物时，都很开心，我们要感谢西南交通大学交运青协与物理青协的捐赠，给孩子们带来了更好的学习体验与学习环境。

【7】西南交通大学经济管理学院“志在四方，善行永承”系列活动

一、基本信息

项目名称	西南交通大学经济管理学院“志在四方，善行永承”系列活动		
项目类别	社会实践与志愿服务	项目内容	思政+
项目容量	300 人/期	开课单位	经济管理学院
面向对象	全校学生	授课方式	活动

二、育人目标

志愿服务作为一项奉献爱心、服务他人和社会、提升自我、使人生价值得到升华的公益事业，实现了思想政治教育和社会实践活动的有机融合，是大学生助人与自助的有机统一。

为响应新时代对当代大学生提出的“敢于实践，推动理论向实践转化”的行动使命和“实现自我价值”的个人使命，经济管理学院青年志愿者协会（简称“经管青协”）围绕德智体美劳的素质定位，开展“志在四方 善行永承”系列志愿活动，把思想政治教育渗透到实践活动中，旨在培养大学生正确的价值观，强化大学生社会责任感，丰富大学生阅历、培养大学生实践能力，使大学生在各项志愿服务、关爱帮扶活动中，树立独立、民主、平等、团结、协作、奉献、探索、创新等精神，有利于引导其破除个人主义和实用主义，树立为他人、为社会服务的思想，使大学生更加理性地面对社会，反省自身，从而实现自我价值包括自我的社会价值，把自己所学转化成社会力量，为社会主义建设添砖加瓦。

三、育人措施

1. 爱心雨伞志愿活动

（1）与商家合作共赢，提升学生交际能力。

本活动经费全部来源于外来商家的赞助与支持，活动前期需要志愿者找寻愿意合作的商家并与之进行协商，最终达成商家对活动的经费赞助与本活动对赞助商产品的宣传支持这一合作，实现互利共赢。在此过程中，锻炼提高学生的人际沟通能力、合作谈判能力与抗压受挫能力。

（2）定制、投放爱心雨伞，便利师生出行。

中期我们将筛选、比对各个制伞厂商，挑选出合适的厂商进行合作，批量定制雨伞。雨伞定制完成后将举行“爱心雨伞启动仪式”，邀请合作商家和广大师生共同参与，启动仪式结束后将爱心雨伞投放到校园各个投放点，供全体师生使用。从筛选、定制到启动再到投放，需要学生团队分工合作，合理统筹规划。

（3）监督清查回收，传播志愿精神。

在爱心雨伞的借用与归还过程中，使用者使用前需要自觉登记个人信息，使用后需尽快归还于指定位置，有利于师生诚信观的形成和爱护公物的道德意识，加强校内的道德风气。同时，定期指派志愿者进行雨伞清查工作，回收损坏雨伞，补投缺少的雨伞，这有助于促进志愿者精神“友爱”“奉献”的传播，加强校内师生的归属感，形成良性循环。

2. 阳光家园志愿活动

（1）实施活动小组制度，任务细化分配到个人。

阳光家园志愿活动充分发挥了经管青协的“活动小组”制度特色，经管青协内部各部门轮流负责每周活动的招募、组织和展开，提前进行策划撰写、建群讨论活动具体实施步骤、确定各部门分工并及时监督活动进度、将任务落实到个人，活动期间进行摄影、摄像，活动后做好总结和信息备案。活动小组制度加入部长和分管主席问责使实际应用更加灵活，各部门的分工更加明确，方便管理，提升效率，为成员考核提供依据，提高大学生的责任感和团队协作意识。

（2）活动形式多元化，活动内容多样化。

由于阳光家园志愿活动的服务对象为智力低下的残障人士，因此我们会提前与金牛区阳光家园的负责老师沟通妥当，对招募的志愿者进行培训，并准备丰富多元的课程，包括但不限于素质拓展活动、认知锻炼、生活技巧、音律图画、表演表达等，多方面多角度满足不同能力水平的“大孩子们”的发展需要，成员间相互合作配合，气氛活泼热烈，有效加强同学们的创新意识和实践本领。

3．交大幼儿园志愿活动

（1）定期招募志愿者，进行相关培训。

经管青协面向全校学生进行志愿者招募，并在活动开始前对其进行与活动相关的培训，培训内容主要为工作内容讲解、工作任务分配、突发情况处理方式以及对小朋友的注意事项等。此活动考查学生的组织、讲解、领导能力。

（2）与幼儿园负责老师配合完成志愿工作。

听从幼儿园负责老师的安排，协助负责老师完成有关绘本制作、图书整理、图书信息录入、其他物品制作等，或者为幼儿园小朋友进行生活常识讲解。此活动需要学生有亲和力和想象力，思维活跃，细致耐心。

四、育人实效

1．爱心雨伞入校园，雨中志愿送温暖

爱心雨伞项目旨在培养交大师生们“诚信友善”的社会主义核心价值观。在爱心雨伞随借随用、诚信归还的过程中，加强师生诚信观念和爱护公物道德的意识，提升校内道德风尚。通过爱心雨伞项目的实践与公益理念的传播，让同学们在细微处感悟“人人为我，我为人人”的精神，使得校园氛围更和睦，提高校内师生的归属感与认同感，培养他们的爱校情怀。爱心雨伞已经举办三年，广大师生对爱心雨伞的期待度颇高，爱心雨伞启动仪式到场人数达 200 余人，爱心雨伞的使用率也很高，受到师生广泛好评，取得了可观的成效。

2．关爱残障人士，平等对待他人

阳光家园志愿活动的特殊性在于志愿服务的对象为残障人士，其心智年龄和生理年龄的不符使得该志愿活动具有一定的挑战性。阳光家园作为经管青协长期的志愿服务基地之一，举办频率为一周一次，自该活动举办以来，参加者多达千人，我们所搭建的志愿服务信息化管理平台，以常态化、多元化的活动形式和内容吸引了一大批优秀志愿者加入，并为同学们提供了长期稳定的志愿参与机会，同时也与金牛区阳光家园形成了长期稳定的合作联系，为其日常教学活动注入了新鲜血液，积极助推“残障人士”的成长和身心发展。

3．幼儿园之行，陪伴小朋友成长

交大幼儿园也是经管青协的常驻志愿基地之一，举办频率为一周一次，自举办以来参与人数多达千人，每周学生报名参与的积极性很高，大家在参与其中放松自己的同时，培养了自己的亲和力和想象力，锻炼了自己的动手能力，提高了自己的审美能力。

4．经管青协常驻志愿基地，社会师生反响强烈

阳光家园和交大幼儿园两个志愿活动已经开展多年，具有广泛的社会认知度，且经管青协与金牛区阳光家园、交大幼儿园达成了长期友好合作关系，阳光家园、交大幼儿园已经成为经管青协的常驻志愿基地，也逐渐发展为经管青协的品牌志愿活动。在经管青协的长期带领和合作下，这两项志愿活动的举办条件等各方面已较成熟，无论是参加的志愿者还是合作方，都给予该志愿活动一致好评，社会人士也对交大志愿者给予了高度认可和评价。因此，经管青协继续秉持“益路风青，协爱同行”的理念，把公益志愿做大做强，喜迎更多有志青年参与其中。

五、育人评价

平均评分：4.9 分

1．学生评价

王同学：趣意盎然的志愿活动，让志愿者们和“大朋友们”通过课堂拉近了彼此，这不仅让大朋友们汲取了知识，也让志愿者们收获了因助人而产生的满足感。活动开始前我们为小伙伴们准备了诗词教学，没想到我们小看他们啦，他们其实都会的，老师也在悉心教他们。这些大朋友们都很可爱，世界有些不公，但好在我们没有放弃他们，他们也对世界抱有美好期望，希望这个世界能对这些特殊的大朋友们多一些耐心与热爱。

吴同学：幼儿园的活动很有趣，我比较喜欢动手做一些东西，所以我很喜欢幼儿园制作绘本这一环节。制作绘本并不是简单地制作一个有图画有文字的画册，而是在制作过程中要思考如何制作才能吸引和启发小朋友，建立与小朋友思维沟通的纽带。这是我觉得很有乐趣且有意义的事情。

2．教师评价

陈老师：之前在教学楼下看到路过的同学自愿主动整理爱心雨伞，我感觉到特别的温暖，大家好像都在共同维护学校的公物，为学校教学楼的美观做出自己的贡献。如果有同学在使用完爱心雨伞手把伞收好后放进伞桶，其他的同学看到之后也会这样做，我觉得这样的良性循环有利于师生诚信观的形成，能够让我们学校的道德风气越来越好。这样的思想教育是目前大学生在课堂上很难学会的，同时也是以后在社会中非常重要的。

3．第三方评价

李先生：在一次志愿服务中，我偶然了解到一位特殊大朋友的家长师女士对本志愿活动的看法：“青春由磨砺而出彩，人生因奋斗而升华。”这门课程立足实际，载体丰富，充分展现了新时代青年学子牢记习近平总书记的嘱托，传承弘扬五四精神，把握时代脉搏，担当时代使命的青春风采。经管青协以做志愿服务的奋进者、开拓者和奉献者作为己任，坚持正确的价值观，在志愿服务中提升综合素质，塑造全面健康发展的新时代大学生，积极弘扬正能量，践行青春使命，使每一位参与其中的人都历练为“心里有火，眼里有光”的优秀志愿者、优秀大学生。

【8】把我的世界带给你之“益”起出发
——西南交通大学乡村振兴教育促进会“快乐助学”系列活动

一、基本信息

项目名称	把我的世界带给你之“益”起出发 ——西南交通大学乡村振兴教育促进会“快乐助学”系列活动		
项目类别	社会实践与志愿服务	项目内容	其他——公益
项目容量	300 人/期	开课单位	乡村振兴教育促进会
面向对象	全校学生	授课方式	活动

二、育人目标

乡村振兴战略是习近平总书记2017年10月18日在党的十九大报告中提出的。党的十九大报告指出，农业农村农民问题是关系国计民生的根本性问题，必须始终把解决好“三农”问题作为全党工作的重中之重，实施乡村振兴战略。我们以习近平新时代中国特色社会主义思想和习近平在庆祝中国共产党成立100周年上的讲话为精神指引，以中华民族的伟大复兴为目标，开展有益于大学生思想政治教育的特色活动。在大学生文化课学习之余，让大学生积极关注社会和国家大事，关注当下的疫情防控，并且切实出一份力。同时，虽然我国脱贫攻坚战取得了全面胜利，但乡村教育振兴依旧是个刻不容缓的问题。希望借此活动，鼓励大学生关爱乡村留守儿童、关注乡村教育情况，号召大学生为乡村教育出一份力，为乡村孩子带一份温暖，进而为教育帮扶助力。此活动的最终目的是提高大学生政治文化素养和身体素质，培养交大学子成为实现中华民族伟大复兴中国梦的坚实力量。

三、育人措施

“把我的世界带给你”活动分为主活动与分活动两部分。

主活动为“‘益’起出发”行走打卡活动，时间为2020年11月下旬。由乡村振兴教育促进会在学校设置5个站点（站点一：“益”起写——防疫科普小知识或身边的防疫故事；站点二：“益”起画——带有防疫色彩的插画或你眼中的家乡；站点三：“益”起捐——课外书籍或学习用品；站点四：“益”起说——说出你心中的公益；站点五：“益”起拍——拍出交大人文和自然风景），每个站点安排4～5名工作人员，参与人员从规定的起点出发，每到达一个站点参与活动并达到工作人员要求可获得一个指定颜色的印章，同时由站点工作人员为其拍摄照片，集齐至少3种颜色印章（每种颜色印章上限为5个），在规定时间（2h）内回到起点，即为完成此次活动，回到起点后，由工作人员统计印章数量，根据数量由多至少进行排序，评选出一等奖3名、二等奖6名、三等奖9名。（若获奖候选人多于获奖名额数，则根据完成时间进行排名，完成时间短的优先获奖）

分活动为“‘益’起书写”，时间为2020年12月—2021年3月。乡村振兴教育协会的“救助小分队”根据收集到的素材制作防疫手册，编排在《童心》书刊中，刊印后在下乡时带给基地小学的孩子，也可作为给交大学子的回馈。

四、育人实效

1. 提升大学生的实践能力

此次活动覆盖交大学子400人，通过站点行走打卡的形式，让交大学子增强疫情防控的意识；在打卡过程中，通过“益”起画、写、说、捐、拍五种实践方式，参与此次公益活动。通过运动健身的方式，交大学生也能成为公益道路上的一分子，既锻炼了交大学生的恒心，也满足了他们的公益心。

2. 拓宽乡村孩子们的眼界

收集交大学子拍摄的能将美好的大千世界展现出来的公益摄影素材以及其他站点所收获的素材，进行分类整理，编排在《童心》书刊中。本次活动完成后制作的《童心》书刊，将会在下乡时期送到凉山的3所基地小学的学生手里。活动覆盖乡村孩子1600余人。让孩子们见识外面更大的世界，激励他们努力学习，争取走出家乡，成为社会栋梁，也丰富了课余时间，同时增强了他们的疫情防控意识。

3．建立交大学生与基地小学学生之间间接互动的联系

加强交大学子对乡村振兴的关注，鼓励他们参与公益活动，为教育帮扶助力。

五、育人评价

平均评分：4.9 分

1．学生评价

喻同学：2020 年中国已经完成了脱贫攻坚的任务，但仍有一些小朋友生活比较困难。而这个活动就将当代大学生和偏远地区乡村的小朋友结合在一起。此次活动中，让青年通过自身的努力和做法帮助小朋友，是一个良性的交流与合作。

高同学：在这个活动中，我清楚地感觉到公益的价值——热爱与奉献。尽管天在下雨，但同学们仍积极投入到活动当中。我们努力完成每一项任务，参与一起说、一起拍等活动，为乡村振兴教育促进会的《童心》书籍的刊印提供素材。我们热爱公益，贯彻“有一份热，就发一份光”的理念，以饱满的热情投入到有意义的事业中。

徐同学：“青年有信仰，国家有未来，民族有希望”，这次公益活动让青年投入到公益事业中帮助他人，收获价值。此次活动让我们了解到生活的另一面：在偏远的地方还有一些小朋友的生活条件十分艰苦，激励我们树立起正确的价值观，不断努力地为国家复兴、社会发展贡献力量。

2．教师评价

任老师：大学生亲自参与到活动中，在公益活动中丰富了自己的课余生活，实现了社会价值。而大学生们提供的内容就是《童心》书籍刊印的素材，偏远乡村的小朋友可以从《童心》书籍中了解外面的世界，开阔自己的眼界。快乐助学，让青春在奋斗中出彩！

3．第三方评价

基地小学银老师：此次活动，可以让乡村孩子们了解交大的大哥哥大姐姐的生活、欣赏交大美丽的校园风景，看看大山之外的自然与人文景色。通过展示绘画、音频等，可以增强小朋友们的疫情防控意识。交大学子和乡村孩子们进行心灵上的交流，使得彼此心中都有一份温暖，希望“快乐助学”活动能将这一份份温暖继续传递下去！

【9】“救”在此刻
——西南交通大学数学学院急救系列活动

一、基本信息

项目名称	“救”在此刻——西南交通大学数学学院急救系列活动		
项目类别	社会实践与志愿服务	项目内容	其他+
项目容量	300 人/期	开课单位	数学学院
面向对象	全校学生	授课方式	活动、竞赛、讲座

二、育人目标

1. 迎合时代需求，加强健康急救知识普及

在全国“两会”上，多位代表委员曾呼吁推进急救知识普及教育。全国人大代表、湖南师范大学教授谢资清曾建议，在全社会特别是大中学生群体中加强急救知识的普及和培训。全国人大代表陈玮也提出“将应急知识和技能纳入义务教育必修课程”的建议，希望“急救从娃娃抓起”的理念能深入人心，让急救知识和技能全面普及。为此，本次急救系列活动面向全校师生，采用多种形式的互动宣传（趣味网课学习、知识竞赛、急救内容讲座）进行急救常识的推广，从而提高广大师生对于急救技能培养的重视。

2. 响应国家号召，提升急救技能普及率

国家卫健委发布的《健康中国行动（2019—2030年）》中提出，国民要掌握必备的健康技能。积极参加逃生与急救培训，学会基本逃生技能与急救技能；遇到呼吸、心脏骤停的伤病员，会进行心肺复苏等。相较于德国急救技能40%的普及率以及美国60%的普及率，我国在关于公众急救技能培训普及方面较为薄弱，急救技能普及率百分比仅为1%左右。因此，在急救常识推广宣传的基础上，为更加有效地实现急救技能的普及，数学学院青年志愿者协会（简称“数学青协”）联合郫都区红十字会举办系统的急救培训活动，红十字会专业人员将为师生们进行讲解与训练实操，从而使急救常识得到更好的应用，实现服务社会、帮助他人的目的。

三、育人措施

1. 加强学校与社会联合：与郫都区红十字会合作，共同开展急救系列活动

“救”在此刻活动是由数学青协于4月中旬举办的系列活动，包括前期打卡、急救培训、讲座、知识竞赛四部分。郫都区红十字会的相关专家对志愿者们进行正规的急救培训，举办主题讲座和知识竞赛。活动旨在向大家传授急救知识和急救技能，弘扬红十字会“人道、博爱、奉献”精神。

2. 线上大规模进行知识普及：线上急救知识科普，进行打卡预热

在活动前期，数学青协人员建立QQ群，以学习通平台、每日一题等形式进行急救知识科普，并对参与者的情况进行打卡评分，发放小礼品进行第二课堂，同时为后续活动预热宣传。

3. 线下理论与实践相结合展开培训：理论知识与实际操作相结合

打卡结束后进行为期两天的急救培训。首日上午和次日上午邀请红十字会志愿者讲师为参与人员通过PPT的形式讲解急救理论知识。首日下午通过讲师的现场演示，参与人员进行实际操作，以进一步学习掌握急救技能。

4. 建立考核机制：确保志愿者急救技能达标

次日下午首先统一进行理论知识考核，现场立即改卷，同时由讲师针对志愿者错题进行讲解，及时巩固急救理论知识。然后依次对志愿者进行急救技能掌握考核。最后根据志愿者理论知识、实际操作两项考核综合情况进行审核，审核合格者颁发红十字救护证。

5．寓教于乐，扩大宣传力度：举办急救主题讲座及知识竞赛，向更多人宣传急救知识

急救培训后，邀请红十字会专家为广大学子开展以急救为主题的讲座活动，以期让更多的交大学子了解相关急救知识，在遇到突发情况时可以更好地帮助他人、保护自己。同时我们邀请专家出题，开展急救知识竞赛，并按成绩颁发礼品及证书。

四、育人实效

1．传授急救知识，掌握急救技能，传播红会精神

进一步普及大学生安全意识和应急救护技能，提高大学生现场应对人身意外伤害的自救互救能力。呼吁号召更多的社会爱心人士积极加入红十字会应急救护志愿者行列中，弘扬红十字会“人道、博爱、奉献”的精神，增强群众紧急避险和自救互救的意识与能力。

2．长期间歇性开展，及时巩固应急知识和技能

急救培训系列活动已开展多次，成功培训大量合格的红十字救护员。每年度进行一次培训活动，保障志愿者应急知识和急救技能水平不滑坡，确保应对意外伤害时能够正确实施救护。

3．理论知识和实际操作相结合

活动以理论知识和实际操作相结合的方式，详细讲解了红十字运动的起源、现场救护的原则、心肺复苏及外出血救护、四肢骨折救护等理论知识，并逐一进行演示，现场手把手指导志愿者实践操作。参训人员纷纷表示，今后会更好地应用这些急救知识，遇到突发事件把握黄金救援时间，帮助更多需要帮助的群众。

4．线上线下多种活动相结合，提高参与度与积极性

“救”在此刻系列活动采用线上线下多种活动相结合的方法，包括前期的线上打卡、中期急救培训和后期的急救知识讲座竞赛，以新颖的方式吸引学生参加的积极性，同时活动周期较长，内容丰富，可以让参与者全面深入了解急救知识，从而使活动更有意义。

五、育人评价

平均评分：4.9 分

1．学生评价

贾同学：结束急救培训和急救讲座后，我深有体会，掌握了相应的理论知识和实际操作技能，能够及时应对意外伤害。我们青年身处时代的风口，我们不求如此伟大，但求有益社会与民众。活动也进一步增强了我们志愿者的社会责任感。

刘同学：习近平总书记曾指出，要倡导社会文明新风，带头学雷锋，积极参加志愿服务，主动承担社会责任，热诚关爱他人，多做扶贫济困、扶弱助残的实事好事，以实际行动促进社会进步。我们只需要及时伸出援手，拯救每一个生命，就能做出改变。

赖同学：在当今社会，我们新一代青年有很多压力，但也有很多责任，当你看到有人受伤时，作为一个红十字救护员，你有义务和责任及时应对现场情况，减少意外伤害所带来的损失！

2．教师评价

肖老师：本次活动让我看到了同学们学习急救知识和技能的认真与努力，更让我感受到他们想要帮助他人的那颗热忱之心。我们看到志愿者记笔记时的奋笔疾书，看到他们练习心肺复苏时的满头大汗，就能预见当他们遇到紧急情况时一定能够及时站出来，他们将无愧于中国特色社会主义新青年的称呼。

3．第三方评价

学生家长胡先生：这门课程立足实际，积极发挥红十字会讲师的理论知识储备，让大学生掌握急救知识和技能，并在关键时刻站出来帮助他人。这也让大学生深感自己身上的社会责任感，接过前辈的接力棒，承担起实现中华民族伟大复兴的历史使命。同时活动形式新颖，采用线上打卡的形式，孩子非常感兴趣，希望可以继续开展下去。

【10】劳动创造美好生活
——西南交通大学“劳动文化节”系列活动

一、基本信息

项目名称	劳动创造美好生活——西南交通大学“劳动文化节”系列活动		
项目类别	社会实践与志愿服务	项目内容	思政+
项目容量	300 人/期	开课单位	土木工程学院
面向对象	全校学生	授课方式	活动

二、育人目标

党的十八大以来，习近平总书记在多个场合表达过尊重劳动、关心劳动者的理念，让劳模精神、劳动精神、工匠精神深入人心。他指出“全社会都应该尊敬劳动模范、弘扬劳模精神，让诚实劳动、勤勉工作蔚然成风”，强调“要在学生中弘扬劳动精神，教育引导学生崇尚劳动、尊重劳动，懂得劳动最光荣、劳动最崇高、劳动最伟大、劳动最美丽的道理”。劳动育人作为新时代大学生人才培养中的一个重要组成部分，积极弘扬劳动精神、加强劳动教育、重申劳动价值，必将有利于培养德智体美劳全面发展的社会主义建设者和接班人。

三、育人措施

自 2019 年 5 月份起土木工程学院顺利开展了三届劳动文化节，每一届劳动文化节都结合当年的特色主题，将劳动教育与劳动精神学习、劳动技能实战、劳动创新实践相结合，切实强化劳动教育实践性，提升劳动教育针对性，增强劳动教育吸引力。作为学校规模最大的劳动育人核心活动，劳动文化节积极结合时代主题和生动案例提升育人成效，注重总结教育实践活动的经验和做法，全面发挥榜样育人的示范引领作用，建立健全劳动育人长效机制。主要措施如下：

1．拓展一片文化阵地——拓展劳动文化融入学院文化阵地

例如结合“红小土讲故事”栏目，将中国共产党成立一百周年以来，发生的众多热爱劳

动、劳动改变命运的故事进行汇编整理，如“南泥湾”“知识青年上山下乡”“劳动法的推行”等，在新媒体平台进行推送，并且鼓励同学们结合身边的劳动故事积极投稿，用故事启发行动。将劳动的精神内核进行时尚的具象化，鼓励同学们开发学院吉祥物“红小土”可爱动漫形象，推广制作贴近大学生特点的网络劳动文创产品，包括微信表情包、头像、PPT 模板等。通过微直播、微寄语等板块，分享劳动教育感悟，增强劳动教育的互动性。

发挥劳模讲座作用，大力助推“大国工匠和劳动模范进校园”活动，在全校讲好劳模故事、劳动故事。

2．开展一项实践服务——以“自我服务”为主题，引导学生参与社区及后勤管理服务

劳动文化节系列活动鼓励同学们走出课堂，记录身边劳动者的生活工作状态；发现身边不一样的劳动者，并通过劳动者的视角去了解他们的工作状况、工作初心。体会他人的劳动，增强同学们的社会责任感和劳动积极性。组织社会劳动实践。配合实习活动开设劳动实践实习环节，组织学生深入生产劳动第一线，感受劳动的魅力，在实践中印证、加深对所学理论的理解和运用。

3．打造校内外劳动创新平台——鼓励同学投身创新型劳动事业

新时代劳动教育需要走出校门，面向社会，劳动文化节中的工程一线云参观与企业 OPENDAY 活动，结合虚拟现实技术与线上线下展厅，通过对工程项目的在线参观，感受土木劳动者在自身劳动过程中创造的价值，激发投身祖国建设的热情。

土木科技月活动通过系列讲座、指导和系列比赛，进行劳动教育和劳动实践，在手和脑的协调配合下，对专业有了更深的体验领悟，在具体情境中创造性地分析问题、解决问题，更好地加深对土木工程专业的认识和领悟。这一系列的比赛活动，不仅有利于培养学生创新意识、创新精神和创新能力，而且能够在实践的过程中提高学生个体的知识水平和能力，也能够进一步培养团队合作能力，让大学生在亲自动手、解决实际问题中领悟专业知识、培育劳动情怀。

四、育人实效

在我校劳动育人方面最具代表性的土木工程学院“劳动文化节系列活动”从 2019 年举办第一届起，已经成功举办 3 年。劳动文化节系列活动依托土木工程学院的平台，由学院的各大学生组织共同承办，面向全校学生共同参与。学院在劳动文化节的活动组织、活动参与度和活动最终达成效果方面有着充分的保障，全体师生有着强大的信心将系列活动办好办优。作为全校唯一的劳动教育类活动，劳动文化节以活动立意新、活动持续时间长、活动内容丰富、活动覆盖受众广为特点获得了师生的广泛好评。2020 年第二届劳动文化节在线上举行，以“一次主题教育、一次实践参与、一次劳动打卡、一次先进评优”发出劳动倡议，参与人数达 1 664 人次，活动学时累计达 3 238 学时。2021 年第三届劳动文化节升级为校级活动，面向全校师生持续两个月的时间，开展了 15 项丰富多彩的劳动育人活动。线上线下参与人数高达 3 789 人次，活动学时累计达 6 548 学时。

历届劳动文化节在劳动育人方面既立足学校，又立足社会，筑牢了校内、校外两个育人

阵地，并做到校内与校外的统一、劳动与教育的统一。活动统筹了三类劳动：做好寝室卫生清洁等学生日常生活劳动教育；做好专业实训等专业探究性劳动教育；做好社会公益劳动。

五、育人评价

平均评分：4.8 分

1．学生评价

吴同学：通过此次活动，我更加注重生活的细节，学会如何维持家的整洁，同时也强化了一些生活技能，如做饭、洗碗、打扫卫生等。我认为作为一个大学生有必要学会这些生活技能，为未来的独自生活做准备。现在又是在家学习，做家务可以很好地帮助父母，让他们有更多的时间休息，不仅如此，我们也得到了锻炼。我相信，替父母分担家务不仅仅是在这次活动中，而是在以后的生活中亦如此。感谢这次有意义的活动!

黄同学：在防疫劳动者表彰大会上，我看到了许许多多为国家承担起自己责任的青年人。疫情防控期间，他们有些主动申请，有些主动承担起宣传防疫的工作，不管他们的志愿活动或大或小，我们都看到了他们作为新时代新青年的责任担当。疫情防控期间，我们更看到了许许多多的青年医生护士奔赴一线的战场，而普普通通的他们成为一线和死神抢人的战士。实现中华民族伟大复兴的中国梦需要的不正是他们这种有责任担当、无私奉献的精神吗?他们的精神实属让人肃然起敬。

杨同学：进行校园内的职业互换体验活动后，我了解了校园安全、食品安全以及生活的方方面面，这些都离不开每一位工作者的辛勤努力。我们更要学会遵守纪律，尊重每一位工作人员。五一劳动节来临之际，我们更应懂得用劳动创造青春之美，争做新时代的奋斗者!在此，向校园工作者、体验者、拍摄者、采访者以及其他工作人员致以感谢。

2．教师评价

张老师：劳动教育在高校的育人体系中处于一个重要的地位，我们要避免劳动教育在实践过程中被淡化，出现“说起来重要，做起来次要，忙起来不要”的问题。在活动开展中，以习近平新时代中国特色社会主义思想为指导，深入学习贯彻全国教育大会和《中共中央、国务院关于全面加强新时代大中小学劳动教育的意见》精神，围绕“立德树人”这一根本任务做好“五育并举”文章。活动紧密结合经济社会发展变化和学校学生生活实际，打造土木工程学院劳动文化节品牌，实现知行合一，促进学生形成正确的世界观、人生观、价值观。

3．第三方评价

校友、劳动模范李先生：自中国共产党成立以来，党带领着中国劳动人民创造了举世瞩目的成就。现在，我国脱贫攻坚战已取得伟大胜利，全国人民携手步入小康社会，人民生活发生了翻天覆地的变化，这其中无不盛满了我们社会主义劳动者的辛勤汗水。劳动教育在大学生的培养体系中应该有一个更具体的承载，劳动文化节就是一个很好的活动。习近平总书记曾说过“我们比历史上任何时期都更接近实现中华民族伟大复兴的中国梦”，我们这一代人必将成为建成社会主义现代化强国的中坚力量，让我们携起手来，用劳动创造我们向往的美好生活!

【11】西南交通大学“交通天下，携手逐梦”大学生志愿服务进社区系列活动

一、基本信息

项目名称	西南交通大学“交通天下，携手逐梦”大学生志愿服务进社区系列活动		
项目类别	社会实践与志愿服务	项目内容	思政+
项目容量	2 000 人	开课单位	信息科学与技术学院
面向对象	全校学生	授课方式	活动

二、育人目标

以习近平新时代中国特色社会主义思想和党的十九大精神为指引，弘扬社会主义核心价值观，带领青年学生结合自己所学专业，深入社区、深入基层，服务群众，在实践中了解人民群众所需，解决群众困难，特别是在服务中结合自身所学专业，提升自己在专业学习方面的目标，明确成长方向，提升成长的内生动力。鼓励以团支部为单位组织开展志愿服务，发挥团支部在青年思想引领方面的作用，将团员参与团支部组织的志愿服务情况纳入团员推优入党的重要参考标准，引导青年学生结合专业为人民服务，并在这个过程中坚定理想信念、练就过硬本领，从而为夺取新时代中国特色社会主义伟大胜利、实现中华民族伟大复兴中国梦汇聚起磅礴的青春力量。

三、育人措施

在高科技飞速发展的今天，年轻人对电子通信产品的使用可谓驾轻就熟，但对很多对于电子设备不熟悉的人群来说，“一份报纸一盆花”仍是真实的生活写照，因为身体原因无法远行，便失去了去娱乐、去社交的主要渠道，闭塞久了，孤独感便由心底而生。特别是在疫情防控期间需要用到非常多的技术手段，如防疫行程打卡、二维码等，给不会使用智能手机，包括操作不熟练的人群带来了诸多麻烦。中国正在步入老龄化社会，如何让老人更好地融入当下，跟上信息学科发展带来的 5G 时代、智能时代、虚拟现实和增强现实时代，使他们不被现代生活所剥离，是我们必须去面对的问题。因此，作为新时代大学生的我们，有义务与责任尽我们的一份力量去帮助不熟悉电子设备和新一代技术设施的人群以适应新技术变革带来的生活变化，也让他们体验新技术、新发展带来的红利。青年学生需要志愿活动来践行思想政治理论教育成果，社区人群也需要青年学生的服务来更好地融入现代社会、了解时代和技术发展。

项目由西南交通大学信息科学与技术学院青年志愿者协会（简称“信息青协”）统筹项目实施和安排，主要统筹以下几个方面：

（1）青年学生的认识和能力摸排。了解掌握青年学生运用新技术、新工具的能力，包括手机 App、信息检索工具、便民信息设备等应用的情况，结合“智能引领，交叉融合”的学校发展背景，了解各学科学生特点和在智能时代交大学生的计算机、智能水平，准确把握各专业学生能力优势，做好服务精准对接的准备。

（2）街道社区对接。走访成都市内街道、社区，通过地方共青团组织联系，了解社区志愿服务项目开展情况，介绍本项目的侧重点，通过信息技术推广，推动社区治理现代化的措施，达到推介项目和志愿者的作用，力争每学期保持在 10 ~ 15 个左右的社区、街道落地此项目。

（3）志愿者招募。面向全校志愿者和团支部发起项目成员的招募，或招募某一社区的承包志愿服务队伍。建议由固定的 1 ~ 2 个团支部组成的志愿服务队，对固定的某个街道或社区，常态化开展项目。

（4）项目实施。项目落地后，可定期（每月 2 次或每周 1 次）开展社区志愿服务，每次可根据需求派遣志愿服务人员，足够开展服务即可，减少集中前往的次数和频率。

（5）项目展望。

① 目前主要做法是派遣志愿服务队员，前往街道、社区青年之家，指导老年人使用智能手机，包括但不限于智能手机 App 各项功能调用等。

② 加强网络安全和防诈骗的宣传，引导各类人员安装“国家反诈中心”App，讲解各类骗术和注意事项，协助社区降低城镇居民遭遇电信诈骗风险。

③ 未来常态化开展项目，通过志愿四川和青聚锦官城平台发布志愿服务信息，搜集需要开展此类志愿服务项目的街道、社区，做到利用平台精准对接。

④ 介绍青年人获取信息的方式，拓展到社区各项工作便利化工具的推介。

四、育人实效

1. 结合课程思政

低年级大学生专业能力相对高年级较弱，通过此项志愿服务，能够帮助大学生结合基层治理现状展开思考和探索，甚至形成创新项目，助力大学生在高年级时运用专业能力解决社区治理问题。

2. 实践育人

基层社会治理有其复杂性，通过技术帮扶提升治理能力现代化水平，有助于大学生在社会实践中加深对全面建设社会主义现代化强国的认识，深刻认识到基层工作的不易，培养学生劳动意识、服务意识。

五、育人评价

平均评分：4.9 分

1. 学生评价

张同学：在大学期间，我很荣幸参与社区志愿服务活动，作为党员服务队的一员，在服务与奉献中展现青春价值。

在社区志愿服务活动中，虽然服务内容简单，但是在与社区居民沟通交流中，拉近了心与心的距离，开启了一扇接触社会的窗口，同时提供了锻炼自我的机会，使我们收获了充实感与满足感。另外，在社区志愿服务活动中，我深刻感受到青年的朝气与活力，他们团结协作，以新时代大学生的热情与智慧积极投身和谐社区的建设中，在奉献中绽放青春力量。我以志愿者为荣，将来我会继续以青春之我，在志愿服务中做奋斗之我，时刻牢记全心全意为人民服务的宗旨，继续为构建和谐社会贡献自己的微薄之力。

杨同学：一次次的社区志愿服务活动，都伴随着我一次次的收获与进步。志愿服务一般安排在周末下午，我与党员志愿服务支队的同志和青年志愿者们，充满活力与干劲，共同前往学苑社区参加志愿服务活动，给社区的爷爷奶奶们讲授手机使用知识。我们有条不紊地布置场地，主讲也提前做足了功课，针对讲授内容，制作了详尽精良的 PPT，各位同志充分发挥积极性，作为小讲师，进行一对一“辅导”。在志愿服务活动中，我们曾遇到过各种各样的交流和技术问题，但通过我们同志间的默契配合，总能得到很好的解决。在志愿服务活动中，我们尽自己的努力，将“为人民服务”付诸实践，将自己所学的信息学科与人民需要相结合，为社区的爷爷奶奶们解决生活中的问题，带来生活上的便利。我们作为新时代的信息学子，有着“芯向党”的使命担当，也有着“校社聚力”的服务初心！

2．教师评价

李老师：志愿者不是单纯的奉献，学生们也可以从活动中学到很多的东西，从中学会思考人生的态度和看待人生的机会。在人生漫长的岁月中，希望他们可以不断磨炼意志，为自己定位，发挥自身优势，面对社会，心平气和地做出一些选择，确立自己学习和生活的目标，服务社会，传递爱心、传文明，为社会的和谐发展贡献自己的力量。

3．第三方评价

学生家长：这次活动，让孩子们了解到志愿者服务活动培养的不仅仅是一种精神，更是自己的极限和耐力，同时也看到了自己的潜力。当我们奉献自己的一份力量的时候，心里会觉得很幸福，觉得终于为社会做了一点力所能及的事情，也在志愿活动中找到了自己的价值。

【12】健康有径，生命同行
——西南交通大学生命“话”健康系列活动

一、基本信息

项目名称	健康有径，生命同行 ——西南交通大学生命“话”健康系列活动		
项目类别	社会实践与志愿服务	项目内容	专业+
项目容量	300 人/期	开课单位	生命科学与工程学院
面向对象	全校学生	授课方式	活动

二、育人目标

以习近平新时代中国特色社会主义思想和党的十九大精神为指引，营造“人人争做志愿者”的良好氛围，生命科学与工程学院青年志愿者协会（简称“生命青协”）响应学校号召，

开展生命“话”健康系列志愿服务活动。通过开展系列活动，引领当代青年为志愿服务工作奉献自己的力量，发挥青年志愿者的示范、引领、辐射、带动作用。同时，本项目相关活动均立足专业特色，旨在向全校师生、周边居民普及健康防护知识，增强人们健康生活的意识。在活动中，注重培养志愿者团队“奉献、友爱、互助、进步”的志愿精神，增强当代青年的社会责任感、团队合作意识等。

三、育人措施

1．针对不同的受众群体分层实施，持续深入健康知识宣传

本项目中的四项主题活动分别面向不同的受众群体，社区义诊面向周边社区的中老年人，新生体检及艾滋病防控面向校内师生，女童保护面向周边地区的儿童，从老人到儿童，从学生到居民，针对不同年龄不同身份的活动对象。生命青协从受众群体的角度出发，采用不同的活动形式举办健康知识宣传教育活动，从而使活动效果及意义最大化实现。

2．健全筛选流程，确保活动质量

本项目涉及的各项活动部分环节需一定的专业知识背景。生命青协举办相关活动时，除做好统筹安排外，也会邀请相关专家老师提前开展活动所需培训，进而对报名志愿者或讲师做好考核遴选工作，从而确保活动所宣传的知识准确科学，志愿者所展现的精神面貌积极正能量。

3．建立完善工作机制，保障工作有序进行

建立动态管理机制。本项目由多个子活动组成，针对不同的子活动有相应的活动举办方式和风格。生命青协依据各项子活动的实际开展需要，对相应负责人员组成进行安排调整。

建立宣传推广机制。依托生命科学与工程学院、生命青协等校内媒体，以及活动对接方如女童保护官方微博、各活动开展所在地宣传平台等校外媒体平台，对各项志愿活动的开展情况进行宣传报道。

建立活动总结机制。各项活动均以生命青协为主体开展，分别于活动结束后由相应活动主要负责人对活动效果、期间遇到的问题及解决方法、不足之处等进行总结并归档，促进活动工作的不断完善。

四、育人实效

1．分层次群体，持续深入健康知识宣传

本项目在全年内的不同时间节点，结合某些法定宣传周期、学校的整体工作安排等开展形式多样的健康知识宣传及相关志愿服务活动，针对不同的受众群体，采用其更感兴趣的方式开展健康知识宣传。生命青协每年开展各类活动 10 余次，可为超过 10 000 名在校学生、社区居民或儿童等提供健康知识宣传服务。

2．增强志愿者活动能力，提升个人素养

本项目活动时间跨度较大，活动形式丰富多样，在此过程中提升了志愿者组织策划与统

筹能力；与活动对接方的沟通，提升了志愿者的沟通与协调能力，使志愿者深刻地领悟“奉献、友爱、互助、进步”的志愿精神，增强大家的社会责任感与团队合作意识。

3．揭示社会问题，引起广泛关注

随着社会的发展，人们的生活水平不断提高，健康问题也愈加严峻。目前仍有部分疾病或健康问题未引起人们的关注和重视，或是对某些疾病了解程度不够，从而对人们健康安全的生活产生威胁。本项目从大众关注的角度出发，以专业科学的健康知识引发不同受众群体的关注。

五、育人评价

平均评分：5.0 分

1．学生评价

陈同学：我觉得女童保护是一项非常有意义的活动。当前社会环境下，孩子们更多地被老师家长要求学习课本知识，增长学问，但她们不是生来就懂什么是侵害，什么是骚扰，当她们遇到危险时，课本上的知识并不能帮助她们逃脱。现在正是需要更多像女童保护这样类似的课外安全知识课堂，才能够更好地帮助孩子们成长。

段同学：艾滋病防控的活动从讲座到线下活动我都有所参与，充分了解了艾滋病与我们生活的关系，了解了如何去改变自己来杜绝艾滋病，尤其是在讲座中了解了很多从性到艾滋的知识点，这些都是以来不曾了解的，相信大家也能以一个更科学的态度去面对艾滋病吧。

孙同学：“每一点努力都是算数的，世界将会变得更好的”，这让我想起了古人说过的一句话——“勿以善小而不为”。其实每个人都可以改变世界，只要你我都愿意行动起来，那么当力量拧成一股绳的时候，我们就会发现世界在悄然改变。虽然生命青协的力量很小，但她们在不断地发声，不停歇地行动，让社会上更多的人了解到更多与健康相关的知识，这令我非常敬佩。

2．教师评价

许老师：健康是当今社会无论男女老幼都十分关注的社会问题，无论科技进步是否发展到可以治疗某种疾病，疾病一旦发生就是一件令人难过的大事。我很开心生命青协始终在做健康宣传这件事情，让更多的人了解如何才能避免某些疾病，也让家长和学校更加重视儿童的健康成长。同时，参加这项活动也是对我们生命青协所有志愿者的锻炼，我希望大家时刻谨记自己是一名志愿者的身份，有一分光发一分热。

3．第三方评价

学生家长李女士：在女童保护活动中教给孩子们认识身体部位、男女孩差异，除了满足孩子们的好奇，还能让他们学会如何更好地保护自己。而且，现在很多父母没有时间和精力或不知道怎么教给孩子这些。在课堂里统一学习，孩子们会更严肃认真地对待这个问题。

社区居民王先生：每年这些志愿者来我们这里开展活动，给我们进行血压、身高、体重等检测，很周到，也很有礼貌，会提醒我们这些高血压人群并给出饮食方面、生活方面的建议。我才知道健康生活还有这么多门道，以后我会合理饮食，多运动，注意血压，少生气。同时这个活动给我们小区带来了活力，给小区老人带来了关怀，让孩子们对志愿活动有了新的认识。

【13】“传承红色基因 践行初心使命”——西南交通大学说出你身边的老兵故事

一、基本信息

项目名称	“传承红色基因 践行初心使命”——西南交通大学说出你身边的老兵故事		
项目类别	社会实践与志愿服务	项目内容	思政+
项目容量	620 人/期	开课单位	材料科学与工程学院
面向对象	全校学生、老师、校友	授课方式	实践活动、讲座

二、育人目标

以习近平新时代中国特色社会主义思想和习近平系列重要讲话精神为指导，以“传承红色基因践行初心使命”为主题，通过老兵寻访，引导学生深入开展党史学习教育，拓展大学生思想政治教育路径，生动实践习近平总书记“思政课不仅应该在课堂上讲，也应该在社会生活中来讲”重要指示精神。活动致力于组织青年大学生深入基层、走进社区、扎根乡村，开展参战参核老兵寻访，挖掘、传播老兵精神，将大学生思想政治教育与传承红色基因牢牢地结合在一起，用实际行动开展一场“与时间赛跑”的活动，让大学生在实践中明理、增信、崇德、力行，深刻领会“中国共产党为什么能”“马克思主义为什么行”“社会主义为什么好”，充分展现青年学生的时代担当，努力培养德智体美劳全面发展的社会主义建设者和接班人。

三、育人措施

1．组建项目团队，招募志愿者，开展技能培训和理论学习

通过宣传组建项目团队，招募志同道合的志愿者，并进行团队的培训和理论学习，提升项目参与者的理论水平和访谈技能以及文稿撰写能力、视频拍摄和剪辑能力等，具体来说，包括：① 党史、新中国史和战争史概述；② 参战老兵基本现状；③ 口述历史、人物访谈、视频拍摄剪辑、文字处理文章撰写、新媒体宣传等技能培训。

2．建立寻访机制，确保访谈顺利进行

建立完善寻访老兵机制，经过团队建设、组织协调、对外联络、交流沟通等综合素养的培养和实践，通过项目制的运作让学生组建走访团队，在指导老师的引导下，自己亲自探索寻找老兵的渠道和途径，做好组织协调、交流沟通，提升综合素养。

3．接受思想洗礼，传承红色基因

项目设计就是为了让青年大学生深入基层、走进社区、扎根乡村，走进老兵家里，走进老兵的生活，与老兵面对面，进行慰问和交流访谈，力所能及为老兵做点儿事，坐下来用心地听故事、学精神、做记录、留档案，让青年大学生们“上一堂鲜活党（团）课、听一则红色故事、受一次革命洗礼、做一次分享报告、留一份珍贵史料、传一世民族精神”，在实践中上一堂生动的思政课，感受老一辈革命家的爱国奉献、拼搏奋进的精神，引导学生立大志、明大德、成大才、担大任。

4．挖掘老兵故事，传播老兵精神

通过前期的素材收集，项目参与者对每位老兵的事迹和资料进行整理归档，凝练老兵精神，撰写老兵回忆录，制作新媒体推文和视频，弘扬正能量，让更多的人感受到老兵们的精神和魅力，进而影响更多的青年人。

5．组织一场老兵事迹报告会或宣讲会

邀请老兵进校园开展老兵事迹报告会，或组织学生挑选老兵事迹在班级、年级、学院或者学校开展老兵精神的分享报告会，用他们的切身感受与体会，将老兵们抛头颅洒热血、艰苦奋斗的故事和爱党爱国爱民、无私奉献的精神，传播到学校的每个角落，影响身边每一个人，在实际生活中发扬红色传统，传承红色基因，厚植家国情怀。

四、育人实效

1．成功举办西南交通大学第一届“我身边的老兵故事”征文、周末和暑期三下乡等活动

项目组成员组织开展线下讲座，并在军事理论课堂上讲授项目实践成果和老兵精神内涵，让全校学生都有机会一同参与老兵精神的传承。截至目前，宣讲参与人数达 500 余人，影响人数更是达 4 000 余人。

2．组建“红色笔记”项目学生团队

团队核心成员共 60 余人，来自材料、利兹、土木、外语、人文等学院，团队设办公室、新闻组和文字组，指导老师 3 人，顾问 5 人，已经形成了较为稳定且职能分工清晰的项目团队。定期对骨干成员进行理论学习和技能培训，有效提升学生的综合素养。截至目前，团队足迹已遍布 20 余省市。经过不断的采访和总结，项目形成了思政类第二课堂“金课”建设和实践的经验及模式。

3．打造老兵精神宣传的新媒体矩阵

创立“红色笔记”微信公众号和抖音视频号等，制作推文 13 篇，制作短视频 25 个，浏览量超 20 万，项目的线上覆盖面较广，成效显著。

4．获得大量珍贵的老兵资料

共获取 169 位老兵的信息，实际开展老兵访谈 61 人，足迹遍布 20 个省市，获取口述资料近百万字，视频资料时长 156 小时，资料总容量 100G，活动参与人数 500 余人，项目总影

响达 25 万余人。

5. 组织参加“挑战杯”、“互联网+”、三下乡和 SITP 等，并获佳绩

获得第十七届“挑战杯”全国大学生课外学术科技作品竞赛红色专项活动全国一等奖，实现突破；获得“互联网+”国际创新创业大赛校级铜奖；两次获得三下乡校级优秀；SITP 以优秀结题。

五、育人评价

平均评分：4.9 分

1. 学生评价

张同学：老兵寻访的活动让我们真正地深入基层，与老兵们进行面对面的深入交流。在交流中，我们听到了刘建如甘于寂寞、坚守边疆，即使年近古稀还想扛枪上战场的故事，听到了赵留根勇挑重担、无私奉献，在核试验基地隐姓埋名的故事，听到了邱道友铁胆忠诚、爱国为民，即使偷偷揣石子增重，也要坚决入伍的故事，这些就是永不褪色、永不过时的老兵精神。一位位老兵们的亲身经历与爱国精神，让我们深受感动，这使我倍加珍惜现在如此好的生活和学习条件。

秦同学：通过老兵寻访，提升了我在语言表达、文字撰写和交流沟通等诸多方面的能力，更让我感动的是每一位老兵的故事和它们承载的精神。这些都是中华民族弥足珍贵的精神财富，是激励中国人民克服一切艰难险阻、为实现中华民族伟大复兴而奋斗的强大精神动力。中华民族的复兴，中国的崛起，少不了老兵精神的巨大内在支撑。作为当代大学生，作为当代有志青年，我一定会继承和弘扬老兵精神，学习和发扬老一辈革命家的爱国热情和革命斗志，让年轻的心充满赤诚，将复兴的重担挑在肩上。

白同学：无意之间看到活动的报名通知，觉得很有意思，也很有意义，参与老兵的寻访，自己独立采访几位参战参核老兵，在听过同学们分享的老兵故事之后，被老兵们身上的精神所深深震撼，也深感肩上责任之重大，不敢再虚度一点光阴。这样的活动应该持续长久地开展下去，让我们一起为老兵们做点事情，也为后世留下更多宝贵的红色资源。

2. 教师评价

王老师：“与时间赛跑”的交大青年们，感怀你们用青春力量寻先辈足迹、访英雄老兵、记录珍贵历史、传承红色基因，这是新时代青年大学生责任与担当的生动体现。希望你们牢记习近平总书记的谆谆教导，立大志、明大德、成大才、担大任，继续充分挖掘老兵精神的时代价值和丰富内涵，落实好习近平总书记“思政课不仅应该在课堂上讲，也应该在社会生活中来讲”的重要指示精神，在实践中明理、增信、崇德、力行，深刻领会“中国共产党为什么能”“马克思主义为什么行”“社会主义为什么好”，坚定“四个自信”，赓续红色精神，展现时代担当，为实现中华民族伟大复兴的中国梦贡献交大青年的智慧和力量。

3. 第三方评价

学生家长陈先生：这门课程以老兵寻访为切入点，既锻炼学生沟通和交流的能力，又提升学生的文字撰写水平，还能培养学生视频拍摄和制作的技能，最为关键的是让学生面对面地听老兵们讲故事。这是一堂最鲜活的思政教育课程，让学生们从老兵身上获取拼搏奋斗的力量，肩负担当奉献的使命。更为难得的是，通过这样的活动，记录和保存老兵们的故事和影像资料，挖掘老兵精神，让青年学生用自己力所能及的力量去做一件功德无量的事情，让孩子们身体力行地传承红色基因、践行初心使命。

参考文献

[1] 段立，李冰冰. 基于创新创业教育的第二课堂实践育人培养实证研究——以广东白云学院创客集市为例[J]. 求知导刊，2019（20）：136-138.

[2] 杨淑萍，佘亚楠. 马克思主义实践观视域下的高校思政教学第二课堂实践[J]. 齐齐哈尔大学学报：哲学社会科学版，2020（7）：186-188.

[3] 万珍妮，孙萌. 红色文化融入高职院校思政第二课堂实践教学创新路径研究[J]. 现代职业教育，2021（17）：144-145.

[4] 吴冠勇. 高职院校思想政治理论课第二课堂实践教学探究[J]. 鄂州大学学报，2021，28（4）：30-33.

[5] 袁志平，朱丹. 第二课堂实践育人视域下研究生思想政治教育创新研究[J]. 知识经济，2021（2）：72-73.

[6] 牛彦龙，刘静. 新时代下新办本科院校共青团组织“第二课堂”体系建设研究[J]. 知识经济，2021，566（7）：110-111.

[7] 王文婧，徐锋华，满忠浩. 基于 PU 平台的第二课堂与导师制结合的路径探索[J]. 中国教育学刊，2021（3）：153-153.

[8] 刘定芬. 新时代高校第二课堂教育探究——评《大学生第二课堂指南》[J]. 中国教育学刊，2021（6）：147.

[9] 周绍东，田明杰.高校马克思主义学院思想政治第二课堂建设的模式创新探索——以武汉大学“十八栋读书会”为例[J]. 知识经济，2021，577（14）：112-114.

[10] 王务均，陈炎晗. 高校第二课堂教学的现实困境与改革路径——基于知识生产模式转型的分析框架[J]. 应用型高等教育研究，2021，6（2）：55-60.